I0833011

LES

MYSTÈRES DU PEUPLE.

TOME III.

Correspondance avec les Editeurs étrangers.

L'éditeur des *Mystères du Peuple* offre aux éditeurs étrangers, de leur donner des épreuves de l'ouvrage, quinze jours avant l'apparition des livraisons à Paris, moyennant 15 francs par feuille, et de leur fournir des gravures tirées sur beau papier, avec ou sans la lettre, au prix de 10 francs le cent.

Travailleurs qui ont concouru à la publication du volume :

Protes et Imprimeurs : Richard Morris, Stanislas Dondey-Dupré, Nicolas Mock, Jules Desmarets, Louis Dessoins, Michel Choque, Charles Mennecier, Victor Peseux, Etienne Bouchicot, Georges Masquin, Romain Sibillat, Alphonse Perrève, Hy père, Marcq fils, Verjeau, Adolphe Lemaître, Auguste Mignot, Benjamin.

Clicheurs : Curmer et ses ouvriers.

Fabricants de papiers : Maubanc et ses ouvriers, Desgranges et ses ouvriers.

Artistes Dessinateurs : Charpentier, Castelli.

Artistes Graveurs : Ottweil, Langlois, Lechard, Audibran, Roze, Frilley, Hopwood, Massard.

Planeurs d'acier : Héran et ses ouvriers.

Imprimeurs en taille-douce : Drouart et ses ouvriers.

Fabricants pour les primes, Associations fraternelles d'Horlogers, de Lampistes et d'ouvriers en Bronze : Duchâteau, Deschiens, Journeux, Suireau, Lecas, Ducerf, Renardeux, etc., etc.

Employés et correspondants de l'Administration : Maubanc, Gavet, Berthier, Henri, Rostaing, Jamot, Blain, Rousseau, Toussaint, Rodier, Swinnens, Porcheron, Gavet fils, Dallet, Delaval, Renoux, Vincent, Charpentier, Dally, Bertin, Sermet, Chalenton, Blot, Thomas, Gogain, Philibert, Nachon, Lebel, Plunus, Grossetête, Charles, Poncin, Vacheron, Colin, Carillan, Constant, Fonteney, Boucher, Darris, Adolphe, Renoux, Lyons, Letellier, Alexandre, Nadon, Normand, Rongelet, Bouvet, Auzurs, Dailhaux, Lecerf, Bailly, Baptiste, Debray, Saunier, Tuloup, Richer, Daran, Camus, Foucaud, Salmon, Strenl, Seran, Tetu, Sermet, Chauffour, Caillaut, Fondary, etc., etc., de Paris; Férand, Collier, Petit-Bertrand, Perié, Plantier, Etchegorey, Giraudier, Gaudin, Saar, Dath-Godard, Hourdequin, Weelen, Bonniol, Alix, Mengelle, Pradel, Manlius Salles, Vergnes, Verlé, Sagnier, Samson, Ay, Falick, Jaulin, Fort-Mussat, Freund, Robert, Carrière, Guy, Gilliard, Collet, Ch. Celles, Laurent, Castillon, Drevet, Jourdan Moral, Bonnard, Legros, Genesley, Bréjot, Ginon, Féraud, Vandeuil, Châtonier, Bayard, Besson, Delcroix, Delon, Bruchet, Fournier, Tronel, Binger, Molini, Bailly, etc., etc., des principales villes de France et de l'étranger.

La liste sera ultérieurement complétée, dès que nos fabricants et nos correspondants des départements, nous auront envoyé les noms des ouvriers et des employés qui concourent avec eux à la publication et à la propagation de l'ouvrage.

Le Directeur de l'Administration.

Paris.—Typ. Dondey-Dupré, rue Saint-Louis, 46, au Marais

LES

MYSTÈRES DU PEUPLE

OU

HISTOIRE D'UNE FAMILLE DE PROLÉTAIRES

A TRAVERS LES AGES

PAR

EUGÈNE SUE.

Il n'est pas une réforme religieuse, politique ou sociale, que nos pères n'aient été forcés de conquérir de siècle en siècle, au prix de leur sang, par l'INSURRECTION.

TOME III.

SPLENDIDE ÉDITION

ILLUSTRÉE DE GRAVURES SUR ACIER.

ON S'ABONNE

A L'ADMINISTRATION DE LIBRAIRIE, RUE NOTRE-DAME DES VICTOIRES, 32

(PRÈS LA BOURSE).

PARIS.

LES

MYSTÈRES DU PEUPLE

OU

HISTOIRE D'UNE FAMILLE DE PROLÉTAIRES

A TRAVERS LES AGES.

LA CROIX D'ARGENT,

OU

LE CHARPENTIER DE NAZARETH.

(DE L'AN 10 A 130 DE L'ÈRE CHRÉTIENNE.)

CHAPITRE V.

Évasion de Geneviève. — Le jardin des oliviers. — Banaïas. — Le tribunal de Caïphe. — La maison de Ponce-Pilate. — Le prétoire. — Les soldats romains. — Le roi des Juifs. — La croix. — La Porte Judiciaire. — Le Golgotha. — Les deux larrons. — Les pharisiens. — Mort de Jésus.

Aurélie, ayant quitté la salle basse, y revint au bout de quelques instants, et trouva Geneviève vêtue en jeune garçon et bouclant la ceinture de cuir de sa tunique.

— Impossible d'ouvrir la porte ! — dit avec désespoir Aurélie à son esclave ; — la clef n'est pas restée en dedans à la serrure, comme on l'y laisse habituellement.

— Chère maîtresse, — dit Geneviève, — venez ; essayons encore. Venez vite.

Et toutes deux, après avoir traversé la cour, arrivèrent auprès de l'entrée de la maison. Les efforts de Geneviève furent aussi vains que ceux de sa maîtresse pour ouvrir la porte. Elle était surmontée d'un demi-cintre à jour ; mais il était impossible d'atteindre sans échelle à cette ouverture... Soudain Geneviève dit à Aurélie :

— J'ai lu, dans les récits de famille laissés à Fergan, qu'une de ses aïeules nommée Meroë, femme d'un marin, avait pu, à l'aide de son mari, monter sur un arbre assez élevé.

— Par quel moyen ?

— Veuillez vous adosser à cette porte, chère maîtresse ; maintenant, enlacez vos deux mains, de sorte que je puisse placer dans leur creux le bout de mon pied : je mettrai ensuite l'autre sur votre épaule ; et peut-être ainsi atteindrai-je le cintre, et de là, je tâcherai de descendre dans la rue.

Soudain l'esclave entendit au loin la voix du seigneur Grémion, qui, de l'étage supérieur, appelait d'un ton courroucé :

— Aurélie ! Aurélie !

— Mon mari, — s'écria la jeune femme toute tremblante. — Ah ! Geneviève, tu es perdue !

— Vos mains, vos mains, chère maîtresse, — dit vivement l'esclave. — Encore un effort ; si je puis monter jusqu'à cette ouverture, je suis sauvée.

Aurélie obéit presque machinalement à Geneviève ; car la voix menaçante du seigneur Grémion se rapprochait de plus en plus. L'esclave, après avoir placé l'un de ses pieds dans le creux des deux mains de sa maîtresse, appuya légèrement son autre pied sur son épaule, atteignit ainsi à la hauteur de l'ouverture, parvint à se placer sur l'épaisseur de la muraille, et resta quelques instants agenouillée sous le demi-cintre.

— Mais, en sautant dans la rue, — s'écria tout à coup Aurélie avec effroi, — tu te briseras, pauvre Geneviève.

A ce moment arrivait le seigneur Grémion, pâle, courroucé, tenant une lampe à la main.

— Que faites-vous là? — s'écria-t-il en s'adressant à sa femme, — répondez! répondez!

Puis, apercevant l'esclave agenouillée au-dessus de la porte, il ajouta :

— Ah! scélérate! tu veux t'échapper, et c'est ma femme qui favorise ta fuite!

— Oui, — répondit courageusement Aurélie, — oui ; dussiez-vous me tuer sur la place, elle échappera à vos mauvais traitements.

Geneviève après avoir, du haut de l'ouverture où elle était blottie, regardé dans la rue, vit qu'il lui fallait sauter deux fois sa hauteur ; elle hésita un moment ; mais entendant le seigneur Grémion dire à sa femme qu'il secouait brutalement par le bras pour lui faire abandonner les anneaux de la porte auxquels elle se cramponnait :

— Par Hercule! me laisserez-vous passer? Oh! je vais aller dehors attendre votre misérable esclave, et si elle ne se brise pas les membres en sautant dans la rue, moi je lui briserai les os!

— Tâche de descendre et de te sauver, Geneviève, — cria Aurélie; — ne crains rien!... il faudra que l'on me foule aux pieds avant d'ouvrir cette porte!

Geneviève leva les yeux au ciel pour invoquer les dieux, s'élança du rebord du cintre en se pelotonnant, et fut assez heureuse pour toucher terre sans se blesser. Cependant, elle resta un instant étourdie de sa chute, puis se releva et prit rapidement la fuite, le cœur navré des cris qu'elle entendait pousser au dedans du logis par sa maîtresse, que son mari maltraitait.

L'esclave, après avoir d'abord précipité sa course pour s'éloigner de la maison de son maître, s'arrêta essoufflée, pour se rappeler dans quelle direction était placée la taverne de l'Onagre, où elle espérait se renseigner sur le jeune maître de Nazareth, qu'elle voulait prévenir du danger dont il était menacé.

Elle apprit dans cette taverne que quelques heures auparavant il s'était dirigé, avec plusieurs de ses disciples, du côté du torrent de Cédron, vers un jardin planté d'oliviers, où, souvent, il se rendait la nuit pour méditer et pour prier.

Geneviève se dirigea en hâte vers ce lieu. Au moment où elle franchissait la porte de la ville, elle vit au loin dans la nuit la lueur de plusieurs torches se reflétant sur les casques et sur les armures d'un assez grand nombre de soldats ; ils marchaient en désordre et poussaient des clameurs confuses. L'esclave, craignant qu'ils ne fussent envoyés par les pharisiens pour se saisir du fils de Marie, se mit à courir dans l'espoir de les devancer peut-être, et d'arriver assez à temps pour donner l'alarme à Jésus ou à ses disciples.

Elle n'était plus qu'à une petite distance de ces gens armés qu'elle reconnut pour des miliciens de Jérusalem, assez peu renommés pour leur courage, lorsqu'à la lueur des flambeaux qu'ils portaient, elle remarqua en dehors de la route, et suivant la même direction, un étroit sentier bordé de térébinthes; elle prit ce chemin, afin de n'être pas vue des soldats, à la tête desquels elle remarqua Judas, ce disciple du jeune maître qu'elle avait vu à la taverne de l'Onagre une des nuits précédentes. Il disait alors à haute voix à l'officier des miliciens, qui commandait l'escorte :

— Seigneur, celui que vous me verrez embrasser sera le Nazaréen.

— Oh! cette fois, — reprit l'officier, — il ne nous échappera pas, et demain, avant le coucher du soleil, ce séditieux aura subi la peine due à ses crimes... Hâtons-nous... hâtons-nous; quelqu'un de ses disciples pourrait lui donner l'éveil sur notre arrivée. Soyons aussi très-prudents... de peur de tomber dans une embuscade... et soyons très-prudents encore lorsque nous serons sur le point de nous saisir du Nazaréen... il peut employer contre nous des moyens magiques et diaboliques... Si je vous recommande la prudence, — ajouta l'officier à ses miliciens d'un ton valeureux, — ce n'est pas que je redoute le danger... mais c'est pour assurer le succès de notre entreprise...

Les miliciens ne parurent pas très-rassurés par ces paroles de leur officier et ralentirent leur marche, de crainte sans doute de quelque embuscade. Geneviève profita de cette circonstance, et, toujours courant, elle arriva aux bords du torrent de Cédron. Non loin de là, elle aperçut un monticule planté d'oliviers; ce bois, noyé d'ombre, se distinguait à peine des ténèbres de la nuit. Elle prêta l'oreille, tout était silencieux; l'on entendait seulement au loin les pas mesurés des soldats, qui s'approchaient lentement. Geneviève eut un moment d'espoir, pensant que peut-être le jeune maître de Nazareth, prévenu à temps, avait quitté ce lieu. Elle s'avançait avec précaution dans l'obscurité, lorsqu'elle trébucha contre un corps étendu au pied d'un olivier. Elle ne put retenir un cri d'effroi, tandis que l'homme qu'elle avait heurté s'éveillait en sursaut et disait :

— Maître, pardonnez-moi! mais, cette fois encore, je n'ai pu vaincre le sommeil qui m'accablait.

— Un disciple de Jésus! — s'écria l'esclave alarmée de nouveau. — Il est donc ici?

Puis, s'adressant à cet homme :

— Puisque vous êtes un disciple de Jésus, sauvez-le... il en est temps encore... Voyez au loin ces torches... entendez ces clameurs confuses!... ils s'approchent... ils veulent le prendre... le faire mourir... Sauvez-le! sauvez-le!

— Qui cela? — répondit le disciple encore à demi appesanti par le sommeil; — qui veut-on faire mourir?... qui êtes-vous?...

— Peu vous importe qui je suis; mais sauvez votre maître, vous dis-je, on vient le saisir... les soldats avancent... Voyez-vous ces torches là-bas?...

— Oui, — répondit le disciple d'un air surpris et effrayé en s'éveillant tout à fait; — je vois au loin briller des casques à la lueur des flambeaux. Mais, — ajouta-t-il en regardant autour de lui, — où sont donc mes compagnons?

— Endormis comme vous peut-être, — dit Geneviève. — Et votre maître où est-il?

— Là, dans le bois d'oliviers, où il vient souvent méditer; ce soir, il s'est senti saisi d'une tristesse insurmontable... il a voulu être seul et s'est retiré sous ces arbres, après nous avoir à tous recommandé de veiller...

— Il prévoyait sans doute le danger qui le menace, — s'écria Geneviève. — Et vous n'avez pas eu la force de résister au sommeil?...

— Non; moi et mes compagnons nous avons vainement lutté... notre maître est venu deux fois nous réveiller, nous reprochant doucement de nous endormir ainsi... puis il s'en est allé de nouveau méditer et prier sous ces arbres...

— Les miliciens! — s'écria Geneviève en voyant la lueur des flambeaux se rapprocher de plus en plus; — les voilà!... il est perdu! à moins qu'il ne reste caché dans le bois... ou que vous vous fassiez tuer tous pour le défendre... Êtes-vous armés?

— Nous n'avons pas d'armes, — répondit le disciple commençant à trembler; — et puis, essayer de résister à des soldats, c'est insensé!...

— Pas d'armes! — s'écria Geneviève indignée; — est-ce qu'il est besoin d'armes? est-ce que les cailloux du chemin est-ce que le courage ne suffisent pas pour écraser ces hommes?

— Nous ne sommes pas gens d'épée, — dit le disciple en regardant autour de lui avec inquiétude, car déjà les miliciens étaient assez près de là pour que leurs torches éclairassent en partie Geneviève, le disciple et plusieurs de ses compagnons, qu'elle aperçut alors, çà et là, encore endormis au pied des arbres. Ils s'éveillèrent en sursaut à la voix de leur camarade, effrayé, qui les appelait, allant de l'un à l'autre.

Les miliciens accouraient en tumulte; voyant à la lueur des flambeaux plusieurs hommes, les uns encore couchés, les autres se relevant, les autres debout, ils se précipitèrent sur eux, les menaçant de leurs épées et de leurs bâtons, car quelques-uns n'étaient armés que de bâtons, et tous criaient :

— Où est le Nazaréen?... dis-nous, Judas, où est-il?...

Le traître et infâme disciple, après avoir examiné à la lueur des torches ses anciens compagnons, retenus prisonniers, dit à l'officier.

— Le jeune maître n'est pas parmi ceux-ci.

— Nous échapperait-il cette fois? — s'écria l'officier. — Par les colonnes du Temple ! tu nous a promis de nous le livrer, Judas ; tu as reçu le prix de son sang, il faut que tu nous le livres.

Geneviève s'était tenue à l'écart; tout à coup elle vit à quelques pas, du côté du bois d'oliviers, comme une forme blanche qui, se détachant des ténèbres, s'approchait lentement vers les soldats. Le cœur de Geneviève se brisa; c'était sans doute le jeune maître, attiré par le bruit du tumulte. Elle ne se trompait pas. Bientôt elle reconnut Jésus à la clarté des torches; sur sa figure douce et triste on ne lisait ni crainte ni surprise.

Judas fit un signe d'intelligence à l'officier, courut au devant du jeune homme de Nazareth, et lui dit en l'embrassant :

— Je vous salue, mon maître[1] !

A ces mots, ceux des miliciens qui n'étaient pas occupés à retenir prisonniers les disciples, qui tâchaient en vain de fuir, se rappelant les recommandations de leur officier au sujet des sortiléges infernaux que Jésus pourrait peut-être employer contre eux, le regardaient avec crainte, hésitant à s'approcher de lui pour s'en emparer; l'officier lui-même, se tenant derrière ses soldats, les excitait à se saisir de Jésus, mais il ne s'en approchait pas lui-même.

Le jeune maître, calme et pensif, fit quelques pas au devant de ces gens armés, et leur dit de sa voix douce :

« — Qui cherchez-vous? »

[1] *Évangile selon saint Matthieu*, ch. XXVI, v. 47 et 49.

— Nous cherchons Jésus, — répondit l'officier restant toujours derrière ses soldats ; — nous cherchons Jésus de Nazareth.

« — C'est moi, » — dit le jeune maître en faisant un pas vers les soldats.

Mais ceux-ci reculèrent effrayés. Jésus reprit :

« — Encore une fois, qui cherchez-vous? »

— Jésus de Nazareth ! — reprirent-ils tous d'une voix ; — nous voulons prendre Jésus de Nazareth !

Et ils reculèrent de nouveau.

« — Je vous ai déjà dit que c'était moi, — répondit le jeune maître » en allant à eux ; — et puisque vous me cherchez, prenez-moi, mais » laissez aller ceux-ci [1], » — ajouta-t-il en montrant du geste ses disciples, toujours retenus prisonniers.

L'officier fit un signe aux miliciens, qui ne semblaient pas encore tout à fait rassurés ; cependant ils s'approchèrent de Jésus pour le garrotter, tandis qu'il leur disait doucement :

« — Vous êtes venus ici armés d'épées, de bâtons, pour me pren» dre, comme si j'étais un malfaiteur?... J'étais pourtant tous les » jours assis au milieu de vous, priant dans le temple... et vous ne » m'avez pas arrêté [2]... »

Puis, de lui-même, il tendit ses mains aux liens dont on les garrotta. Les lâches disciples du jeune maître n'avaient pas eu le courage de le défendre ; ils n'osèrent pas même l'accompagner jusqu'à sa prison, et, dès qu'ils ne furent plus contenus par les soldats, ils s'enfuirent de tous côtés [3].

Un triste sourire effleura les lèvres de Jésus lorsqu'il se vit ainsi trahi, délaissé par ceux qu'il avait tant aimés et qu'il croyait ses amis.

Geneviève, cachée dans l'ombre par le tronc d'un olivier, ne put retenir des larmes de douleur et d'indignation en voyant ces hommes

[1] *Évangile selon saint Jean*, ch. XVIII, v. 4 et 8.

[2] *Évangile selon saint Matthieu*, ch. XXVI, v. 55.

[3] *Évangile selon saint Matthieu*, ch. XXVI, v. 56.

abandonner si misérablement le jeune maître; elle comprit pourquoi les docteurs de la loi et les princes des prêtres, au lieu de le faire arrêter en plein jour, le faisaient arrêter durant la nuit : ils craignaient les colères du peuple et des gens résolus comme Banaïas; ceux-là n'auraient pas laissé enlever sans résistance l'ami des pauvres et des affligés.

Les miliciens quittèrent le bois des oliviers, emmenant au milieu d'eux leur prisonnier ; ils se dirigeaient vers la ville. Au bout de quelque temps, Geneviève s'aperçut qu'un homme, dont elle ne pouvait distinguer les traits dans les ténèbres, marchait derrière elle, et plusieurs fois elle entendit cet homme soupirer en sanglotant.

Après être rentrés dans Jérusalem à travers les rues désertes et silencieuses, comme elles le sont à cette heure de la nuit, les soldats se rendirent à la maison de Caïphe, prince des prêtres, où ils conduisirent Jésus. L'esclave, remarquant à la porte de la maison de Caïphe un assez grand nombre de serviteurs, se glissa parmi eux lors de l'entrée des soldats, et resta d'abord sous le vestibule, éclairé par des flambeaux. A cette lueur, elle reconnut l'homme qui, comme elle, avait, depuis le bois des oliviers, suivi l'ami des opprimés : c'était Pierre, un de ses disciples. Il semblait aussi chagrin qu'effrayé, les larmes inondaient son visage ; Geneviève crut d'abord que l'un des amis du jeune maître lui serait du moins fidèle, et qu'il témoignerait de son dévouement en accompagnant Jésus devant le tribunal de Caïphe. Hélas! l'esclave se trompait. A peine Pierre eut-il dépassé le seuil de la porte, qu'au lieu d'aller rejoindre le fils de Marie, il s'assit sur l'un des bancs du vestibule, au milieu des serviteurs de Caïphe [1], cachant sa figure entre ses mains.

Geneviève, voyant alors au fond de la cour une vive lumière s'échapper d'une porte au dehors de laquelle se pressaient les soldats de l'escorte, se rapprocha d'eux. Cette porte était celle d'une grande

[1] *Évangile selon saint Matthieu*, ch. XXXVI, v. 58.

salle, au milieu de laquelle s'élevait un tribunal éclairé par de nombreux flambeaux. Assises derrière ce tribunal, elle reconnut plusieurs des personnes qu'elle avait vues au souper chez Ponce-Pilate : les seigneurs Caïphe, prince des prêtres; Baruch, docteur de la loi; Jonas, sénateur et banquier, se trouvaient parmi les juges du jeune maître de Nazareth. Il fut conduit devant eux les mains garrottées, la figure toujours calme, triste et douce; à peu de distance de lui se tenaient les huissiers, et derrière eux, mêlés aux miliciens et aux gens de la maison de Caïphe, les deux émissaires mystérieux que Geneviève avait remarqués à la taverne de l'Onagre.

Autant la contenance de l'ami des affligés était tranquille et digne, autant ses juges paraissaient violemment irrités; leurs traits exprimaient le triomphe d'une joie haineuse; ils se parlaient à voix basse, et, de temps à autre, ils désignaient d'un geste menaçant le fils de Marie, qui attendait patiemment son interrogatoire. Geneviève, confondue parmi ceux qui remplissaient la salle, les entendait se dire :

— Le voici donc enfin pris, ce Nazaréen qui prêchait la révolte !

— Oh ! il est moins hautain à cette heure que lorsqu'il était à la tête de sa troupe de scélérats et de femmes de mauvaise vie !

— Il prêche contre les riches, — dit un des serviteurs du prince des prêtres. — Il commande le renoncement des richesses... mais si nos maîtres faisaient maigre chère, nous serions donc, nous autres serviteurs, réduits au sort des mendiants affamés, au lieu de nous engraisser des abondants reliefs des festins délicats de nos maîtres !

— Et ce n'est pas tout, — reprit un autre serviteur. — Si l'on écoutait ce Nazaréen maudit, nos maîtres, volontairement appauvris, renonceraient à toutes les magnificences, à tous les plaisirs... ils ne mettraient pas chaque jour au rebut de superbes robes ou tuniques parce que la broderie ou la couleur de ces vêtements ne leur plaît plus... Or, qui profite de ces caprices de nos fastueux seigneurs, sinon nous autres, puisque tuniques et robes nous reviennent ?

— Et si nos maîtres renonçaient aux plaisirs, pour vivre de jeûne et de prières, ils n'auraient plus de belles maîtresses, ils ne nous chargeraient plus de ces amoureux courtages, récompensés si magnifiquement en cas de succès!

— Oui, oui, — criaient-ils tous ensemble, — à mort ce Nazaréen, qui veut faire de nous, qui vivons dans la paresse, l'abondance et la joyeuseté, des mendiants ou des animaux de travail!

Geneviève entendit encore bien d'autres propos, tenus à demi-voix, et menaçants pour la vie de l'ami des affligés; l'un des deux mystérieux émissaires derrière lequel elle se trouvait, dit à son compagnon :

— Maintenant notre témoignage suffira pour faire condamner ce maudit; je me suis entendu avec le seigneur Caïphe.

A ce moment, l'un des huissiers du prince des prêtres placé à côté du jeune maître de Nazareth et chargé de veiller sur lui, frappa de sa masse sur les dalles de la salle; aussitôt un grand silence se fit.

Alors Caïphe, après quelques paroles échangées à voix basse avec les autres pharisiens composant le tribunal, dit à l'assistance :

— Quels sont ceux qui peuvent déposer ici contre le nommé Jésus de Nazareth?

L'un des deux émissaires s'avança au pied du tribunal, et dit d'une voix solennelle :

— Je jure avoir entendu cet homme affirmer que les princes des prêtres et les docteurs de la loi étaient tous des hypocrites, et les traiter de race de serpents et de vipères.

Un murmure d'indignation s'éleva parmi les miliciens et les serviteurs du grand-prêtre; les juges s'entre-regardèrent, ayant l'air de se demander si d'aussi horribles paroles avaient bien pu être prononcées.

L'autre émissaire s'avança auprès de son complice, et ajouta d'une voix non moins solennelle :

— Je jure avoir entendu cet homme-ci affirmer qu'il fallait se révolter contre le prince Hérode et contre l'empereur Tibère, auguste protecteur de la Judée, afin de le proclamer, lui, Jésus de Nazareth, roi des Juifs.

Tandis qu'un sourire de pitié effleurait les lèvres du fils de Marie à ces accusations mensongères, puisqu'il avait dit : *Rendez à César ce qui est à César, et à Dieu ce qui est à Dieu*, les pharisiens du tribunal levèrent les mains au ciel comme pour le prendre à témoin de tant d'énormités.

Un des serviteurs de Caïphe, s'avançant à son tour, dit aux juges :

— Je jure avoir entendu cet homme-ci dire, qu'il fallait massacrer tous les pharisiens, piller leurs biens et violenter leurs femmes et leurs filles !

Un nouveau mouvement d'horreur se manifesta parmi les juges et l'assistance qui leur était dévouée.

— Le pillage ! le massacre ! les violences ! — s'écrièrent les uns, — voilà ce que veut ce Nazaréen !

— C'est pour cela qu'il traîne toujours après lui cette bande de scélérats.

— Il voulait un jour, à leur tête, mettre Jérusalem à feu, à sac et à sang.

Le prince des prêtres, Caïphe, présidant le tribunal, fit signe à l'un des huissiers de demander le silence ; l'huissier frappa de sa masse les dalles de la salle ; tout le monde se tut, Caïphe s'adressant au jeune maître d'une voix menaçante, lui dit :

— Pourquoi ne répondez-vous pas à ce que ces personnes déposent contre vous [1] ?

Jésus lui dit avec un accent rempli de douceur et de dignité :

— « J'ai parlé publiquement à tout le monde, j'ai toujours en-
» seigné dans le temple et dans la synagogue où tous les Juifs s'as-
» semblent ; je n'ai rien dit en secret... pourquoi donc m'interrogez-
» vous ? Interrogez ceux qui m'ont entendu, pour savoir ce que je
» leur ai dit... ceux-là savent ce que j'ai enseigné [2]. »

A peine eut-il parlé de la sorte que Geneviève vit un des huissiers,

[1] *Évangile selon saint Matthieu*, ch. XXVI, v. 62.

[2] *Évangile selon saint Jean*, ch. XVIII, v. 20, 21.

furieux de cette réponse si juste et si calme, lever la main sur Jésus et le frapper au visage, en s'écriant :

— Est-ce ainsi que tu parles au grand-prêtre [1].

A cet outrage infâme, frapper un homme garrotté, Geneviève sentit son cœur bondir, ses larmes couler, tandis qu'au contraire de grands éclats de rire s'élevèrent parmi les soldats et les serviteurs du grand-prêtre.

Le fils de Marie resta toujours placide; seulement, il se retourna vers l'huissier et lui dit avec douceur :

— « Si j'ai mal parlé, faites-moi voir le mal que j'ai dit; mais si » j'ai bien parlé, pourquoi me frappez-vous [2] ? »

Ces paroles, cette mansuétude angélique ne désarmèrent pas les persécuteurs du jeune maître ; des rires grossiers éclatèrent de nouveau dans la salle, et les insultes recommencèrent ainsi de toutes parts.

— Oh ! le Nazaréen, l'homme de paix, l'ennemi de la guerre ne se dément pas, il est lâche et se laisse frapper au visage.

— Appelle donc à toi tes disciples. Qu'ils viennent te venger si tu n'en as pas le courage.

— Ses disciples ! — reprit un des miliciens qui avaient arrêté Jésus, — ses disciples ! ah ! si vous les aviez vus ! A l'aspect de nos lances et de nos flambeaux ils se sont sauvés, les misérables, comme une nichée de hiboux !

— Ils étaient très-contents d'échapper à la tyrannie du Nazaréen, qui les retenait auprès de lui par magie !

— La preuve qu'ils le haïssent et le méprisent, c'est que pas un d'eux, pas un seul n'a osé l'accompagner ici.

— Oh ! — pensait Geneviève, — combien Jésus doit souffrir de cette lâche ingratitude de ses amis ! elle doit lui être plus cruelle que les outrages dont il est l'objet.

[1] *Évangile selon saint Jean*, ch. XVIII, v. 22.

[2] *Évangile selon saint Jean*, ch. XVIII, v. 23.

Et tournant la tête du côté de la porte de la rue, elle vit au loin Pierre, toujours assis sur un banc, la figure cachée dans ses mains et n'ayant pas même le courage de venir assister et défendre son doux maître devant ce tribunal de sang.

Le tumulte soulevé par la violence de l'huissier étant un peu apaisé, l'un des émissaires reprit d'une voix éclatante :

— Je jure, enfin, que cet homme a épouvantablement blasphémé en disant qu'il était le Christ, le fils de Dieu !

Alors Caïphe s'adressant à Jésus, lui dit de nouveau et d'un ton plus menaçant encore :

— Vous ne répondez rien à ce que ces personnes disent de vous [1] ?

Mais le jeune maître haussa légèrement les épaules et continua de garder le silence.

Ce silence irrita Caïphe, il se leva de son siége et s'écria, en montrant le poing au fils de Marie :

— De la part du Dieu vivant, je vous ordonne de nous dire si vous êtes le Christ, le fils de Dieu [2].

— « Vous l'avez dit... je le suis [3], » — reprit le jeune maître en souriant.

Geneviève avait entendu Jésus dire, qu'ainsi que tous les hommes, ses frères, il était fils de Dieu ; de même aussi que les druides enseignent que tous les hommes sont fils d'un même Dieu. Quelle fut donc la surprise de l'esclave, lorsqu'elle vit le prince des prêtres, dès que Jésus lui eut répondu qu'il était fils de Dieu, se lever, déchirer sa robe avec toutes les marques de l'épouvante et de l'horreur, s'écriant en s'adressant aux membres du tribunal !

— Il a blasphémé... qu'avons-nous plus besoin de témoins? Vous venez vous-mêmes de l'entendre blasphémer, qu'en jugez-vous ?

— Il a mérité la mort [4] !

[1] *Évangile selon saint Matthieu*, ch. XXXVI, v. 62.
[2] *Évangile selon saint Matthieu*, ch. XXXVI, v. 63.
[3] *Évangile selon saint Matthieu*, ch. XXXVI, v. 64.
[4] *Évangile selon saint Matthieu*, ch. XXXVI, v. 65, 66.

Telle fut la réponse de tous les juges de ce tribunal d'iniquité... Mais les voix du docteur Baruch et du banquier Jonas dominaient toutes les voix, ils criaient en frappant du poing le marbre du tribunal :

— A mort le Nazaréen ! il a mérité la mort !

— Oui, oui ! — crièrent aussi les miliciens et les serviteurs du grand-prêtre, — il a mérité la mort ! A mort le maudit !

— Conduisez à l'instant le criminel devant le seigneur Ponce-Pilate, gouverneur de Judée, pour l'empereur Tibère, — dit Caïphe aux soldats, — lui seul peut donner l'ordre de mettre à mort le condamné.

A ces mots du prince des prêtres, on entraîna le fils de Marie hors de la maison de Caïphe pour le conduire devant Pilate.

Geneviève, confondue parmi les serviteurs, suivit les soldats. En passant sous la voûte de la porte, elle vit Pierre, ce lâche disciple du jeune maître (le moins lâche de tous, cependant, pensait-elle, puisque seul, du moins, il l'avait suivi jusque-là), elle vit Pierre détourner les yeux, lorsque Jésus, cherchant le regard de son disciple, passa devant lui emmené par les soldats... Une des servantes de la maison reconnaissant Pierre, lui dit :

— Vous étiez aussi avec Jésus le Galiléen [1] ?

Et Pierre, rougissant et baissant les yeux, répondit :

— Je ne sais ce que vous dites [2].

Un autre serviteur, entendant la réponse de Pierre, reprit en le désignant aux autres assistants :

— Je vous dis, moi, que celui-ci était aussi avec Jésus de Nazareth [3].

— Je jure ! — s'écria Pierre, — je jure que je ne connais pas Jésus de Nazareth [4].

Le cœur de Geneviève se soulevait d'indignation et de dégoût ; ce

[1] *Évangile selon saint Matthieu*, ch. XXVI, v. 69.
[2] *Évangile selon saint Matthieu*, ch. XXVI, v. 70.
[3] *Évangile selon saint Matthieu*, ch. XXVI, v. 71.
[4] *Évangile selon saint Matthieu*, ch. XXVI, v. 72.

Pierre, par lâche faiblesse ou par peur de partager le sort de son maître, le reniant deux fois et se parjurant pour cette indignité, était à ses yeux le dernier des hommes; plus que jamais elle plaignait le fils de Marie d'avoir été trahi, livré, abandonné, renié par ceux-là qu'il aimait tant.

Elle s'expliquait ainsi la tristesse navrante qu'elle avait remarquée sur ses traits. Une grande âme comme la sienne ne devait pas redouter la mort, mais se désespérer de l'ingratitude de ceux qu'il croyait ses amis les plus chers.

L'esclave quitta la maison du prince des prêtres où était resté Pierre, le renégat, rejoignit bientôt les soldats qui emmenaient Jésus. Le jour commençait à poindre; plusieurs mendiants et vagabonds qui avaient dormi sur des bancs placés de chaque côté de la porte des maisons, s'éveillèrent au bruit des pas des soldats qui emmenaient le jeune maître. Un moment Geneviève espéra que ces pauvres gens, qui le suivaient en tous lieux, l'appelaient leur ami, sur le malheur desquels ils s'apitoyait si tendrement, allaient avertir leurs compagnons et les rassembler pour délivrer Jésus; aussi dit-elle à l'un de ces hommes :

— Ne savez-vous pas que ces soldats emmènent le jeune maître de Nazareth, l'ami des pauvres et des affligés? On veut le faire mourir, courez le défendre... délivrez-le! soulevez le peuple; ces soldats fuiront devant lui.

Mais cet homme répondit d'un air craintif :

— Les miliciens de Jérusalem fuiraient peut-être; mais les soldats de Ponce-Pilate sont aguerris, ils ont de bonnes lances, d'épaisses cuirasses, des épées bien tranchantes... que pouvons-nous tenter?

— Mais l'on se soulève en masse, on s'arme de pierres, de bâtons! — s'écria Geneviève, — et du moins vous mourrez pour venger celui qui a consacré sa vie à votre cause!

Le mendiant secoua la tête, et répondit pendant qu'un de ses compagnons se rapprochait de lui :

— Si misérable que soit la vie, on y tient... et c'est vouloir courir à la mort que d'aller frotter nos haillons aux cuirasses des soldats romains.

— Et puis, — reprit l'autre vagabond, — si Jésus de Nazareth est un messie, comme tant d'autres l'ont été avant lui, et comme tant d'autres le seront après lui... c'est un malheur si on le tue... mais l'on ne manque jamais de messies dans Israël...

— Et si on le met à mort! — s'écria Geneviève, — c'est parce qu'il vous a aimés... c'est parce qu'il a plaint vos malheurs... c'est parce qu'il a fait honte aux riches de leur hypocrisie et de leur dureté de cœur envers ceux qui souffrent!

— C'est vrai; il nous prédit sans cesse le royaume de Dieu sur la terre, — répondit le vagabond en se recouchant sur son banc ainsi que son camarade, afin de se réchauffer aux rayons du soleil levant; — cependant ces beaux jours qu'il nous promet n'arrivent pas... et nous sommes aussi gueux aujourd'hui que nous l'étions hier.

— Eh! qui vous dit que ces beaux jours, promis par lui, n'arriveront pas demain? — reprit Geneviève?... — ne faut-il pas à la moisson le temps de germer, de grandir, de mûrir?... Pauvres aveugles impatients que vous êtes!... Songez donc que laisser mourir celui que vous appeliez votre ami, avant qu'il ait fécondé les bons germes qu'il a semés dans tant de cœurs, c'est fouler aux pieds, c'est anéantir en herbe une moisson peut-être magnifique...

Les deux vagabonds gardèrent le silence en secouant la tête, et Geneviève s'éloigna d'eux, se disant avec un redoublement de douleur profonde :

— Ne rencontrerai-je donc partout qu'ingratitude, oubli, lâcheté, trahison! Oh! ce n'est pas le corps de Jésus qui sera crucifié, ce sera son cœur...

L'esclave se hâta de rejoindre les soldats, qui se rapprochaient de plus en plus du palais de Ponce-Pilate. Au moment où elle doublait le pas, elle remarqua une sorte de tumulte parmi les miliciens de Jérusalem qui s'arrêtèrent brusquement. Elle monta sur un banc de pierre, et vit Banaïas seul, à l'entrée d'une arcade assez étroite que les soldats devaient traverser pour se rendre chez le gouverneur, leur barrant audacieusement le passage, en faisant tournoyer autour de lui son long bâton terminé par une masse de fer.

— Ah! celui-là, du moins, n'abandonne pas celui qu'il appelait son ami! — pensa Geneviève.

— Par les épaules de Samson! — criait Banaïas de sa voix retentissante, — si vous ne mettez pas sur l'heure notre ami en liberté, miliciens de Belzébuth! je vous bats aussi dru que le fléau bat le blé sur l'aire de la grange!... Ah! si j'avais eu le temps de rassembler une bande de compagnons aussi résolus que moi à défendre notre ami de Nazareth, c'est un ordre que je vous adresserais au lieu d'une simple prière, et cette simple prière, je la répète : Laissez libre notre ami, ou sinon, par la mâchoire dont se servit Samson, je vous assomme tous comme il a assommé les Philistins!

— Entendez-vous ce scélérat? Il appelle cette audacieuse menace une prière! — s'écria l'officier commandant les miliciens, qui se tenait prudemment au milieu de sa troupe; — percez ce misérable de vos lances... Frappez-le de vos épées s'il ne vous livre passage!

Les miliciens de Jérusalem n'étaient pas une troupe très-vaillante, car ils avaient hésité avant d'oser arrêter Jésus qui s'avançait vers eux, seul et désarmé; aussi, malgré les ordres de leur chef, ils restèrent un moment indécis devant l'attitude menaçante de Banaïas. En vain Jésus, dont Geneviève entendait la voix douce et ferme, tâchait d'apaiser son défenseur et le suppliait de se retirer. Banaïas reprit d'un ton plus menaçant encore, répondant ainsi aux supplications du jeune maître :

— Ne t'occupe pas de moi, notre ami : tu es un homme de paix et de concorde; moi, je suis un homme de violence et de bataille. Lorsqu'il faut protéger un faible! laisse-moi faire... J'arrêterai ici ces mauvais soldats, jusqu'à ce que le bruit du tumulte ait averti et fait accourir mes compagnons; et alors, par les cinq cents concubines de

Salomon qui dansaient devant lui, tu verras la danse de ces miliciens du diable, au son de nos bâtons ferrés battant la mesure sur leurs casques et sur leurs cuirasses!

— Vous laisserez-vous insulter plus longtemps par un seul homme, gens sans courage? — s'écria l'officier à ses miliciens... — Oh! si je n'avais l'ordre de ne pas quitter le Nazaréen plus que son ombre, je vous donnerais l'exemple, et ma grande épée aurait déjà coupé la gorge de ce bandit!

— Par le nombril d'Abraham! c'est moi qui vais aller te percer le ventre, à toi qui parles si bien, et t'arracher notre ami! — s'écria Banaïas... — Je suis seul... mais un faucon vaut mieux que cent merles.

Et Banaïas se précipita sur les miliciens, en faisant tournoyer avec furie son bâton ferré, malgré les prières de Jésus.

D'abord surpris et ébranlés par tant d'audace, quelques soldats du premier rang de l'escorte lâchèrent pied; mais bientôt, honteux de ne pas résister à un seul homme, ils se rallièrent, attaquèrent à leur tour Banaïas, qui, accablé par le nombre, malgré son courage héroïque, tomba mort percé de coups. Geneviève vit alors les soldats dans leur rage jeter au fond d'un puits, voisin de l'arcade, le corps ensanglanté du seul défenseur du fils de Marie. Après cet exploit, l'officier, brandissant sa longue épée, se mit à la tête de sa troupe, et ils arrivèrent devant la maison du seigneur Ponce-Pilate, où Geneviève avait accompagné sa maîtresse Aurélie plusieurs jours auparavant.

Le soleil était déjà haut. Attirés par le bruit de la lutte de Banaïas contre les soldats, beaucoup d'habitants de Jérusalem, sortant de leurs maisons, avaient suivi les miliciens. La maison du gouverneur romain se trouvait dans l'un des plus riches quartiers de la ville; les personnes qui, par curiosité, accompagnèrent, Jésus loin de le prendre en pitié, l'accablaient d'injures et de huées.

— Enfin, — criaient les uns, — le voilà donc pris ce Nazaréen qui portait le trouble et l'inquiétude dans notre ville!

— Ce séditieux qui ameutait les gueux contre les riches !

— Cet impie qui blasphémait notre sainte religion !

— Cet audacieux qui portait le trouble dans nos familles en glorifiant les fils prodigues et débauchés, — dit un des deux émissaires qui avait suivi la troupe !

— Cet infâme qui voulait pervertir nos épouses, — dit l'autre émissaire, — en glorifiant l'adultère, puisqu'il a arraché une de ces indignes pécheresses au supplice qu'elle méritait !

— Grâce au Seigneur, — ajouta un vendeur d'argent, — si ce Nazaréen est mis à mort, ce qui sera justice, nous pourrons aller rouvrir nos comptoirs sous la colonnade du Temple, dont ce profanateur et sa bande de vagabonds nous avaient chassés, et où nous n'osions retourner.

— Combien nous étions fous de craindre son entourage de mendiants ! — ajoutait un autre ; — voyez si l'un d'eux a seulement osé se révolter pour défendre ce Nazaréen, par le nom duquel ils juraient sans cesse... Lui qu'ils appelaient leur ami !

— Qu'on en finisse donc avec cet abominable séditieux ! Qu'on le crucifie, et qu'il n'en soit plus question !

— Oui... oui, mort au Nazaréen ! — criait la foule, parmi laquelle se trouvait Geneviève ; et ce rassemblement, allant toujours grossissant, répétait, avec une fureur croissante, ces cris funestes :

— Mort au Nazaréen !

— Hélas ! — se disait l'esclave, — est-il un sort plus affreux que celui de ce jeune homme, abandonné des pauvres qu'il chérissait, haï des riches auxquels il prêchait le renoncement et la charité ! combien doit être profonde l'amertume de son cœur !

Les miliciens, suivis de la foule, étaient arrivés en face de la maison de Ponce-Pilate ; plusieurs princes des prêtres, docteurs de la loi, sénateurs et autres pharisiens, parmi lesquels se trouvaient Caïphe, le docteur Baruch et le banquier Jonas, avaient rejoint la troupe et marchaient à sa tête. L'un de ces pharisiens ayant crié :

— Seigneurs, entrons chez Ponce-Pilate, afin qu'il condamne tout de suite le Nazaréen à mort !

Le prêtre Caïphe répondit d'un air pieux :

— Mes seigneurs, nous ne pouvons entrer dans la maison d'un païen ; cette souillure nous empêcherait de manger la pâque aujourd'hui [1].

— Non, — ajouta le docteur Baruch, — nous ne pouvons commettre cette impiété abominable.

— Les entendez-vous ? — dit à la foule l'un des émissaires avec un accent d'admiration, — les entendez-vous les saints hommes ? quel respect ils professent pour les commandements de notre religion !... Ah ! ceux-là ne sont pas comme cet impie Nazaréen, qui raille et blasphème les choses les plus sacrées, en osant déclarer qu'il ne faut pas observer le sabbat.

— Oh ! les infâmes hypocrites ! — se dit Geneviève ; — combien Jésus les connaissait, comme il avait raison de les démasquer ! Les voilà qui craignent de souiller leurs sandales en entrant dans la maison d'un païen, et ils ne craignent pas de souiller leur âme en demandant à ce païen de verser le sang d'un juste, leur compatriote ! Ah ! pauvre jeune maître de Nazareth ! ils vont te faire payer de ta vie le courage que tu as montré en attaquant ces méchants fourbes.

L'officier des miliciens étant entré dans le palais de Ponce-Pilate, tandis que l'escorte demeurait au dehors gardant le prisonnier, Geneviève monta derrière un chariot attelé de bœufs arrêté par la foule, et tâcha d'apercevoir encore le jeune homme de Nazareth.

Elle le vit debout au milieu des soldats, les mains liées derrière le dos, la tête nue, ses longs cheveux blonds tombant sur ses épaules, le regard toujours calme et doux, un sourire de résignation sur les lèvres. Il contemplait cette foule tumultueuse, menaçante, avec une sorte de commisération douloureuse, comme s'il eût plaint ces hommes de

[1] *Évangile selon saint Jean*, ch. XVIII, v. 28.

leur aveuglement et de leur iniquité. De tous côtés on lui adressait des injures; les miliciens eux-mêmes le traitaient avec tant de brutalité, que le manteau bleu qu'il portait sur sa tunique blanche était déjà presque déchiré en lambeaux. Jésus à tant d'outrages et de mauvais traitements opposait une inaltérable placidité; seulement, de temps à autre il levait tristement les yeux au ciel; mais sur son pâle et beau visage, Geneviève ne vit pas se trahir la moindre impatience, la moindre colère.

Soudain on entendit ces mots circuler dans la foule:

— Ah! voici le seigneur Ponce-Pilate!

— Il va enfin prononcer la sentence de mort de ce Nazaréen maudit.

— Heureusement d'ici au Golgotha, où l'on supplicie les criminels, il n'y a pas loin; nous pourrons aller le voir crucifier.

En effet, Geneviève vit bientôt paraître le seigneur Ponce-Pilate à la porte de sa maison[1]; il venait sans doute d'être arraché au sommeil, car il s'enveloppait d'une longue robe du matin: sa chevelure et sa barbe étaient en désordre; ses yeux, rougis, gonflés, semblaient éblouis des rayons du soleil levant; il put à peine dissimuler plusieurs bâillements, et semblait vivement contrarié d'avoir été réveillé de si bon matin, lui qui peut-être avait, selon son habitude, prolongé son souper jusqu'à l'aube. Aussi, s'adressant au docteur Baruch avec un ton de brusquerie et de mauvaise humeur, ainsi que quelqu'un très-impatient d'abréger une corvée qui lui pèse, il lui dit:

« — Quel est le crime dont vous accusez ce jeune homme[2]? »

Le docteur Baruch paraissant, de son côté, blessé de la brusquerie et de la mauvaise humeur de Ponce-Pilate, lui répondit avec aigreur:

« — Si ce n'était pas un malfaiteur, nous ne vous l'aurions pas » amené[3]. »

[1] « Pilate les vint donc trouver dehors. » (*Évangile selon saint Jean*, ch. XVIII, v. 29.)

[2] *Évangile selon saint Jean*, ch. XVIII, v. 30.

[3] *Évangile selon saint Jean*, ch. XVIII, v. 31.

Le seigneur Ponce-Pilate, choqué à son tour de l'aigreur du docteur Baruch, reprit impatiemment et en étouffant un nouveau bâillement :

« — Eh bien ! puisque vous dites qu'il a péché contre la loi, pre-
» nez-le et jugez-le selon votre loi[1]. »

Et le gouverneur tourna le dos au docteur Baruch en haussant les épaules, et rentra dans sa maison.

Un moment Geneviève crut le jeune homme de Nazareth sauvé, car la réponse de Ponce-Pilate souleva de nombreux murmures dans la foule.

— Voilà bien les Romains, — disaient les uns ; — ils ne cherchent qu'à entretenir l'agitation dans notre pauvre pays pour le dominer plus sûrement.

— Ce Ponce-Pilate semble évidemment protéger ce maudit Nazaréen !...

— Moi, je suis certain que ce Nazaréen est un secret affidé des Romains, — ajouta l'un des émissaires, — ils se servent de ce misérable séditieux pour de ténébreux projets.

— Il n'y a pas à en douter, — reprit l'autre émissaire, — le Nazaréen est vendu aux Romains.

A ce dernier outrage, qui sembla pénible à Jésus, Geneviève le vit lever de nouveau les yeux au ciel d'un air navré, tandis que la foule répétait :

— Oui, oui, c'est un traître !...

— C'est un agent des Romains !...

— A mort le traître ! à mort !...

Le docteur Baruch n'avait pas voulu lâcher sa proie ; lui et plusieurs princes des prêtres, voyant Ponce-Pilate rentrer dans sa maison, coururent après lui, et l'ayant supplié de revenir, ils le ramenèrent dehors aux grands applaudissements de la foule.

[1] *Évangile selon saint Jean*, ch. XVIII, v. 31.

Le seigneur Ponce-Pilate semblait continuer presque malgré lui cet interrogatoire ; il dit avec impatience au docteur Baruch en désignant Jésus du geste :

« — De quoi accusez-vous cet homme ? »

Le docteur de la loi répondit à haute voix :

« — Cet homme soulève le peuple par la doctrine qu'il enseigne » dans toute la Judée, depuis la Galilée, où il a commencé, jusqu'ici [1]. »

A cette accusation, Geneviève entendit l'un des émissaires dire à demi-voix à son compagnon :

— Le docteur Baruch est un fin renard ; par cette accusation de sédition, il va forcer le gouverneur à condamner le Nazaréen.

Ponce-Pilate ayant fait signe à Jésus de s'approcher, ils échangèrent entre eux quelques paroles ; à chaque réponse du jeune maître de Nazareth, toujours calme et digne, Ponce-Pilate semblait de plus en plus convaincu de son innocence ; il reprit à haute voix, s'adressant aux princes des prêtres et aux docteurs de la loi :

« — Vous m'avez présenté cet homme comme poussant le peuple » à la révolte ; néanmoins, l'ayant interrogé en votre présence, je » ne le trouve coupable d'aucun des crimes dont vous l'accusez. Je » ne le juge pas digne de la mort... je m'en vais donc le renvoyer » après l'avoir fait châtier [2]. »

Et Ponce-Pilate, étouffant un dernier bâillement, fit signe à un de ses serviteurs qui partit en courant.

La foule, non satisfaite de l'arrêt de Ponce-Pilate, murmura d'abord, puis se plaignit tout haut.

— Ce n'est pas pour faire châtier le Nazaréen qu'on l'a conduit ici, — disaient les uns, — mais pour le faire condamner à mort...

— Après son châtiment, il recommencera ses séditions et à soulever le peuple...

[1] *Évangile selon saint Luc*, ch. XXIII, v. 5.

[2] *Évangile selon saint Luc*, ch. XXIII, v. 16, 17.

— Ce n'est pas le châtiment de Jésus que nous voulons, c'est sa mort !...

— Oui, oui ! — crièrent plusieurs voix, — la mort ! la mort !...

Ponce-Pilate ne répondit à ces murmures, à ces cris, qu'en haussant les épaules et en rentrant chez lui.

— Si le gouverneur est convaincu de l'innocence du jeune maître, — se disait Geneviève, — pourquoi le fait-il châtier ?... C'est à la fois lâche et cruel... Il espère peut-être calmer, par cette concession, la rage des ennemis de Jésus... Hélas ! il s'est trompé ; il ne les apaisera que par la mort de ce juste !...

A peine Ponce-Pilate eut-il donné l'ordre de châtier le fils de Marie, que les miliciens s'en emparèrent, lui arrachèrent les derniers lambeaux de son manteau, le dépouillèrent de sa tunique de toile et de sa tunique de laine, qu'ils rabattirent sur sa ceinture de cuir, et mirent ainsi à nu le haut de son corps ; puis ils le garrottèrent à l'une des colonnes qui ornaient la porte d'entrée de la maison du gouverneur romain.

Jésus n'opposa aucune résistance, ne proféra pas une plainte, tourna vers la foule son céleste visage, et la contempla tristement sans paraître entendre les injures et les huées qui redoublèrent.

On était allé quérir le bourreau de la ville pour battre Jésus de verges ; aussi, en attendant la venue de l'exécuteur, les vociférations continuèrent, toujours excitées par les émissaires des pharisiens.

— Ponce-Pilate espère nous satisfaire par le châtiment de ce maudit, mais il se trompe, — disaient les uns.

— La coupable indulgence du gouverneur romain, — ajouta l'un des émissaires, — ne prouve que trop qu'il s'entend secrètement avec le Nazaréen...

— Eh ! mes amis... de quoi vous plaignez-vous ? — disait un autre ; — Ponce-Pilate nous donne plus que nous ne lui demandions : nous ne voulions que la mort du Nazaréen, et il sera châtié avant d'être mis à mort... Gloire au généreux Ponce-Pilate !...

— Oui, oui! car il faudra bien qu'il le condamne... nous l'y forcerons...

— Ah! voici le bourreau! — crièrent plusieurs voix: — voici le bourreau et son aide...

Geneviève reconnut les deux mêmes hommes qui, trois jours auparavant, l'avaient battue à coups de fouet chez son maître; elle ne put retenir ses larmes à cette pensée, que ce jeune homme, qui n'était qu'amour et miséricorde, allait subir l'ignominieux châtiment réservé aux esclaves.

Les deux bourreaux portaient sous leur bras un paquet de baguettes de coudrier, longues, flexibles et grosses comme le pouce. Chacun des exécuteurs en prit une, et, à un signe de Caïphe, les coups commencèrent à pleuvoir, violents et rapides, sur les épaules du jeune maître de Nazareth... Lorsqu'une baguette était brisée, les bourreaux en prenaient une autre.

D'abord Geneviève détourna la vue de ce cruel spectacle ; mais elle fut forcée d'entendre les railleries féroces de la foule, qui devaient paraître au fils de Marie un supplice plus affreux que le supplice même.

— Toi qui disais : Aimez-vous les uns les autres, Nazaréen maudit! — criaient les uns, — vois comme l'on t'aime!...

— Toi qui disais : Partagez votre pain et votre manteau avec qui n'a ni pain ni manteau, ces honnêtes bourreaux suivent tes préceptes, ils partagent fraternellement leurs baguettes pour les briser sur ton échine...

— Toi qui disais : Qu'il était plus facile à un chameau de passer par le trou d'une aiguille qu'à un riche d'entrer au Paradis, ne trouves-tu pas qu'il te serait plus facile de passer par le trou d'une aiguille que d'échapper aux baguettes dont on caresse ton dos?

— Toi qui glorifiais les vagabonds, les voleurs, les courtisanes, et autres gibiers de houssines, tu les aimais sans doute, ces scélérats, parce que tu savais devoir être un jour fouetté comme eux, ô grand prophète!...

Geneviève, malgré sa répugnance à voir le supplice de Jésus, ne l'entendant pas pousser un cri ou une plainte, craignit qu'il ne se fût évanoui de douleur, et jeta sur lui les yeux avec angoisse.

Hélas! ce fut pour elle un spectacle horrible.

Le dos du jeune maître n'était qu'une large plaie saignante, interrompue çà et là par quelques sillons bleuâtres de meurtrissures... à ces endroits seulement la peau n'avait pas été enlevée. Jésus tournait la tête vers le ciel et fermait les yeux, pour échapper sans doute à la vision de cette foule impitoyable. Son visage, livide, baigné de sueur, trahissait une souffrance horrible à chaque nouvelle flagellation fouettant sa chaire meurtrie à vif... Et pourtant, parfois, il essayait encore de sourire avec une résignation angélique!

Les princes des prêtres, les docteurs de la loi, les sénateurs et tous ces méchants pharisiens, suivaient d'un regard triomphant et avide l'exécution du supplice... Parmi les plus acharnés à se repaître de cette torture, Geneviève remarqua le docteur Baruch, Caïphe et le banquier Jonas... Les bourreaux commençaient à se lasser de frapper; ils avaient brisé sur les épaules de Jésus presque toutes leurs baguettes; ils interrogèrent d'un coup d'œil le docteur Baruch, comme pour lui demander s'il n'était pas temps de mettre fin au supplice; mais le docteur de la loi s'écria :

—Non, non... usez jusqu'à la dernière de vos baguettes...

L'ordre du pharisien fut exécuté... les dernières verges furent brisées sur les épaules du jeune maître, et éclaboussèrent de sang le visage des bourreaux... ce n'était plus la peau qu'ils flagellaient, mais une plaie saignante... Le martyre devint alors si atroce, que Jésus, malgré son courage, défaillit, et laissa tomber sa tête appesantie sur son épaule gauche; ses genoux fléchirent, il fût tombé à terre sans les liens qui le garrottaient à la colonne par le milieu du corps.

Ponce-Pilate, après avoir ordonné le châtiment, était rentré dans sa maison; il ressortit alors de chez lui, et fit signe aux bourreaux de délier le condamné... Ils le délièrent et le soutinrent; l'un d'eux ui jeta sur les épaules sa tunique de laine. Le contact de cette rude étoffe sur sa chair vive causa sans doute une nouvelle et si cruelle douleur à Jésus, qu'il tressaillit de tous ses membres. L'excès même de la souffrance le fit revenir à lui ; il releva la tête, tâcha de se raffermir assez sur ses jambes pour n'avoir plus besoin du soutien des bourreaux, ouvrit les yeux et jeta sur la foule un regard miséricordieux...

Ponce-Pilate, croyant avoir satisfait à la haine des pharisiens, dit à la foule, après avoir fait délier Jésus :

« — Voilà l'homme[1]... »

Et il fit signe à ses officiers de rentrer dans sa maison; il se disposait à les suivre, lorsque le prince des prêtres, Caïphe, après s'être consulté à voix basse avec le docteur Baruch et le banquier Jonas, s'écria en arrêtant le gouverneur par sa robe, au moment où il rentrait chez lui :

« — Seigneur Pilate, si vous délivrez Jésus, vous n'êtes pas ami » de l'empereur ; car le Nazaréen s'est dit roi, et quiconque se dit » roi se déclare contre l'empereur[2]. »

— Ponce-Pilate va craindre de passer pour traître à son maître, l'empereur Tibère, — dit à son complice l'un des émissaires placés non loin de Geneviève. — Il sera forcé de livrer le Nazaréen.

Puis ce méchant homme s'écria d'une voix éclatante :

— Mort au Nazaréen ! l'ennemi de l'empereur Tibère, le protecteur de la Judée !...

— Oui, oui ! — reprirent plusieurs voix, — le Nazaréen s'est dit roi des Juifs !

— Il veut renverser la domination de l'empereur Tibère !

— Il veut se déclarer roi en soulevant la populace contre les Romains, nos amis et alliés.

— Réponds à cela, Ponce-Pilate ! — cria du milieu de la foule

[1] *Évangile selon saint Jean*, ch. XIX, v. 5.

[2] *Évangile selon saint Jean*, ch. XIX, v. 12.

l'un des deux émissaires. — Comment se fait-il que nous autres Hébreux, nous nous montrions plus dévoués que toi au pouvoir de l'empereur, ton maître?... Comment se fait-il que ce soit nous autres Hébreux, qui demandions la mort du séditieux qui veut renverser l'autorité romaine, et que ce soit toi, gouverneur pour Tibère, qui veuilles gracier ce séditieux?...

Cette apostrophe parut d'autant plus troubler Ponce-Pilate, que de tous côtés on cria dans la foule :

— Oui, oui... ce serait trahir l'empereur que de délivrer le Nazaréen !

— Ou prouver peut-être que l'on est son complice.

Ponce-Pilate, malgré le désir qu'il avait peut-être de sauver le jeune maître de Nazareth, parut de plus en plus troublé de ces reproches partis de la foule, reproches qui mettaient en doute sa fidélité à l'empereur Tibère [1]. Il alla vers les pharisiens et s'entretint avec eux à voix basse, tandis que les miliciens gardaient toujours au milieu d'eux Jésus garrotté.

Alors, Caïphe, prince des prêtres, reprit tout haut en s'adressant à Pilate, afin d'être entendu de la foule et en montrant Jésus :

« — Nous avons trouvé que cet homme pervertit notre nation, » qu'il l'empêche de payer le tribut à César, et qu'il se dit le roi des » Juifs comme étant le fils de Dieu [2]. »

Alors, Ponce-Pilate, se tournant vers le jeune maître de Nazareth, lui dit :

— Êtes-vous roi des Juifs?

« — Dites-vous cela de vous-même? » — répondit Jésus d'une voix affaiblie par la souffrance, — « ou bien me le demandez-vous parce » que d'autres vous l'ont dit avant moi? »

[1] « Ponce-Pilate *était fonctionnaire public* (fait très-judicieusement observer M. Dupin) ; il tenait à sa place : il fut intimidé par les cris qui mettaient en doute sa fidélité » à l'empereur, il craignit une destitution, il céda. » (*Jésus devant Caïphe*, p. 105, par Dupin aîné.)

[2] *Evangile selon saint Luc*, ch. XXIII, v. 1, 3.

— Les princes des prêtres et les sénateurs vous ont livré à moi... — reprit Ponce-Pilate. — Qu'avez-vous fait?... Vous prétendez-vous roi des Juifs?...

Jésus secoua doucement la tête et répondit :

« — Mon royaume n'est pas de ce monde... si mon royaume était » de ce monde, mes amis eussent combattu pour empêcher que je » vous fusse livré... mais, je vous le répète, mon royaume n'est » pas d'ici[1]. »

Ponce-Pilate se retourna de nouveau vers les pharisiens, comme pour les prendre eux-mêmes à témoignage de la réponse de Jésus, qui devait l'innocenter, puisqu'il proclamait que son royaume n'était pas de ce monde-ci.

— Son royaume, — pensa Geneviève, — est sans doute dans ces mondes inconnus où nous allons, selon notre foi druidique, retrouver ceux que nous avons aimés ici... Comment oseraient-ils condamner Jésus comme rebelle à l'empereur? lui qui a tant de fois répété : « Rendez à César ce qui est à César, à Dieu ce qui est à Dieu! »

Mais, hélas! Geneviève oubliait que la haine des pharisiens était implacable... Les seigneurs Baruch, Jonas et Caïphe, ayant de nouveau parlé bas à Ponce-Pilate, celui-ci dit à Jésus :

« — Êtes-vous, oui ou non, le fils de Dieu? »

« — Oui, » — répondit Jésus de sa voix douce et ferme, — « oui, » je le suis[2]... »

A ces mots, les princes des prêtres, les docteurs et sénateurs, indignés, poussèrent des exclamations qui furent répétées par la foule.

— Il a blasphémé!... il a dit qu'il était le fils de Dieu!...

— Et celui-là qui se dit le fils de Dieu, — cria l'émissaire, — celui-là qui se dit le fils de Dieu se dit aussi roi des Juifs...

— C'est un ennemi de l'empereur!

— A mort! à mort! le Nazaréen!... crucifiez-le!

[1] *Évangile selon saint Jean*, ch. XXVIII, v. 23 et 36.

[2] *Évangile selon saint Jean*, ch. XXVIII, v. 38, 39.

Ponce-Pilate, singulier mélange de lâche faiblesse et d'équité, voulant sans doute tenter un dernier effort pour sauver Jésus, qu'il ne trouvait pas coupable, dit à la foule qu'il était d'usage pour la fête de ce jour de donner la liberté à un criminel, et que le peuple avait à choisir pour cet acte de clémence entre un prisonnier, nommé Barrabas, et Jésus, qui avait été déjà battu de verges, puis il ajouta :

« — Lequel des deux voulez-vous que je délivre? Jésus, ou Barrabas [1] ? »

Geneviève vit les émissaires des pharisiens courir dans la foule de groupe en groupe, et disant :

— Demandons la liberté de Barrabas... que l'on délivre Barrabas.

Et bientôt la foule cria de toutes parts :

— Délivrez Barrabas et gardez Jésus !...

— Mais, — reprit Ponce-Pilate, — que ferai-je de Jésus ?

— Crucifiez-le !... — répondirent les mille voix de la foule, — crucifiez-le !...

— Mais, — reprit encore Ponce-Pilate, — quel mal a-t-il fait?

— Crucifiez-le !... — reprit la foule de plus en plus furieuse. — — Crucifiez-le !... Mort au Nazaréen !...

Ponce-Pilate, n'ayant pas le courage de défendre Jésus, qu'il trouvait innocent, fit signe à l'un de ses serviteurs : celui-ci rentra dans la maison du gouverneur, pendant que la foule criait avec une furie croissante :

— Crucifiez le Nazaréen !... crucifiez-le !...

Jésus, toujours calme, triste, pensif, semblait étranger à ce qui se passait autour de lui.

— Sans doute, — se dit Geneviève, — il songe déjà aux mondes mystérieux, où l'on va renaître et revivre en quittant ce monde-ci.

Le serviteur de Ponce-Pilate revint, tenant un vase d'argent d'une main et de l'autre un bassin ; un second serviteur prit ce bassin, et,

[1] « Mais les princes des prêtres et les sénateurs persuadèrent au peuple de demander » Barrabas et de faire mourir Jésus. » (*Evangile selon saint Matthieu*, ch. XXVIII, v. 20.)

pendant que le premier serviteur y versait de l'eau, Ponce-Pilate trempa ses mains dans cette eau, en disant à haute voix :

« — Je suis innocent de la mort de ce juste ; c'est à vous d'y pren-
» dre garde... Quant à moi, je m'en lave les mains[1]... »

— Que le sang du Nazaréen retombe sur nous !... — cria l'un des émissaires.

— Oui... que son sang retombe sur nous et sur nos enfants[2] !...

— Prenez donc Jésus, et crucifiez-le vous-mêmes... — répondit Ponce-Pilate. — On va, puisque vous l'exigez, délivrer Barrabas.

Et Ponce-Pilate rentra dans sa maison au bruit des acclamations de la foule, tandis que Caïphe, le docteur Baruch, le banquier Jonas et les autres pharisiens triomphants montraient le poing à Jésus.

L'officier qui avait commandé l'escorte de miliciens chargés d'arrêter le fils de Marie dans le jardin des Oliviers, s'approchant de Caïphe, lui dit :

— Seigneur, pour conduire le Nazaréen au Golgotha, lieu de l'exécution des criminels, nous aurons à traverser le quartier populeux de la porte Judiciaire ; il se pourrait que le calme des partisans de ce séditieux ne fût qu'apparent... et qu'une fois arrivés dans ce quartier de vile populace, elle ne se soulevât pour délivrer le Nazaréen... Je réponds du courage de mes braves miliciens ; ils ont déjà, ce matin, après un combat acharné, mis en fuite une grosse troupe de scélérats déterminés, commandée par un bandit nommé Banaïas, qui voulaient nous forcer à leur livrer Jésus... Pas un de ces misérables n'a échappé... malgré leur furieuse résistance...

— Le lâche menteur ! — se dit Geneviève en entendant cette vanterie de l'officier des miliciens, qui reprit :

— Cependant, seigneur Caïphe, malgré la vaillance éprouvée de notre milice, il serait peut-être plus prudent de confier l'escorte du Nazaréen, jusqu'au lieu du supplice, à la garde romaine.

[1] *Évangile selon saint Matthieu*, ch. XXVII, v. 25.
[2] *Évangile selon saint Matthieu*, ch. XXVII, v. 26, 27.

— Je suis de votre avis, — répondit le prince des prêtres; — je vais demander à l'un des officiers de Ponce-Pilate de faire garder le Nazaréen dans le prétoire de la cohorte romaine jusqu'à l'heure du supplice.

Geneviève vit alors, pendant que le prince des prêtres allait s'entretenir avec un des officiers de Ponce-Pilate, le chef des miliciens se rapprocher de Jésus... bientôt elle entendit cet officier, répondant sans doute à quelques mots du jeune maître, lui dire d'un air railleur et cruel :

— Tu es bien pressé de t'étendre sur la croix... Il faut d'abord qu'on la construise, et ce n'est pas fait en un tour de main... Tu dois le savoir mieux que personne, toi, en ta qualité d'ancien ouvrier charpentier.

L'un des officiers de Ponce-Pilate, à qui le prince des prêtres avait parlé, vint alors trouver Jésus, et lui dit :

— Je vais te conduire dans le prétoire de nos soldats; lorsque ta croix sera prête, on l'apportera, et sous notre escorte tu te mettras en route pour le Calvaire... Suis-nous !

Jésus, toujours garrotté, fut conduit à peu de distance de là, par les miliciens, dans la cour où logeaient les soldats romains; la porte, devant laquelle se promenait un factionnaire, restant ouverte, plusieurs personnes qui avaient, ainsi que Geneviève, suivi le Nazaréen, demeurèrent en dehors pour voir ce qui allait advenir.

Lorsque le jeune maître fut amené dans la cour du prétoire (on appelle ainsi les bâtiments où logent les soldats romains), ceux-ci étaient disséminés en plusieurs groupes : les uns nettoyaient leurs armes ; les autres jouaient à plusieurs jeux; ceux-ci maniaient la lance sous les ordres d'un officier ; ceux-là, étendus sur des bancs au soleil, chantaient ou causaient entre eux. On reconnaissait, à leurs figures bronzées par le soleil, à leur air martial et farouche, à la tenue militaire de leurs armes et de leurs vêtements, ces soldats courageux, aguerris, mais impitoyables, qui avaient conquis le monde, laissant derrière eux, comme en Gaule, le massacre, la spoliation et l'esclavage.

Dès que ces Romains eurent entendu le nom de Jésus de Nazareth, et qu'ils le virent amené par l'un de leurs officiers dans la cour du prétoire, tous abandonnèrent leurs jeux et accoururent autour de lui.

Geneviève pressentit, en remarquant l'air railleur et endurci de cette soldatesque, que le fils de Marie allait subir de nouveaux outrages. L'esclave se souvint d'avoir lu dans les récits laissés par les aïeux de son mari, Fergan, les horreurs commises par les soldats de César, le fléau des Gaules, elle ne doutait pas que ceux-là dont le jeune maître était entouré ne fussent aussi cruels que ceux des temps passés.

Il y avait au milieu de la cour du prétoire un banc de pierre où ces Romains firent d'abord asseoir Jésus, toujours garrotté ; puis, s'approchant de lui, ils commencèrent à le railler et à l'injurier :

— Le voilà donc, ce fameux prophète ! — dit l'un d'eux. — Le voilà donc, celui qui annonce que le temps viendra où l'épée se changera en serpe, et où il n'y aura plus de guerre ! plus de bataille !

— Plus de guerre ! Par le vaillant dieu Mars, plus de guerre ! — s'écrièrent d'autres soldats avec indignation. — Ah ! ce sont là tes prophéties, prophète de malheur !

— Plus de guerre ! c'est-à-dire plus de clairons, plus d'enseignes flottantes, plus de brillantes cuirasses, plus de casques à aigrettes, qui attirent les regards des femmes !

— Plus de guerre ! c'est-à-dire plus de conquêtes !

— Quoi ! ne pouvoir plus essuyer nos bottines ferrées sur la tête des peuples conquis !

— Ne plus boire leur vin en courtisant leurs filles comme ici, comme en Gaule, comme dans la Grande-Bretagne, comme en Espagne, comme dans tout l'univers, enfin !

— Plus de guerre ! Par Hercule ! et que deviendraient donc les forts et les vaillants, Nazaréen maudit? ils iraient, selon toi, depuis l'aube jusqu'à la nuit, labourer la terre ou tisser la toile comme de lâches esclaves, au lieu de partager leur temps entre la bataille, la paresse, la taverne et l'amour?

— Toi, qui te fais appeler le fils de Dieu, — dit un de ces Romains en menaçant du poing le jeune maître, — tu es donc le fils du dieu *la Peur*, lâche que tu es !

— Toi, qui te fais appeler le roi des Juifs, tu veux donc être acclamé le roi de tous les poltrons de l'univers?

— Camarades! — s'écria l'un des soldats en éclatant de rire, — puisqu'il est roi des poltrons, il faut le couronner.

Cette proposition fut accueillie avec une joie insultante, plusieurs voix s'écrièrent aussitôt:

— Oui, oui, puisqu'il est roi, il faut le revêtir de la pourpre impériale.

— Il faut lui mettre le sceptre à la main, alors nous le glorifierons, nous l'honorerons à l'instar de notre auguste empereur Tibère.

Et pendant que leurs compagnons continuaient d'entourer et d'injurier le jeune maître de Nazareth, insouciant de ces outrages, plusieurs soldats s'éloignèrent; l'un alla prendre le manteau rouge d'un cavalier; l'autre la canne d'un centurion, un troisième, avisant dans un coin de la cour un tas de broussailles destinées à être brûlées, y choisit quelques brins d'une plante épineuse, et se mit à en tresser une couronne. Alors plusieurs voix s'écrièrent :

— Maintenant, il faut procéder au couronnement du roi des Juifs.

— Oui, couronnons le roi des lâches !

— Le fils de Dieu !

— Le fils du dieu *la Peur* !

— Compagnons, il faut que ce couronnement se fasse avec pompe, comme s'il s'agissait d'un vrai César.

— Moi, je suis le porte-couronne.

— Moi, le porte-sceptre.

— Moi, le porte-manteau impérial.

Et au milieu des huées, des railleries grossières, ces Romains formèrent une espèce de cortége dérisoire : le porte-couronne s'avançait le premier, tenant la couronne d'épines d'un air solennel, et suivi d'un certain nombre de soldats ; venait ensuite le porte-sceptre ; puis d'autres soldats ; puis enfin celui qui tenait le manteau ; et tous chantaient en chœur :

— Salut au roi des Juifs !

— Salut au Messie !

— Salut au fils de Dieu !

— Salut au César des poltrons, salut !

Jésus, assis sur son banc, regardait les préparatifs de cette cérémonie insultante avec une inaltérable placidité ; le porte-couronne, s'étant approché le premier, leva la tresse épineuse au-dessus de la tête du jeune homme de Nazareth, et lui dit :

— Je te couronne, ô roi [1] !

Et le Romain enfonça si brutalement cette couronne sur la tête de Jésus, que les épines lui déchirèrent le front ; de grosses gouttes de sang coulèrent comme des larmes sanglantes sur le pâle visage de la victime ; mais, sauf le premier tressaillement involontaire causé par la douleur, les traits du jeune maître reprirent leur mansuétude ordinaire et ne trahirent ni ressentiment ni courroux.

— Et moi, je te revêts de la pourpre impériale, ô roi ! — ajouta un autre Romain pendant qu'un de ses compagnons arrachait la tunique que l'on avait rejetée sur le dos de Jésus. Sans doute la laine de ce vêtement s'était déjà collée à la chair vive, car, au moment où il fut violemment arraché des épaules de Jésus, il poussa un grand cri de douleur, mais ce fut tout, il se laissa patiemment revêtir du manteau rouge.

[1] Pour toute cette scène où le burlesque le dispute à l'horrible, voir : *Évangile selon saint Matthieu*, ch. XXVII, v. 28, 29, 30, etc., etc.

— Maintenant, prends ton sceptre, ô grand roi ! — ajouta un autre soldat en s'agenouillant devant le jeune maître et lui mettant dans la main le cep de vigne du centurion; puis tous, avec de grands éclats de rire, répétèrent :

— Salut, ô roi des Juifs, salut!

Un grand nombre d'entre eux s'agenouillèrent même devant lui par dérision en répétant :

— Salut ! ô grand roi !

Jésus garda dans sa main ce sceptre dérisoire et ne prononça pas un mot; cette résignation inaltérable, cette douceur angélique frappèrent tellement les Romains, qu'ils restèrent d'abord stupéfaits; puis, leur colère s'exaltant en raison de la patience du jeune maître de Nazareth, ils s'irritèrent à l'envi, s'écriant :

— Ce n'est pas un homme, c'est une statue.

— Tout le sang qu'il avait dans les veines est sorti sous les baguettes du bourreau.

— Le lâche ! il n'ose pas seulement se plaindre.

— Lâche? — dit un vétéran, d'un air pensif, après avoir longtemps contemplé Jésus, quoiqu'il eût été d'abord l'un de ses tourmenteurs acharnés. — Non, celui-là n'est pas un lâche ! non, pour endurer patiemment tout ce que nous lui faisons souffrir, il faut plus de courage que pour se jeter, tête baissée, l'épée à la main, sur l'ennemi... Non, — répéta-t-il en se retirant à l'écart, — non, cet homme-là n'est pas un lâche!

Et Geneviève crut voir une larme tomber sur les moustaches grises du vieux soldat.

Mais les autres Romains se moquèrent de l'attendrissement de leur compagnon, et s'écrièrent :

— Il ne voit pas que ce Nazaréen feint la résignation pour nous apitoyer.

— C'est vrai ! il est au dedans rage et haine, tandis qu'au dehors il se montre bénin et pâtissant.

— C'est un tigre honteux qui se revêt d'une peau d'agneau...

A ces paroles insensées, Jésus se contenta de sourire tristement en secouant la tête; ce mouvement fit pleuvoir autour de lui une rosée de sang, car les blessures faites à son front par les épines saignaient toujours...

A la vue du sang de ce juste, Geneviève ne put s'empêcher de murmurer tout bas le refrain du chant des *Enfants du Gui* cité dans les écrits des aïeux de son mari :

« *Coule, coule, sang du captif! — Tombe, tombe, rosée sanglante! — Germe, grandis, moisson vengeresse!...* »

— Oh! — se disait Geneviève, — le sang de cet innocent, de ce martyr, si indignement abandonné par ses amis, par ce peuple de pauvres et d'opprimés qu'il chérissait... ce sang retombera sur eux et sur leurs enfants... Mais qu'il féconde aussi la sanglante moisson de la vengeance!

Les Romains, exaspérés par la céleste patience de Jésus, ne savaient qu'imaginer pour la vaincre... Les injures, les menaces ne pouvant l'ébranler, un des soldats lui arracha des mains le cep de vigne qu'il continuait de tenir machinalement et le lui brisa sur la tête [1], en s'écriant :

— Tu donneras peut-être signe de vie, statue de chair et d'os!

Mais Jésus ayant d'abord courbé sous le coup sa tête endolorie, la releva en jetant un regard de pardon sur celui qui venait de le frapper.

Sans doute cette ineffable douceur intimida ou embarrassa ces barbares, car l'un d'eux, détachant son écharpe, banda les yeux du jeune maître de Nazareth [2], en lui disant :

— O grand roi! tes respectueux sujets ne sont pas dignes de supporter tes regards!

Lorsque Jésus eut ainsi les yeux bandés, une idée d'une lâcheté

[1] *Evangile selon saint Matthieu*, ch. XXVII, v. 30, 31 et suivants.

[2] *Évangile selon saint Luc*, ch. XXIII, v. 33.

féroce vint à l'esprit de ces Romains ; l'un d'eux s'approcha de la victime, lui donna un soufflet, et lui dit en éclatant de rire :

— O grand prophète ! devine le nom de celui qui t'a frappé[1] !

Alors un horrible jeu commença...

Ces hommes robustes et armés vinrent tour à tour, riant aux éclats, souffleter ce jeune homme garrotté, brisé par tant de tortures, lui disant chaque fois qu'ils le frappaient à la figure :

— Devineras-tu cette fois qui t'a frappé ?

Jésus (et ce furent les seules paroles que Geneviève lui entendit prononcer durant ce long martyre), Jésus dit d'une voix miséricordieuse, en levant vers le ciel sa tête toujours couverte d'un bandeau :

« — Seigneur, mon Dieu ! pardonnez-leur... ils ne savent ce qu'ils » font[2] ! »

Telle fut l'unique et tendre plainte que fit entendre la victime, et ce n'était pas même une plainte... c'était une prière qu'il adressait aux dieux, implorant leur pardon pour ses tourmenteurs...

Les Romains, loin d'être apaisés par cette divine mansuétude, redoublèrent de violences et d'outrages...

Des infâmes crachèrent au visage de Jésus...[3]

Geneviève n'aurait pu supporter plus longtemps la vue de ces monstruosités si les dieux n'y eussent mis un terme ; elle entendit dans la rue un grand tumulte, et vit arriver le docteur Baruch, le banquier Jonas et Caïphe, prince des prêtres. Deux hommes de leur suite portaient une lourde croix de bois, un peu plus haute que la grandeur d'un homme. A la vue de cet instrument de supplice, les personnes arrêtées au dehors de la porte du prétoire, et parmi lesquelles se trouvait Geneviève, crièrent d'une voix triomphante :

— Enfin, voici la croix !... voici la croix !

[1] *Évangile selon saint Luc*, ch. XXIII, v. 34.

[2] *Évangile selon saint Luc*, ch. XXIII, v. 32.

[3] *Évangile selon saint Luc*, ch. XXIII, v. 35.

— Une croix toute neuve et digne d'un roi !

— Et comme roi... le Nazaréen ne dira pas qu'on le traite en mendiant...

Lorsque les Romains entendirent annoncer qu'on apportait la croix, ils parurent contrariés de ce que leur victime allait leur échapper. Jésus, au contraire, à ces mots : — Voici la croix !... voici la croix ! — se leva avec une sorte d'allégement, espérant sans doute sortir bientôt de ce monde-ci... Des soldats lui débandèrent les yeux, lui ôtèrent le manteau rouge, lui laissant seulement la couronne d'épines sur la tête ; de sorte qu'il resta demi-nu ; on le conduisit ainsi jusqu'à la porte du prétoire, où se tenaient les hommes qui venaient d'apporter la croix.

Le docteur Baruch, le banquier Jonas et le prince des prêtres, Caïphe, dans leur haine toujours inassouvie, échangeaient des regards triomphants, en se montrant le jeune maître de Nazareth, pâle, sanglant et dont les forces semblaient être à bout. Ces pharisiens impitoyables ne purent résister au cruel plaisir d'outrager encore la victime, le banquier Jonas lui dit :

— Tu vois, audacieux insolent, à quoi mènent les injures contre les riches ; tu ne les railles plus à cette heure ? tu ne les compares plus à des chameaux incapables de passer par le trou d'une aiguille ! C'est grand dommage que l'envie de plaisanter te soit passée !

— Es-tu satisfait, à cette heure, — ajouta le docteur Baruch, — d'avoir traité les docteurs de la loi de fourbes et d'hypocrites, aimant à avoir la première place aux festins ?... Ils ne te disputeront pas du moins ta place sur la croix.

— Et les prêtres ! — ajouta le seigneur Caïphe, — c'étaient aussi des fourbes qui dévoraient les maisons des veuves, sous prétexte de longues prières... des hommes endurcis, moins pitoyables que les païens samaritains... des stupides à l'esprit assez étroit pour observer pieusement le sabbat... des orgueilleux qui faisaient devant eux sonner les trompettes pour annoncer leurs aumônes !... Tu te croyais bien fort, tu faisais l'audacieux... à la tête de ta bande de gueux, de scélérats et de prostituées que tu recrutais dans les tavernes, où tu passais tes jours et tes nuits! Où sont-ils à cette heure tes partisans? Appelle-les donc! qu'ils viennent te délivrer!

La foule n'avait pas la haine aussi patiente que les pharisiens, qui se plaisaient à torturer lentement leur victime; aussi l'on entendit bientôt crier avec fureur :

— A mort... le Nazaréen! à mort!

— Hâtons-nous!... Est-ce qu'on voudrait lui faire grâce en retardant ainsi son supplice?

— Il n'expirera pas tout de suite... on aura encore le temps de lui parler lorsqu'il sera cloué sur la croix.

— Oui, hâtons-nous!... sa bande de scélérats, un moment effrayée, pourrait tenter de venir l'enlever......

— A quoi bon d'ailleurs lui adresser la parole? on voit bien qu'il ne veut pas répondre.

— A mort! à mort!

— Et il faut qu'il porte lui-même sa croix jusqu'au lieu du supplice...

La proposition de cette nouvelle barbarie fut accueillie par les applaudissements de tous. On fit sortir Jésus de la cour du prétoire, et l'on plaça la croix sur l'une de ses épaules saignantes... La douleur fut si aiguë, le poids de la croix si lourd, que le malheureux fléchit d'abord les genoux et faillit tomber à terre; mais trouvant de nouvelles forces dans son courage et sa résignation, il parut se raidir contre la souffrance, et, courbé sous le fardeau, il commença de cheminer péniblement. La foule et l'escorte de soldats romains criaient en le suivant:

— Place! place au triomphe du roi des Juifs!...

Le triste cortége se mit en marche pour le lieu du supplice, situé en dehors de la porte Judiciaire, quitta le riche quartier du Temple, et poursuivit sa route à travers une partie de la ville beaucoup moins riche et très-populeuse ; aussi, à mesure que l'escorte pénétrait dans le quartier des pauvres gens, Jésus recevait du moins quelques marques d'intérêt de leur part.

Geneviève vit grand nombre de femmes, debout au seuil de leur porte, gémir sur le sort du jeune maître de Nazareth ; elles se ressouvenaient qu'il était l'ami des pauvres mères et des enfants ; aussi, beaucoup de ces innocents envoyèrent en pleurant des baisers à *ce bon Jésus*, dont ils savaient par cœur les simples et touchantes paraboles.

Mais, hélas ! presque à chaque pas, vaincu par la douleur, écrasé sous le poids qu'il portait, le fils de Marie s'arrêtait en trébuchant... enfin, les forces lui manquant tout à fait, il tomba sur les genoux, puis sur les mains, et son front heurta la terre.

Geneviève le crut mort ou expirant ; elle ne put retenir un cri de douleur et d'effroi ; mais il n'était pas mort... Son martyre et son agonie devaient se prolonger encore ; les soldats romains qui le suivaient, ainsi que les pharisiens, lui crièrent :

— Debout ! debout, fainéant ! tu feins de tomber pour ne pas porter ta croix jusqu'au bout !...

— Toi qui reprochais aux princes des prêtres de lier sur le dos de l'homme des fardeaux insupportables auxquels ils ne touchaient pas du bout du doigt, — dit le docteur Baruch, — voici que tu fais comme eux en refusant de porter ta croix !

Jésus, toujours agenouillé, et le front penché vers la terre, s'aida de ses deux mains pour tâcher de se relever, ce qu'il fit à grand' peine ; puis, encore tout chancelant, il attendit qu'on lui eût placé la croix sur les épaules ; mais à peine fut-il de nouveau chargé de ce fardeau, que, malgré son courage et sa bonne volonté, il ploya et tomba une seconde fois comme écrasé sous ce poids.

— Allons, — dit brutalement l'officier romain, — il est fourbu !

— Seigneur Baruch, — s'écria un des émissaires, qui n'avait, non plus que les pharisiens, quitté la victime, — voyez-vous cet homme en manteau brun, qui passe si vite en détournant la tête comme s'il ne voulait pas être reconnu? je l'ai souvent vu aux prêches du Nazaréen... si on le forçait de porter la croix?

— Oui, — dit Baruch, — appelez-le...

— Eh! Simon! — cria l'émissaire, — eh! Simon, le Cyrénéen! vous qui preniez votre part des prédications du Nazaréen, venez donc à cette heure prendre part du fardeau qu'il porte[1]...

A peine cet homme eut-il appelé Simon, que beaucoup de gens parmi la foule crièrent comme lui:

— Eh! Simon... Simon!...

Celui-ci, au premier appel de l'émissaire, avait hâté sa marche, comme s'il n'eût rien entendu; mais lorsqu'un grand nombre de voix crièrent son nom, il revint sur ses pas, se dirigea vers l'endroit où se tenait Jésus, et s'approcha d'un air troublé.

— On va crucifier Jésus de Nazareth, de qui tu aimais tant à écouter la parole, — lui dit le banquier Jonas en raillant; — c'est ton ami, ne l'aideras-tu pas à porter sa croix?

— Je la porterai seul, — répondit le Cyrénéen, ayant le courage de jeter un coup d'œil de pitié sur le jeune maître, qui toujours agenouillé, semblait prêt à défaillir.

Simon, s'étant chargé de la croix, marcha devant Jésus, et le cortége poursuivit sa route.

A cent pas plus loin, au commencement de la rue qui conduit à la porte Judiciaire, en passant devant une boutique de marchand d'étoffes de laine, Geneviève vit sortir de cette boutique une femme, d'une figure vénérable... Cette femme, à la vue de Jésus, pâle, affaibli, sanglant, ne put retenir ses larmes; seulement alors, l'esclave, qui jusqu'alors avait oublié qu'elle pouvait être recherchée par les ordres du seigneur Grémion, son maître, se souvint de l'adresse que sa maîtresse Aurélie lui avait donnée de la part de Jeane, lui disant

[1] *Évangile selon saint Matthieu*, ch. XXVII, v. 32.

que Véronique, sa nourrice, tenant une boutique près la porte Judiciaire, pourrait lui donner un asile.

Mais Geneviève en ce moment ne songea pas à profiter de cette chance de salut. Une force invincible l'attachait aux pas du jeune maître de Nazareth, qu'elle voulait suivre jusqu'à la fin. Elle vit alors Véronique s'approcher en pleurant de Jésus, dont le front était baigné d'une sueur ensanglantée, et essuyer d'une toile de lin le visage du pauvre martyr, qui remercia Véronique par un sourire d'une bonté céleste.

A plusieurs pas de là, et toujours dans la rue qui conduisait à la porte Judiciaire, Jésus passa devant plusieurs femmes qui pleuraient; il s'arrêta un moment, et dit à ces femmes, avec un accent de tristesse profonde :

« — Filles de Jérusalem, ne pleurez pas sur moi! mais pleurez sur » vous-mêmes, pleurez sur vos enfants; car il viendra un temps où » l'on dira : Heureuses les stériles! Heureuses les entrailles qui n'ont » pas porté d'enfants! Heureuses les mamelles qui n'ont point » allaité [1] ! »

Puis Jésus, quoique brisé par la souffrance, se redressant d'un air inspiré, les traits empreints d'une douleur navrante, comme s'il avait conscience des effroyables malheurs qu'il prévoyait, s'écria d'un ton prophétique, qui fit tressaillir les pharisiens eux mêmes :

« — Oui, les temps approchent où les hommes, dans leur effroi, » diront aux montagnes : Tombez sur nous!... et aux collines : Cou- » vrez-nous! [2] »

Et Jésus, baissant la tête sur sa poitrine, poursuivit péniblement sa marche au milieu du silence de stupeur et d'épouvante qui avait succédé à ses paroles prophétiques. Le cortége continuait de gravir la rue rapide qui conduit à la porte Judiciaire, sous laquelle on passe

[1] *Évangile selon saint Luc*, ch. XXIII, v. 27, 30.
[2] *Évangile selon saint Luc*, ch. XXIII, v. 31.

pour monter au Golgotha, colline située hors de la ville et au sommet de laquelle sont dressées les croix des suppliciés.

Geneviève remarqua que la foule, d'abord si lâchement hostile à Jésus, commençait, à mesure qu'approchait l'heure du supplice, à s'émouvoir et à gémir sur le sort de la victime ; ces malheureux comprenaient sans doute, mais, hélas ! trop tard, qu'en laissant mettre à mort l'ami des pauvres et des affligés, non-seulement ils se privaient d'un défenseur, mais que, par leur honteuse ingratitude, ils glaceraient peut-être à l'avenir les âmes généreuses qui se seraient dévouées pour eux.

Lorsque l'on eut passé sous la voûte de la porte Judiciaire, on commença de gravir la montée du Calvaire; cette pente était si rapide que souvent Simon, le Cyrénéen, toujours chargé de la croix de Jésus, fut obligé de s'arrêter, ainsi que le jeune maître lui-même... Celui-ci semblait avoir à peine conservé assez de forces pour pouvoir atteindre au sommet de cette colline aride, couverte de pierres roulantes, et où croissaient çà et là quelques buissons d'une pâle verdure... Le ciel s'était couvert de nuages épais, un jour sombre, lugubre, jetait sur toutes choses un voile de tristesse... Geneviève, à sa grande surprise, remarqua vers le sommet du Calvaire deux autres croix dressées en outre de celle qui devait être élevée pour Jésus. Dans son étonnement, elle s'informa à une personne de la foule, qui lui répondit :

— Ces croix sont destinées à deux voleurs, qui doivent être crucifiés en même temps que le Nazaréen.

— Et pourquoi supplicie-t-on ces voleurs en même temps que le jeune maître? — demanda l'esclave.

— Parce que les pharisiens, hommes de justice, de sagesse et de piété, ont voulu que le Nazaréen fût accompagné jusqu'à la mort par ces misérables qu'il fréquentait durant sa vie.

Geneviève se retourna pour savoir qui lui faisait cette réponse ; elle reconnut un des deux émissaires.

— Oh ! les hommes impitoyables ! — pensa l'esclave. — Ils trouvent moyen d'outrager Jésus jusque dans sa mort.

Lorsque les soldats romains qui escortaient le jeune maître arrivèrent, suivis de la foule de plus en plus silencieuse et attristée, au sommet du Calvaire, ainsi que le docteur Baruch, le banquier Jonas et le grand-prêtre Caïphe, tous trois jaloux d'assister à l'agonie et à la mort de leur victime, Geneviève aperçut les deux voleurs destinés au supplice, garrottés et entourés de gardes ; ils étaient livides, et attendaient leur sort avec une terreur mêlée de rage impuissante.

A un signe de l'officier romain, chef de l'escorte, les bourreaux ôtèrent les deux croix des trous où elles avaient été d'abord placées et dressées, les couchèrent par terre ; puis, se saisissant des condamnés, malgré leurs cris, leurs blasphèmes et leur résistance désespérée, ils les dépouillèrent de leurs vêtements et les étendirent sur les croix ; puis, tandis que des soldats les y maintenaient, les bourreaux, armés de longs clous et de lourds mateaux, clouaient sur la croix, par les pieds et par les mains, ces malheureux qui poussaient des hurlements de douleur. Par ce raffinement de barbarie on rendait le jeune maître de Nazareth témoin du sort qu'il allait bientôt subir lui-même ; aussi, à la vue des souffrances de ces deux compagnons de supplice, Jésus ne put retenir ses larmes ; puis il cacha son visage entre ses mains, pour échapper à cette pénible vision.

Les deux voleurs crucifiés, on redressa leurs croix, sur lesquelles ils se tordaient en gémissant, elles furent enfoncées en terre et affermies au moyen de pierres et de pieux.

— Allons, Nazaréen, — dit l'un des bourreaux à Jésus en s'approchant de lui, tenant d'une main son lourd marteau, de l'autre plusieurs grands clous, — allons, es-tu prêt ? Va-t-il falloir user de violence envers toi comme envers tes deux compagnons ?

— De quoi se plaignent-ils ? — répondit l'autre bourreau ; — l'on est pourtant si à l'aise sur une croix... les bras étendus, comme un homme qui se détire après un long sommeil !...

Jésus ne répondit pas; il se dépouilla de ses vêtements, se plaça lui-même sur l'instrument de son supplice, étendit ses bras en croix, et tourna vers le ciel ses yeux noyés de larmes...

Geneviève vit alors les deux bourreaux s'agenouiller de chaque côté du jeune maître de Nazareth, et saisir leurs longs clous, leurs lourds marteaux... L'esclave ferma les yeux... mais elle entendit les coups sourds des marteaux faisant pénétrer les clous dans la chair vive, tandis que les deux voleurs crucifiés continuaient de pousser des hurlements de douleur... Le bruit des coups de marteau cessa; Geneviève ouvrit les yeux... La croix à laquelle on avait attaché le jeune maître de Nazareth venait d'être dressée et placée au milieu de celles des deux autres crucifiés.

Jésus, le front couronné d'épines, ses longs cheveux blonds collés à ses tempes par une sueur mêlée de sang, la figure livide et empreinte d'une douleur effrayante, les lèvres bleuâtres, semblait au moment d'expirer; tout le poids de son corps pesant sur ses deux mains clouées à la croix, ainsi que ses pieds, et d'où le sang ruisselait, ses bras se raidissaient par de violents mouvements convulsifs, tandis que ses genoux à demi fléchis s'entre-choquaient de temps à autre.

Alors Geneviève entendit la voix déjà presque agonisante des deux voleurs qui, s'adressant à Jésus, lui disaient :

— Maudit sois-tu... Nazaréen ! maudit sois-tu, toi, qui nous disais que les premiers seraient les derniers... et les derniers les premiers !... nous voici crucifiés... que peux-tu faire pour nous?

— Maudit sois-tu, toi, qui promettais la consolation aux affligés! — reprit l'autre voleur... — nous voici crucifiés, où est notre consolation ?

— Maudit sois-tu... toi qui nous disais que ceux-là seuls qui sont malades ont besoin de médecin !... nous voici malades... où est le médecin ?

— Maudit sois-tu... toi qui nous disais que le bon pasteur abandonne son troupeau pour chercher une seule brebis égarée !... nous sommes égarés, et toi, le bon pasteur, tu nous laisses aux mains des bouchers [1] !

Et ces misérables ne furent pas les seuls à insulter l'agonie de Jésus ; car, chose horrible, à laquelle Geneviève, à l'heure où elle écrit ceci, peut à peine croire, le docteur Baruch, le banquier Jonas et Caïphe le prince des prêtres, se joignirent aux deux voleurs pour railler et outrager le jeune maître de Nazareth au moment où il allait rendre l'âme [2].

— Oh ! Jésus de Nazareth ! Jésus le messie ! Jésus le prophète ! Jésus le sauveur du monde ! — disait Caïphe en raillant, — comment n'as-tu pas prophétisé ton sort ?... Pourquoi ne commences-tu pas par te sauver toi-même, toi qui devais sauver le monde ?

— Tu te dis le fils de Dieu, ô Nazaréen le divin ! — ajoutait le banquier Jonas ; — nous croirons à ta céleste puissance si tu descends de ta croix... Nous ne te demandons que ce petit prodige !... Voyons, fils de Dieu... descends ! descends donc ! Quoi ! tu préfères rester cloué sur cette poutre, comme un oiseau de nuit à la porte d'une grange ?... Libre à toi... on pourra t'appeler Jésus le crucifié... mais jamais Jésus le fils de Dieu...

— Tu te montrais si confiant dans le Seigneur ! — ajouta le docteur Baruch ; — appelle-le donc à ton secours ! S'il te protége, si tu es véritablement son fils, que ne tonne-t-il contre nous, tes meurtriers ? Que ne change-t-il cette croix en un buisson de roses, d'où tu t'élancerais radieux vers le ciel ?

Les huées, les railleries des soldats romains accompagnaient ces lâches outrages des pharisiens ; soudain Geneviève vit Jésus se raidir de tous ses membres, faire un dernier effort pour lever vers le ciel sa

[1] « Et les deux voleurs crucifiés auprès de Jésus l'accablaient de railleries et de reproches. » (*Évangile selon saint Matthieu*, ch. XXVII, v. 46.)

[2] « Les princes des prêtres, les docteurs de la loi et les sénateurs se moquaient de Jésus sur la croix en disant : Il a sauvé les autres et il ne peut pas se sauver lui-même. » Etc. (*Evangile selon saint Matthieu*, ch. XXVII, v. 40, 42.)

tête appesantie... Une dernière lueur illumina son céleste regard, un sourire navrant contracta ses lèvres, et il murmura d'une voix éteinte :

— « Seigneur !... Seigneur ! ayez pitié de moi ! »

Puis sa tête retomba sur sa poitrine... l'ami des pauvres et des affligés avait cessé de vivre !

Geneviève s'agenouilla et fondit en larmes. A ce moment elle entendit une voix s'écrier derrière elle :

— La voici, l'esclave fugitive ! Oh ! j'étais certain de la retrouver sur les traces de ce maudit Nazaréen, dont on vient enfin de faire bonne justice. Saisissez-la ! liez-lui les mains derrière le dos; oh ! cette fois, ma vengeance sera terrible.

Geneviève se retourna et vit son maître, le seigneur Grémion.

— Maintenant, — dit Geneviève, — je peux mourir... puisqu'il est mort, celui-là qui avait promis aux esclaves de briser leurs fers. . . . .

. . . .

Geneviève, quoiqu'elle ait eu à endurer les plus cruels traitements de la part de son maître, Geneviève n'est pas morte, puisqu'elle a écrit ce récit pour son mari Fergan.

Après avoir ainsi raconté ce qu'elle a su et ce qu'elle a vu de la vie et de la mort du jeune maître de Nazareth, elle croirait téméraire d'oser parler de ce qui lui est arrivé à elle-même, depuis le triste jour où elle a vu expirer sur la croix l'ami des pauvres et des affligés; Geneviève dira seulement que, prenant exemple sur la résignation de Jésus, elle endura patiemment les cruautés du seigneur Grémion, par attachement pour sa maîtresse Aurélie, souffrant tout afin de ne pas la quitter; aussi, elle est restée l'esclave de la femme de Grémion, pendant les deux ans qu'elle a demeuré en Judée.

Grâce à l'ingratitude humaine, six mois après la mort du pauvre jeune homme de Nazareth, son souvenir était effacé de la mémoire des hommes[1]. Quelques-uns de ses disciples seulement conservèrent

[1] L'arrêt qui avait frappé le maître porta d'abord un grand découragement chez la plu-

pieusement sa souvenance; aussi, bien souvent Geneviève se disait en soupirant :

— Pauvre jeune maître de Nazareth ! lorsqu'il annonçait qu'un jour les fers des esclaves seraient brisés, il écoutait le vœu de son âme angélique; mais l'avenir devait démentir cette généreuse espérance. En effet, lorsque, après deux années passées en Judée avec sa maîtresse Aurélie, Geneviève revint dans les Gaules, elle y retrouva l'esclavage, aussi affreux, plus affreux peut-être que par le passé.

Geneviève a joint à ce récit, qu'elle a écrit pour son mari Fergan, une petite croix d'argent qui lui a été donnée par Jeane, femme du seigneur Chusa, peu de temps après la mort du jeune homme de Nazareth. Quelques personnes (et Jeane était de ce nombre) qui conservaient un pieux respect pour le souvenir de l'ami des affligés, firent fabriquer de ces petites croix en commémoration de l'instrument du supplice de Jésus, et les portèrent ou les distribuèrent, après être allées les déposer au sommet du Calvaire, sur la terre où avait coulé le sang de ce juste.

Geneviève ne sait si elle doit être mère un jour; si elle a ce bonheur (est-ce un bonheur pour l'esclave de mettre au jour d'autres esclaves?), elle aura ajouté cette petite croix d'argent aux reliques de famille que doit se transmettre de génération en génération la descendance de Joel, le brenn de la tribu de Karnak.

Puisse cette petite croix être le symbole du futur affranchissement de cette vieille et héroïque race gauloise !... Puissent se réaliser un

part de ses disciples; les troupes nombreuses, et en apparence si dévouées, qu'on avait vues de tous côtés accourir à sa voix, s'étaient dispersées; elles avaient cru à la formation extérieure et soudaine du royaume de Dieu, d'un nouvel état de société qui, selon la parole du Fils de Marie, aurait porté les *derniers à la première place;* mais le cours naturel des choses renversait encore leurs espérances et leur faisait confondre le nouveau Christ avec tous les autres messies dont les promesses et les efforts étaient restés sans résultat mémorable. L'émotion produite par la mort de Jésus n'avait laissé dans le pays presque aucune trace; elle s'était perdue dans une foule d'autres émotions. (Salvador, *Jésus-Christ et sa Doctrine*, v. 2, p. 212.)

jour pour les enfants de nos enfants ces paroles de Jésus : — *Les fers des esclaves seront brisés !*

FIN DE LA CROIX D'ARGENT.

Moi, Fergan, époux de Geneviève, j'ajoute ce peu de mots à ce récit :

Quarante ans se sont passés depuis que ma bien-aimée femme, toujours regrettée, a raconté dans cet écrit ce qu'elle avait vu pendant son séjour en Judée.

L'espoir que Geneviève avait conçu, d'après ces paroles de Jésus : — *Les fers des esclaves seront brisés,* — ne s'est pas réalisé... ne se réalisera sans doute jamais; car depuis quarante ans l'esclavage subsiste toujours... Depuis quarante ans je tourne incessamment ma navette pour mes maîtres, de même que mon fils Judicaël tourne la sienne, puisqu'il est, comme son père, esclave tisserand.

Pauvre enfant de ma vieillesse (car il y a douze ans que Geneviève est morte en te mettant au monde), tu es peut-être encore plus chétif et plus craintif que moi... Hélas ! ainsi que l'avait prévu mon aïeul Sylvest, notre race a de plus en plus dégénéré. Je n'aurai donc pas à te faire, comme nos ancêtres de race libre ou esclave, mais toujours vaillante, d'héroïques ou tragiques récits sur ma vie... Ma vie, tu la connais, mon fils, et dussé-je vivre cent ans, elle serait ce qu'elle a été jusqu'ici, et du plus loin qu'il m'en souvienne :

« Chaque matin me lever à l'aube pour tisser la toile, et me coucher le soir; interrompre les longues heures de mon travail monotone pour manger une maigre pitance; être parfois battu, par suite du caprice ou de la colère du maître. »

Telle a été ma condition depuis que je me connais, mon pauvre enfant ! telle sera sans doute la tienne...

Hélas ! Gaulois dégénérés, ni toi, ni moi, nous n'aurons rien à ajouter à la tradition de nos aïeux.

J'écris et je signe ceci quarante ans après que ma femme Geneviève a vu mettre à mort ce jeune homme de Nazareth.

A toi, mon fils Judicaël, moi Fergan, fils de Péaron, je lègue, pour que tu les conserves et les transmettes à ta descendance, ces récits de notre famille et ces reliques : — *la faucille d'or* de notre aïeule *Hêna*, — *la clochette d'airain* de mon aïeul *Guilhern,* — *le collier de fer* de notre aïeul *Sylvest,* — et la *petite croix d'argent* que m'a laissée *Geneviève.*

Moi, Gomer, fils de Judicaël, j'avais dix-sept ans lorsque mon père est mort... il y a de cela (aujourd'hui où j'écris ceci) cinquante ans.

Ainsi que mon père l'avait prévu, ma vie d'esclavage a été, comme la sienne, monotone et morne, ainsi que celle d'une bête de somme ou de labour.

Je rougis de honte en songeant que ni moi, ni toi sans doute, mon fils Médérik, nous n'aurons rien à ajouter aux récits de nos aïeux ; car, hélas ! ils ne sont pas encore venus, et ils ne viendront peut-être jamais, ces temps dont parlait notre aïeule Geneviève, sur la foi de celui qu'elle appelle dans ses récits le jeune maître de Nazareth, et qui prophétisait qu'un jour *les fers des esclaves seraient brisés.*

A toi donc, mon fils Médérik, moi, Gomer, fils de Judicaël, je lègue, pour que tu les conserves et les transmettes à notre descendance, ces reliques et ces récits de notre famille.

CHERS LECTEURS,

L'histoire de notre famille de prolétaires entre dans une nouvelle période; à force de luttes contre les Romains, la Gaule a reconquis presque toutes ses libertés; le *colonat* a remplacé l'antique esclavage. Plusieurs descendants de Joel, le brenn de la tribu de Karnak, ont pris part à ces combats héroïques livrés au nom de l'indépendance de la Gaule; elle respire enfin dans la plénitude de sa force et de son droit.

Mais un nouvel ennemi commence à poindre à l'horizon; cet ennemi, c'est l'homme du Nord, c'est le Frank, c'est le *cosaque* de ce temps-là. Attiré de ses froides et sombres forêts septentrionales vers la Gaule au doux ciel, à la terre fertile, par quel prodige de malheur le Frank, ce barbare, ce cosaque, doit-il dans l'avenir nous dépouiller de notre sol, de notre liberté, nous Gaulois, et nous imposer son impitoyable conquête durant treize siècles? Par quel prodige de malheur la Gaule, après avoir, grâce à des insurrections sans nombre, secoué le joug des Romains, le plus redoutable peuple de l'univers, va-t-elle se courber de nouveau sous le joug d'oppresseurs, aussi sauvages, aussi peu nombreux que les Romains étaient puissants et civilisés? Permettez-moi de vous rappeler ces lignes déjà citées, écrites par M. Guizot en 1829 :

« La révolution de 89 a été une guerre, la vraie guerre, telle que le monde la connaît, entre peuples étrangers. » Depuis plus de treize cents ans, *la France contenait deux peuples* : un peuple VAINQUEUR et un peuple VAINCU. » Depuis plus de treize cents ans *le peuple vaincu luttait pour secouer le joug du peuple vainqueur*. NOTRE » HISTOIRE EST L'HISTOIRE DE CETTE LUTTE. De nos jours une bataille décisive a été livrée; elle s'appelle la » révolution. FRANCS et *Gaulois*, SEIGNEURS et *paysans*, NOBLES et *roturiers*, tous, bien longtemps avant cette » révolution, s'appelaient également Français, avaient également la France pour patrie. Treize siècles se sont » employés parmi nous à fondre dans une même nation la race *conquérante* et la *race conquise*, les vainqueurs et » les vaincus; *mais la division primitive a traversé le cours des siècles et a résisté à leur action; la lutte a* » *continué dans tous les âges, sous toutes les formes, avec toutes les armes*; et lorsqu'en 1789, les députés de la » France entière ont été réunis dans une seule assemblée, les deux peuples se sont hâtés de reprendre leur vieille » querelle. Le jour de la vider était enfin venu. » (GUIZOT, *Du Gouvernement de la France depuis la restauration, et du ministère actuel*, 1829.)

Oui, en vertu de quelle mystérieuse fatalité nous Gaulois, après avoir si vaillamment reconquis notre liberté sur les Romains, avons-nous été vaincus, conquis, dépouillés, asservis par cette royauté, par cette aristocratie de race franque? Oui, en vertu de quelle mystérieuse fatalité notre peuple gaulois, continuant de se montrer le plus brave des peuples, a-t-il été obligé de lutter opiniâtrément jusqu'à notre immortelle révolution de 89 et 92, de lutter *pendant treize siècles* enfin contre ses nouveaux conquérants, au lieu de se débarrasser d'eux *en moins de trois cents ans*, ainsi qu'ils s'étaient débarrassés de la domination romaine?

Le secret de cette mystérieuse fatalité qui nous a livrés à nos oppresseurs, vous le verrez se dévoiler durant le cours de ces récits... ce secret, vous le trouverez A ROME, cet antique foyer de la tyrannie païenne et universelle, le foyer de la tyrannie inquisitoriale et jésuitique, non moins universelle (1).

Voilà pourquoi j'ai voulu montrer *au vrai* la divine morale de Jésus dans sa première et sublime simplicité; de sorte qu'en comparant plus tard la doctrine chrétienne, cette doctrine d'égalité, de fraternité de renoncement, de charitable et surtout d'ineffable tolérance, en comparant, dis-je, cette doctrine à la vie publique, politique et HISTORIQUE d'un grand nombre de papes et de membres du haut clergé catholique, *de princes des prêtres*, comme disait le jeune maître de Nazareth, vous reconnaîtrez qu'à chaque siècle ils s'éloignaient de plus en plus de la céleste morale de l'Évangile. Oui, ceux-là, les successeurs du Christ, qui tant de fois avait proclamé — *que les fers des esclaves devaient être brisés*, — *que l'esclave était l'égal de son maître*, — ceux-là, ces renégats, infâmes complices des Franks conquérants, possédèrent aussi tour à tour des esclaves, des serfs et des vassaux jusques en 1789; il y a soixante ans de cela... pas davantage.

(1) « *Il faut faire à l'intérieur de la France* LA GUERRE DE ROME, » a dit M. de Montalembert à l'Assemblée nationale. — Vous le voyez, lorsqu'il s'agit d'oppression, d'asservissement moral ou matériel, c'est ROME, toujours ROME! que les ultramontains invoquent contre la France!...

C'est donc à Rome, je vous le répète, que nous trouverons le secret de cette mystérieuse fatalité qui a fait pendant treize siècles peser sur la Gaule asservie, plongée dans une ignorance et une superstition odieusement calculées, le joug affreux de la conquête franque, sacrée, à Reims, il y a treize siècles, par l'horrible complicité des évêques romains, conquête sacrée par eux comme une possession de DROIT DIVIN, d'où devait ressortir le prétendu *droit divin* de ces rois barbares étrangers à la Gaule, droit souverain et absolu, encore invoqué de nos jours au nom du principe de la légitimité.

Voici encore pourquoi j'essaye dans le récit suivant de vous retracer les mœurs des Franks, ces cosaques du temps passé, environ cent cinquante ans avant leur conquête des Gaules; la connaissance de ces mœurs, plus épouvantables peut-être dans leur férocité sauvage que les mœurs romaines dans leur férocité civilisée, vous fera comprendre ce débordement de pillage, de massacres, de meurtres, d'incestes, de fratricides, de parricides, qui ont dans la suite des siècles ensanglanté, déshonoré l'histoire de ces rois de race franque, devenus (ne l'oublions jamais), devenus NOS ROIS DE DROIT DIVIN *par l'infernale complicité* DE ROME; oui, car sans la connaissance de ces mœurs primitives de nos vainqueurs, de nos seigneurs et maîtres, vous admettriez avec peine la réalité des faits affreux qui doivent plus tard se produire devant vous.

Enfin, dans le récit suivant, vous verrez pour la première fois apparaître un *Neroweg* (plus tard sire, seigneur, baron, *comte de Plouernel*), personnage qui pose et résume par lui d'abord, et ensuite par sa descendance, l'antagonisme de la race franque et de la race gauloise, antagonisme qui, commençant ainsi au troisième siècle, se poursuit à travers les âges entre la famille du *conquis* et la famille *conquérante*, jusquà la rencontre de M. le comte Neroweg de Plouernel et de M. Lebrenn, marchand de toile de la rue Saint-Denis, à Paris.

EUGÈNE SUE.

Paris, 1er juin 1850.

L'ALOUETTE DU CASQUE,

OU

VICTORIA, LA MÈRE DES CAMPS.

(DE L'AN 130 A L'AN 395 DE L'ÈRE CHRÉTIENNE.)

CHAPITRE PREMIER.

Justin, *Aurel*, *Ralf*, descendants du brenn de la tribu de Karnak. — *Scanvoch*, libre soldat. — *Vindex*, *Civilis*, *Marik*, héros de la Gaule redevenue libre. — *Velléda*. — *Victoria, la mère des camps*, sœur de lait de Scanvoch. — Scanvoch va porter un message au camp des Franks. — La légende d'*Héna*, la vierge de l'île de Sèn. — Les *Écorcheurs*. — Ce que font les Franks des prisonniers gaulois. — La chaudière infernale. — *Victoria*. — *Tetrik*. — La taverne de l'île du Rhin. — Les Bohémiennes hongroises. — Scanvoch aborde au camp des Franks.

Moi, descendant de Joel, le brenn de la tribu de Karnak, moi, *Scanvoch*, redevenu libre par le courage de mon père *Ralf* et les vaillantes insurrections gauloises, arrivées de siècle en siècle, j'écris ceci deux cent soixante-quatre ans après que mon aïeule Geneviève, femme de Fergan, a vu mourir en Judée, sur le Calvaire, Jésus de Nazareth.

J'écris ceci cent trente-quatre ans après que *Gomer*, fils de *Judicaël* et petit-fils de Fergan, esclave comme son père et son grand-père, écrivait à son fils *Médérik* qu'il n'avait à ajouter que le monotone récit de sa vie d'esclave à l'histoire de notre famille.

Médérik, mon aïeul, n'a rien ajouté non plus à notre légende; son fils *Justin* y avait fait seulement tracer ces mots par une main étrangère :

« Mon père Médérik est mort esclave, combattant, comme *Enfant*

» *du Gui*, pour la liberté de la Gaule ; il m'a dit avoir été poussé à la » révolte contre l'oppression étrangère par les récits de la vaillance » de nos aïeux libres et par la peinture des souffrances de nos pères » esclaves. Moi, son fils Justin, colon du fisc, mais non plus esclave, » j'ai fait consigner ceci sur les parchemins de notre famille ; je les » transmettrai fidèlement à mon fils *Aurel*, ainsi que *la faucille d'or*, » *la clochette d'airain*, *le morceau de collier de fer*, et *la petite croix* » *d'argent*, que j'ai pu conserver. »

Aurel, fils de Justin, colon comme son père, n'a pas été plus lettré que lui ; une main étrangère avait aussi tracé ces mots à la suite de notre légende :

« Ralf, fils d'Aurel, le colon, s'est battu pour l'indépendance de » son pays ; Ralf, devenu tout à fait libre par la force des armes gau- » loises et de la guerre sainte prêchée par nos druides vénérés, a été » aussi obligé de prier un ami de tracer ces mots sur nos parche- » mins pour y constater la mort de son père Aurel : Mon fils Scan- » voch, plus heureux que moi, pourra, sans recourir à une main » étrangère, écrire dans nos récits de famille la date de ma mort, à » moi, Ralf, le premier homme de la descendance de Joel, le brenn » de la tribu de Karnak, qui ait reconquis une entière liberté. Je » déclare ici, comme plusieurs de nos aïeux, que c'est le récit de la » vaillance et du martyre de nos ancêtres, réduits en servitude, qui » m'a fait prendre, comme à tant d'autres, les armes contre les Ro- mains. »

Moi, donc, Scanvoch, fils d'Aurel, j'ai effacé de notre légende et récrit moi-même les lignes précédentes, jadis tracées par la main d'autrui, qui mentionnaient la mort et les noms de nos aïeux, Justin, Aurel, Ralf. Ces trois générations remontaient à Médérik, fils de Gomer, lequel était fils de Judicaël et petit-fils de Fergan, dont la femme Geneviève a vu mettre à mort, en Judée, Jésus de Nazareth, il y a aujourd'hui deux cent soixante-quatre ans.

Mon père Ralf m'a aussi remis nos saintes reliques à nous :

La petite faucille d'or de notre aïeule Hêna, la vierge de l'île de Sên.

La clochette d'airain laissée par notre aïeul Guilhern, le seul survivant des nôtres à la grande bataille de Vannes ; jour funeste, duquel a daté l'asservissement de la Gaule par César, il y a aujourd'hui trois cent vingt ans.

Le collier de fer, signe de la cruelle servitude de notre aïeul Sylvest.

La petite croix d'argent que nous a léguée notre aïeule Geneviève, témoin de la mort de Jésus, le charpentier de Nazareth.

Ces récits, ces reliques, je te les léguerai après moi, mon petit *Aëlguen*, fils de ma bien-aimée femme *Ellèn*, qui t'a mis au monde il y a aujourd'hui quatre ans.

C'est ce beau jour, anniversaire de ta naissance, que je choisis, comme jour d'un heureux augure, mon enfant, afin de commencer, pour toi et pour notre descendance, le récit de ma vie, selon le dernier vœu de notre aïeul Joel, le brenn de la tribu de Karnak.

Tu t'attristeras, mon enfant, quand tu verras par ces récits que depuis la mort de Joel jusqu'à celle de mon arrière-grand-père Justin, sept générations, entends-tu ? *sept générations !*... ont été soumises à un horrible esclavage ; mais ton cœur s'allégera lorsque tu apprendras que mon bisaïeul et mon aïeul étaient, d'esclaves, devenus colons attachés à la terre des Gaules, condition encore servile, mais de beaucoup supérieure à l'esclavage ; mon père à moi, redevenu libre, grâce aux redoutables insurrections des *Enfants du Gui*, soulevés de siècle en siècle à la voix de nos druides, infatigables et héroïques défenseurs de la Gaule asservie, m'a légué la liberté, ce bien le plus précieux de tous ; je te le léguerai aussi.

Notre chère patrie a donc, à force de luttes, de persévérance contre les Romains, successivement reconquis, au prix du sang de ses enfants, presque toutes ses libertés. Un fragile et dernier lien nous attache encore à Rome, aujourd'hui notre alliée, autrefois notre impitoyable dominatrice; mais ce fragile et dernier lien brisé, nous retrouverons notre indépendance absolue, et nous reprendrons notre antique place à la tête des grandes nations du monde.

Avant de te faire connaître certaines circonstances de ma vie, mon enfant, je dois suppléer en quelques lignes au vide que laisse dans l'histoire de notre famille l'abstention de ceux de nos aïeux qui, par suite de leur manque d'instruction et du malheur des temps, n'ont pu ajouter leurs récits à notre légende. Leur vie a dû être celle de tous les Gaulois qui, malgré les chaînes de l'esclavage, ont, pas à pas, siècle à siècle, conquis par la révolte et la bataille l'affranchissement de notre pays.

Tu liras, dans les dernières lignes écrites par notre aïeul Fergan, époux de Geneviève, que, malgré les serments des *Enfants du Gui* et de nombreux soulèvements, dont l'un, et des plus redoutables, eut à sa tête Sacrovir, ce digne émule du *chef des cent vallées*, la tyrannie de Rome, imposée depuis César à la Gaule, durait toujours. En vain Jésus, le charpentier de Nazareth, avait prophétisé les temps où les fers des esclaves seraient brisés, les esclaves traînaient toujours leurs chaînes ensanglantées; cependant, notre vieille race, affaiblie, mutilée, énervée ou corrompue par l'esclavage, mais non soumise, ne laissait passer que peu d'années sans essayer de briser son joug; les secrètes associations des *Enfants du Gui* couvraient le pays et donnaient d'intrépides soldats à chacune de nos révoltes contre Rome.

Après la tentative héroïque de *Sacrovir*, dont tu verras la mort sublime dans les récits de notre aïeul Fergan, le chétif et timide esclave tisserand, d'autres insurrections éclatèrent sous les empereurs romains Tibère et Claude; elles redoublèrent d'énergie pendant les guerres civiles qui, sous le règne de *Néron*, divisèrent l'Italie. Vers cette époque, l'un de nos héros, VINDEX, aussi intrépide que le CHEF DES CENT VALLÉES ou que Sacrovir, tint longtemps en échec les armées romaines. — CIVILIS, autre patriote gaulois, s'appuyant sur les prophéties de VELLÉDA, une de nos druidesses, femme virile et de haut conseil, digne de la vaillance et de la sagesse de nos mères, souleva presque toute la Gaule, et commença d'ébranler profondément la puissance romaine. Plus tard, enfin, sous le règne de l'empereur Vitellius, un pauvre esclave de labour, comme l'avait été notre aïeul Guilhern, se donnant comme messie et libérateur de la Gaule, de même que Jésus de Nazareth s'était donné comme messie et libérateur de la Judée, poursuivit avec une patriotique ardeur l'œuvre d'affranchissement commencée par *le chef des cent vallées*, et continuée par *Sacrovir*, *Vindex*, *Civilis* et tant d'autres héros. Cet esclave laboureur, nommé MARIK, âgé de vingt-cinq ans à peine, robuste, intelligent, d'une héroïque bravoure, était affilié aux *Enfants du Gui*; nos vénérés druides, toujours persécutés, avaient parcouru la Gaule pour exciter les tièdes, calmer les impatients, et prévenir chacun du terme fixé pour le soulèvement. Il éclate; *Marik*, à la tête de dix mille esclaves, paysans comme lui, armés de fourches et de faux, attaque, sous les murs de Lyon, les troupes romaines de Vitellius. Cette première tentative avorte; les insurgés sont presque entièrement détruits par l'armée romaine, trois fois supérieure en nombre; loin d'accabler les insurgés gaulois, cette défaite les exalte; des populations entières se soulèvent à la voix des druides prêchant la guerre sainte : les combattants semblent sortir des entrailles de la terre; MARIK se voit bientôt à la tête d'une nombreuse armée. Doué par les dieux du génie militaire, il discipline ses troupes, les encourage, leur inspire une confiance aveugle, marche vers les bords du Rhin, où campait, protégée par ses retranchements, la réserve de l'armée romaine, l'attaque, la bat, et force des légions entières, qu'il fait prisonnières, à changer leurs enseignes pour notre antique coq gaulois. Ces légions romaines, devenues presque nos compatriotes par leur long séjour dans notre pays, entraînées par l'ascendant militaire de MARIK, se joignent à lui, combattent les nouvelles cohortes romaines venues d'Italie, les dispersent ou les anéantissent. L'heure de la délivrance de la Gaule allait sonner... **Marik** tombe entre les mains de l'immonde empereur Vespasien, par une lâche trahison... Ce nouveau héros de la Gaule, criblé de blessures, est livré aux animaux du cirque, comme notre aïeul Sylvest.

La mort de ce martyr de la liberté exaspère les populations; sur tous les points de la Gaule de nouvelles insurrections éclatent. La parole de Jésus de Nazareth, proclamant *l'esclave l'égal de son maître,* commence à pénétrer dans notre pays, prêchée par des apôtres voyageurs; la haine contre l'oppression étrangère redouble : attaqués en Gaule de toutes parts, harcelés de l'autre côté du Rhin par d'innombrables hordes de Franks, guerriers barbares, venus du fond des forêts du Nord, et attendant le moment de fondre à leur tour sur la Gaule, les Romains capitulent avec nous; nous recueillons enfin le fruit de tant de sacrifices héroïques ! Le sang versé par nos pères depuis trois siècles a fécondé notre affranchissement, car elles étaient prophétiques ces paroles du chant du *chef des cent vallées :*

« *Coule, coule, sang du captif ! — Tombe, tombe, rosée sanglante ! — Germe, grandis, moisson vengeresse !...* »

Oui, mon enfant, elles étaient prophétiques ces paroles; car, c'est en chantant ce refrain que nos pères ont combattu et vaincu l'oppression étrangère. Enfin, Rome nous rend une partie de notre indépendance ; nous formons des légions gauloises, commandées par nos officiers; nos provinces sont administrées par des gouverneurs de notre choix. Rome se réserve seulement le droit de nommer un *principat* des Gaules, dont elle sera suzeraine ; on accepte en attendant mieux, ce mieux ne se fait pas attendre. Épouvantés par nos continuelles révoltes, nos tyrans avaient peu à peu adouci les rigueurs de notre esclavage ; la terreur devait obtenir d'eux ce qu'ils avaient impitoyablement refusé au bon droit, à la justice, à la voix suppliante de l'humanité : il ne fut plus permis au maître, comme du temps de notre aïeul Sylvest et de plusieurs de ses descendants, de disposer de la vie des esclaves, comme on dispose de la vie d'un animal. Plus tard, l'influence de la terreur augmentant, le maître ne put infliger des châtiments corporels à son esclave, que par l'autorisation d'un magistrat. Enfin, mon enfant, cette horrible loi romaine, qui, du temps de notre aïeul Sylvest et des sept générations qui l'ont suivi, déclarait les esclaves hors de l'humanité, disant dans son féroce langage : *Que l'esclave n'existe pas, qu'il* N'A PAS DE TÊTE (*non caput habet*, selon le langage romain), cette horrible loi, grâce à l'épouvante inspirée par nos révoltes continuelles, s'était à ce point modifiée, que le code Justinien proclamait ceci :

« La liberté est de droit naturel ; — c'est le droit des gens qui a » créé la servitude ; — il a créé aussi l'affranchissement, qui est le » retour à la liberté naturelle. »

Hélas ! il est sans doute désolant de ne voir triompher les droits sacrés de l'humanité qu'au milieu de torrents de sang et d'innombrables désastres ! Mais qui doit-on maudire comme les vrais auteurs de tant de maux ? N'est-ce pas l'oppresseur qui courbe son semblable sous le joug d'un affreux esclavage, qui vit des sueurs de ses frères, qui les déprave, qui les avilit, qui les martyrise, qui les tue par caprice ou par cruauté, et les force de reconquérir violemment la liberté qu'on leur a ravie ? Crois-tu, mon enfant, que si la race gauloise asservie s'était montrée aussi patiente, aussi craintive, aussi résignée que notre pauvre aïeul *Fergan le tisserand*, notre esclavage eût été jamais aboli ? Non, non, lorsqu'on a fait de vains appels au cœur et à la raison de l'oppresseur, il ne reste qu'un moyen de briser la tyrannie : La révolte... la révolte ! énergique, opiniâtre, incessante, et tôt ou tard le bon droit triomphe, comme il a triomphé pour nous ! Que le sang qu'il a coûté retombe sur ceux qui nous avaient asservis !

Ainsi donc, mon enfant, grâce à nos insurrections sans nombre, l'esclavage était remplacé par le *colonat*, sous le régime duquel ont vécus notre bisaïeul Justin et notre aïeul Aurel ; c'est-à-dire qu'au lieu d'être forcés de cultiver, sous le fouet et au seul profit des Romains, les terres dont ceux-ci nous avaient dépouillés par la conquête, les *colons* avaient une petite part dans les produits de la terre qu'ils faisaient valoir. On ne pouvait plus les vendre, comme des animaux de labour, eux et leurs enfants; on ne pouvait plus les torturer ou les tuer; mais ils étaient obligés, de père en fils, de rester, eux et leur famille, attachés à la même propriété. Lorsqu'elle se vendait, ils passaient au nouveau possesseur sous les mêmes conditions de travail. Plus tard, la condition des colons s'améliora davantage encore, ils jouirent de leurs droits de citoyens. Lorsque les légions gauloises se formèrent, les soldats dont elles furent composées redevinrent complétement libres. Mon père Ralf, fils de colon, regagna ainsi sa liberté; et moi, fils de soldat, élevé dans les camps, je suis né libre, et je te léguerai cette liberté, comme mon père me l'a léguée.

Lorsque tu liras ceci, mon enfant, après avoir eu connaissance des souffrances de nos aïeux, esclaves pendant sept générations, tu comprendras la sagesse des vœux de notre aïeul Joel, le brenn de la tribu de Karnak; tu verras combien justement il espérait que notre vieille race gauloise, en conservant pieusement le souvenir de sa bravoure et de son indépendance d'autrefois, trouverait dans son horreur de l'oppression romaine la force de la briser.

Aujourd'hui que j'écris ces lignes, j'ai trente-huit ans; mes parents sont morts depuis longtemps. Ralf, mon père, premier soldat d'une de nos légions gauloises, où il avait été enrôlé à dix-huit ans dans le Midi de la Gaule, est venu dans ce pays-ci, près des bords du Rhin, avec l'armée; il a été de toutes les batailles contre les Franks, ces hordes féroces, qui, attirés par le beau ciel et la fertilité de notre Gaule, sont campés de l'autre côté du Rhin, toujours prêts à l'invasion.

Il y a près de quarante ans, on craignit en Bretagne une descente des insulaires d'Angleterre : plusieurs légions, parmi lesquelles se trouvait celle de mon père, furent envoyées dans ce pays. Pendant plusieurs mois il tint garnison dans la ville de Vannes, non loin de Karnak, le berceau de notre famille. Ralf, s'étant fait lire par un ami les récits de nos ancêtres, alla visiter avec un pieux respect le champ de bataille de Vannes, les pierres sacrées de Karnak, et les terres dont nous avions été du temps de César dépouillés par la conquête. Ces terres étaient au pouvoir d'une famille romaine; des colons, fils de Gaulois bretons de notre ancienne tribu, autrefois réduits à l'esclavage, exploitaient ces terres pour ceux-là dont les ancêtres les avaient dépossédés. La fille de l'un de ces colons aima mon père et en fut aimée. Elle se nommait Madalène; c'était une de ces viriles et fières Gauloises, dont notre aïeule Margarid, femme de Joel, offrait le modèle accompli. Elle suivit mon père lorsque sa légion quitta la Bretagne pour revenir ici sur les bords du Rhin, où je suis né, dans le camp fortifié de Mayence, ville militaire, occupée par nos troupes. Le chef de la légion où servait mon père était fils d'un laboureur; son courage lui avait valu ce commandement. Le lendemain de ma naissance, la femme de ce chef mourait en mettant au monde une fille... une fille... qui, peut-être, un jour, du fond de sa modeste maison, régnera sur le monde, comme elle règne aujourd'hui sur la Gaule; car, aujourd'hui, à l'heure où j'écris ceci, VICTORIA, par la juste influence qu'elle exerce sur son fils VICTORIN et sur notre armée, est de fait impératrice de la Gaule.

Victoria est ma sœur de lait; son père, devenu veuf, et appréciant les mâles vertus de ma mère, la supplia de nourrir cette enfant; aussi, elle et moi, avons-nous été élevés comme frère et sœur : à cette fraternelle affection, nous n'avons jamais failli... Victoria, dès ses premières années, était sérieuse et douce, quoiqu'elle aimât le bruit des clairons et la vue des armes. Elle devait être un jour belle de cette auguste beauté, mélange de calme, de grâce et de force, particulière à certaines femmes de la Gaule. Tu verras des médailles frappées en son honneur dans sa première jeunesse; elle est représentée en *Diane chasseresse*, tenant un arc d'une main et de l'autre un flambeau. Sur une dernière médaille, frappée il y a deux ans, Victoria est figurée avec Victorin, son fils, sous les traits de *Minerve* accompagnée de

Mars (A). A l'âge de dix ans, elle fut envoyée par son père dans un collége de druidesses. Celles-ci, délivrées de la persécution romaine, par la renaissance de la liberté des Gaules, élevaient des enfants comme par le passé.

Victoria resta chez ces femmes vénérées jusqu'à l'âge de quinze ans; elle puisa dans leurs patriotiques et sévères enseignements un ardent amour de la patrie et des connaissances sur toutes choses; elle sortit de ce collége instruite des secrets du temps d'autrefois, et possédant, dit-on, comme Velléda et d'autres druidesses, la prévision de l'avenir. A cette époque, la virile et fière beauté de Victoria était incomparable... Lorsqu'elle me revit, elle fut heureuse et me le témoigna; son affection pour moi, son frère de lait, loin de s'affaiblir pendant notre longue séparation, avait augmenté.

Ici, mon enfant, je veux, je dois te faire un aveu; car tu ne liras ceci que lorsque tu auras l'âge d'homme: dans cet aveu tu trouveras un bon exemple de courage et de renoncement.

Au retour de Victoria, si belle de sa beauté de quinze ans, j'avais son âge, je devins, quoique à peine adolescent, follement épris d'elle; je cachai soigneusement cet amour, autant par timidité que par suite du respect que m'inspirait, malgré le fraternel attachement dont elle me donnait chaque jour des preuves, cette sérieuse jeune fille, qui rapportait du collége des druidesses je ne sais quoi d'imposant, de pensif et de mystérieux. Je subis alors une cruelle épreuve. A quinze ans et demi, Victoria, ignorant mon amour (qu'elle doit toujours ignorer), donna sa main à un jeune chef militaire... Je faillis mourir d'une lente maladie, causée par un secret désespoir. Tant que dura pour moi le danger, Victoria ne quitta pas mon chevet; une tendre sœur ne m'eût pas comblé de soins plus dévoués, plus délicats... Elle devint mère... et quoique mère, elle accompagnait à la guerre son mari, qu'elle adorait. A force de raison, j'étais parvenu à vaincre, sinon mon amour, du moins ce qu'il y avait de violent, de douloureux, d'insensé dans cette passion; mais il me restait pour ma sœur de lait un dévouement sans bornes; elle me demanda de demeurer auprès d'elle et de son mari, comme l'un de ces cavaliers qui servent ordinairement d'escorte aux chefs gaulois, et écrivent ou portent leurs ordres militaires; j'acceptai. Ma sœur de lait avait dix-huit ans à peine, lorsque, dans une grande bataille contre les Franks, elle perdit le même jour son père et son mari... Restée veuve avec son enfant, pour qui elle prévoyait de glorieuses destinées, vaillamment réalisées aujourd'hui, Victoria ne quitta pas le camp. Les soldats, habitués à la voir au milieu d'eux, son fils dans ses bras, entre son père et son mari, savaient que plus d'une fois ses avis d'une sagesse profonde avaient, comme ceux de nos mères, prévalu dans les conseils des chefs; ils regardaient enfin comme d'un bon augure pour les armes gauloises la présence de cette jeune femme, élevée dans la science mystérieuse des druidesses; ils la supplièrent, après la mort de son père et de son mari, de ne pas abandonner l'armée, lui déclarant dans leur naïve affection, que son fils Victorin serait désormais le *fils des camps*, et elle la *mère des camps*. Victoria, touchée de tant d'attachement, resta au milieu des troupes, conservant sur les chefs son influence, les dirigeant dans le gouvernement de la Gaule, s'occupant d'élever virilement son fils, et vivant aussi simplement que la femme d'un officier.

Peu de temps après la mort de son mari, ma sœur de lait m'avait déclaré qu'elle ne se remarierait jamais, voulant consacrer sa vie tout entière à Victorin... Le dernier et fol espoir que j'avais malgré moi conservé en la voyant veuve et libre s'évanouit : la raison me vint avec l'âge; oubliant mon malheureux amour, je ne songeai plus qu'à me dévouer à Victoria et à son enfant. Simple cavalier dans l'armée, je servais de secrétaire à ma sœur de lait; souvent elle me confiait d'importants secrets d'État, et parfois me chargeait de messages de confiance.

J'apprenais à Victorin à monter à cheval, à manier la lance et l'épée; je le chéris bientôt comme mon fils : on ne pouvait voir un plus aimable, un plus généreux naturel. Il grandit ainsi au milieu des soldats, qui s'attachèrent à lui par les mille liens de l'habitude et de l'affection. A quatorze ans, il fit ses premières armes contre les Franks, devenus pour nous d'aussi dangereux ennemis que l'avaient été les Romains... Je l'accompagnai : sa mère, à cheval, entourée d'officiers, resta, en vraie Gauloise, sur une colline d'où l'on découvrait le champ de bataille où combattait son fils... Il se comporta bravement et fut blessé. Ainsi habitué jeune à la vie de guerre, de grands talents militaires se développèrent en lui : intrépide comme le plus brave des soldats, habile et prudent comme un vieux capitaine, généreux autant que sa bourse le lui permettait, gai, ouvert, avenant à tous, il gagna de plus en plus l'attachement de l'armée (B), qui partagea bientôt son adoration entre lui et sa mère... Vint enfin le jour où la Gaule, déjà presque indépendante, voulut partager avec Rome le gouvernement de notre pays ; le pouvoir fut alors divisé entre un chef gaulois et un chef romain : Rome choisit *Posthumus*, et nos troupes acclamèrent d'une voix Victorin comme chef de la Gaule et général de l'armée. Peu de temps après, il épousa une jeune fille dont il était aimé... Malheureusement elle mourut après une année de mariage, lui laissant un fils. Victoria, devenue aïeule, se voua à l'enfant de son fils comme elle s'était vouée à celui-ci.

Ma première résolution avait été de ne jamais me marier ; cependant je fus peu à peu séduit par la grâce modeste et par les vertus de la fille d'un centenier de notre armée ; c'était ta mère Ellèn que j'ai épousée il y a cinq ans, mon enfant.

Telle a été ma vie jusqu'à aujourd'hui, où je commence le récit qui va suivre... certaines réflexions de Victoria me l'ont fait écrire autant pour toi que pour notre descendance ; car si les prévisions de ma sœur de lait, à propos de divers incidents de cette histoire, se réalisent, ceux des nôtres qui, dans des siècles, peut-être, liront ceci, reconnaîtront que Victoria, *la mère des camps*, avait, comme notre aïeule *Hèna*, la vierge de l'île de Sên, et *Velléda*, la druidesse, compagne de *Civilis*, le don sacré de prévoir l'avenir.

Ce que je vais raconter s'est passé il y a huit jours. Ainsi donc, afin de préciser la date de ce récit pour notre descendance, il est écrit dans la ville de Mayence, défendue par notre camp fortifié des bords du Rhin, le cinquième jour du mois de juin, ainsi que disent les Romains, la septième année du *principat* de Posthumus et de Victorin en Gaule, deux cent soixante-sept ans après la mort de Jésus de Nazareth, crucifié à Jérusalem sous les yeux de notre aïeule Geneviève.

Le camp gaulois, composé de tentes et de baraques légères, mais solides, avait été massé autour de Mayence, qui le dominait. Victoria logeait dans la ville; j'occupais une petite maison à peu de distance de la sienne.

Le matin du jour dont je parle, je me suis éveillé à l'aube, laissant ma bien-aimée femme Ellèn encore endormie; je la contemplai un instant: ses longs cheveux dénoués couvraient à demi son sein; sa tête, d'une beauté si douce, reposait sur l'un de ses bras replié, tandis qu'elle étendait l'autre sur ton berceau, mon enfant, comme pour te protéger, même pendant son sommeil... J'ai, d'un baiser, effleuré votre front à tous deux, de crainte de vous réveiller; il m'en a coûté de ne pas vous embrasser tendrement, à plusieurs reprises; je partais pour une expédition aventureuse, il se pouvait que le baiser que j'osais à peine vous donner, chers endormis, fût le dernier. Quittant la chambre où vous reposiez, je suis allé m'armer, endosser ma cuirasse par-dessus ma saie, prendre mon casque et mon épée; puis je suis sorti de notre maison. Au seuil de notre porte j'ai rencontré *Sampso*, la sœur de ma femme, et comme elle, aussi douce que belle; son tablier était rempli de fleurs humides de rosée, elle venait de les cueillir dans notre petit jardin. A ma vue elle sourit et rougit de surprise.

— Déjà levée, Sampso? — lui dis-je. — Je croyais, moi, être sur pied le premier... Mais pourquoi ces fleurs?

— N'y a-t-il pas aujourd'hui une année que je suis venue habiter avec ma sœur Ellèn et avec vous... oublieux Scanvoch? — me répondit-elle avec un sourire affectueux. — Je veux fêter ce jour, selon notre vieille mode gauloise; j'ai été chercher ces fleurs pour orner la porte de la maison, le berceau de votre cher petit Aëlguen, et la coiffure de sa mère... Mais vous-même, où allez-vous si matin armé en guerre?

A la pensée de cette journée de fête, qui pouvait devenir une journée de deuil pour ma famille, j'ai étouffé un soupir et répondu à la sœur de ma femme en souriant aussi, afin de ne lui donner aucun soupçon :

— Victoria et son fils m'ont hier soir chargé de quelques ordres militaires à porter au chef d'un détachement campé à deux lieues d'ici, l'habitude militaire est d'être armé pour porter de pareils messages.

— Savez-vous, Scanvoch, que vous devez faire beaucoup de jaloux?

— Parce que ma sœur de lait emploie mon épée de soldat pendant la guerre et ma plume pendant la trêve?...

— Vous oubliez de dire que cette sœur de lait est *Victoria, la grande*... et que Victorin, son fils, a presque pour vous le respect qu'il aurait à l'égard du frère de sa mère... il ne se passe presque pas de jour sans que lui ou Victoria ne vienne vous voir... Ce sont là des faveurs que beaucoup envient.

— Ai-je jamais tiré parti de cette faveur, Sampso? ne suis-je pas resté simple cavalier? refusant toujours d'être officier? demandant pour toute grâce de me battre à la guerre à côté de Victorin?

— A qui vous avez deux fois sauvé la vie, au moment où il allait périr sous les coups de ces Franks si barbares!

— J'ai fait mon devoir de soldat et de Gaulois... ne dois-je pas sacrifier ma vie à celle d'un homme si nécessaire à notre pays?

— Scanvoch, je ne veux pas que nous nous querellions; vous savez mon admiration pour Victoria; mais...

— Mais je sais votre injustice à l'égard de son fils, — lui dis-je en souriant, — inique et sévère Sampso.

— Est-ce ma faute si le dérèglement des mœurs est à mes yeux méprisable... honteux?

— Certes, vous avez raison; cependant, je ne peux m'empêcher d'avoir un peu d'indulgence pour quelques faiblesses de Victorin. Veuf à vingt ans, ne faut-il pas l'excuser s'il cède parfois à l'entraînement de son âge? Tenez, chère et impitoyable Sampso, je vous ai fait lire les récits de notre aïeule Geneviève; vous êtes douce et bonne comme Jésus de Nazareth, imitez donc sa miséricorde envers les pécheurs. Il a pardonné à Madeleine parce qu'elle avait beaucoup aimé; pardonnez, au nom du même sentiment, à Victorin!

— Rien de plus digne de pardon et de pitié que l'amour, lorsqu'il est sincère; mais la débauche n'a rien de commun avec l'amour... C'est comme si vous me disiez, Scanvoch, qu'il y a quelque comparaison à faire entre ma sœur ou moi... et ces bohémiennes hongroises arrivées depuis peu à Mayence...

— Pour la beauté on pourrait vous les comparer, ainsi qu'à Ellèn, car on les dit belles à ravir d'admiration... Mais là s'arrête la comparaison, Sampso... J'ai peu de confiance dans la vertu de ces vagabondes, si charmantes, si parées qu'elles soient, qui vont de ville en ville chanter et danser pour divertir le public... lorsqu'elles ne font pas un pire métier...

— Et pourtant, je n'en doute pas, un jour ou l'autre, vous verrez Victorin, lui, un général d'armée! lui, un des deux chefs de la Gaule! accompagner à cheval le chariot ou ces bohémiennes vont se promener chaque soir sur les bords du Rhin... Et si je m'indigne de ce que le fils de Victoria a servi d'escorte à de pareilles créatures, alors vous me répondrez sans doute : — Pardonnez à ce pécheur, de même que Jésus a pardonné à Madeleine, la pécheresse... — Allez, Scanvoch, l'homme qui se complaît dans d'indignes amours est capable de...

Mais Sampso s'interrompit.

— Achevez, — lui dis-je, — achevez, je vous prie...

— Non, — dit-elle après un moment de réflexion, — le temps

n'est pas venu; je ne voudrais pas hasarder une parole légère.

— Tenez, — lui dis-je en souriant, — je suis certain qu'il s'agit de quelqu'un de ces contes ridicules qui courent depuis quelque temps dans l'armée au sujet de Victorin, sans qu'on sache la source de ces méchantes menteries. Pouvez-vous, Sampso... vous... avec votre saine raison, avec votre bon cœur, vous faire l'écho de pareilles histoires?

— Adieu, Scanvoch; je vous ai dit que je ne voulais pas me quereller au sujet de votre héros; vous le défendez envers et contre tous...

— Que voulez-vous? c'est mon faible; j'aime sa mère comme ma sœur... j'aime son fils comme s'il était le mien. Ne faites-vous pas ainsi que moi, Sampso? mon petit Aëlguen, le fils de votre sœur, ne vous est-il pas aussi cher que vous le serait votre enfant? Croyez-moi... lorsque Aëlguen aura vingt ans et que vous l'entendrez accuser de quelque folie de jeunesse, vous le défendrez, j'en suis sûr, encore plus chaudement que je ne défends Victorin... D'ailleurs, ne commencez-vous pas dès à présent votre rôle de défenseur? Oui, lorsque l'espiègle est coupable de quelque grosse faute, n'est-ce pas sa tante Sampso qu'il va trouver pour la prier de le faire pardonner? vous l'aimez tant!...

— L'enfant de ma sœur n'est-il pas mien?

— Voilà donc pourquoi vous ne voulez pas vous marier?

— Certainement, mon frère, — répondit-elle en rougissant avec une sorte d'embarras; puis, après un moment de silence, elle reprit :

— Vous serez, je l'espère, de retour ici vers le milieu du jour, pour que notre petite fête soit complète?

— Mon devoir accompli, je reviendrai. Au revoir, Sampso!

— Au revoir, Scanvoch!

Et laissant la sœur de ma femme occupée à placer un bouquet dans l'un des anneaux de la porte de notre maison, je m'éloignai en réfléchissant à notre entretien.

Souvent je m'étais demandé pourquoi Sampso, plus âgée d'un an que Ellèn, et aussi belle, aussi vertueuse qu'elle, avait jusqu'alors repoussé plusieurs offres de mariage; parfois je supposais qu'elle ressentait quelque amour caché, d'autres fois qu'elle appartenait à une de ces affiliations chrétiennes qui commençaient à se répandre, et dans lesquelles les femmes faisaient vœu de chasteté, comme plusieurs de nos druidesses. Un moment aussi je me demandai la cause de la réticence de Sampso au sujet de Victorin ; puis, j'oubliai ces pensées pour ne songer qu'à l'expédition dont j'étais chargé. M'acheminant vers les avant-postes du camp, je m'adressai à un officier, à qui je fis lire quelques lignes écrites de la main de Victorin. Aussitôt l'officier mit à ma disposition quatre soldats d'élite, excellents rameurs choisis parmi ceux qui avaient l'habitude de manœuvrer les barques de la flottille militaire destinée à remonter ou à descendre le Rhin pour défendre au besoin notre camp fortifié. Ces quatre soldats, sur ma recommandation, ne prirent pas d'armes; moi seul étais armé. En passant devant un bouquet de chênes, je leur fis couper quelques branchages, destinés à être placés à la proue du bateau qui devait nous transporter. Nous arrivons bientôt sur la rive du fleuve; là étaient amarrées plusieurs barques réservées au service de l'armée. Pendant que deux des soldats placent à l'avant de l'embarcation les feuillages de chêne dont je les avais munis, les deux autres examinent les rames d'un œil exercé, afin de s'assurer qu'elles sont en bon état; je me mets au gouvernail, nous quittons le bord.

Les quatre soldats avaient ramé en silence pendant quelque temps, lorsque le plus âgé des quatre, vétéran à moustaches grises, me dit :

— Il n'y a rien de tel qu'un *bardit* gaulois pour faire passer le temps et manœuvrer les rames en cadence ; on dirait qu'un vieux refrain national répété en chœur rend les avirons moins pesants. Peut-on chanter, ami Scanvoch?

— Tu me connais?

— Qui ne connaît dans l'armée le frère de lait de la *mère des camps?*

— Simple cavalier, je me croyais plus obscur.

— Tu es resté simple cavalier malgré l'amitié de notre Victoria pour toi; voilà pourquoi, Scanvoch, chacun te connaît et chacun t'aime.

— Vrai, tu me rends heureux en me disant cela. Comment te nommes-tu?

— Douarnek.

— Tu es Breton?

— Des environs de Vannes.

— Ma famille aussi est originaire de ce pays.

— Je m'en doutais, car l'on t'a donné un nom breton. Eh bien, ce *bardit*, peut-on le chanter, ami Scanvoch? Notre officier nous a donné l'ordre de t'obéir comme à lui; j'ignore où tu nous conduis, mais un chant s'entend de loin, surtout lorsqu'il s'agit d'un bardit national entonné en chœur par de vigoureux garçons à larges poitrines... Or peut-être ne faut-il pas attirer l'attention sur notre barque?

— Maintenant, tu peux chanter... plus tard... non.

— Alors, qu'allons-nous chanter, enfants? — dit le vétéran en continuant de ramer, ainsi que ses compagnons, et tournant seulement la tête de leur côté, car, placé au premier banc, il me faisait face. — Voyons... choisissez...

— Le bardit des marins, — dit un des soldats.

— C'est bien long, mes enfants, — reprit Douarnek.

— Le bardit du *chef des cent vallées?*

— C'est bien beau, — reprit Douarnek; — mais c'est un chant d'esclaves attendant leur délivrance, et par les os de nos pères!... nous sommes libres aujourd'hui dans la vieille Gaule!

— Ami Douarnek, — lui dis-je, — c'est au refrain de ce chant d'esclaves :

— *Coule, coule, sang du captif!*

— *Tombe, tombe, rosée sanglante!*

Que nos pères, les armes à la main, ont reconquis cette liberté dont nous jouissons.

— C'est vrai, Scanvoch... mais ce bardit est long, et tu nous as prévenus que nous devions bientôt rester muets comme les poissons du Rhin.

— Douarnek, — reprit un jeune soldat, — si tu nous chantais le bardit d'Hêna, la vierge de l'île de Sên...? Il me fait toujours venir les larmes aux yeux; car c'est ma sainte, à moi, cette belle et douce Hêna, qui vivait il y a des cents et des cents ans!

— Oui, oui, — reprirent les trois autres soldats, — chante-nous le bardit d'Hêna, Douarnek; ce bardit prophétise la victoire de la Gaule... et la Gaule est victorieuse aujourd'hui!

Moi, entendant cela, je ne disais rien; mais j'étais ému, heureux, et je l'avoue, fier, en songeant que le nom d'Hêna, morte depuis plus de trois cents ans, était resté populaire en Gaule comme au temps de mon aïeul Sylvest, et allait être chanté.

— Va pour le bardit d'Hêna, — reprit le vétéran, — j'aime aussi cette sainte et douce fille, qui offre son sang à Hésus pour la délivrance de la Gaule; et toi, Scanvoch, le sais-tu ce chant?

— Oui... à peu près... je l'ai déjà entendu...

— Tu le sauras toujours assez pour répéter le refrain avec nous.

Et Douarnek se mit à chanter d'une voix pleine et sonore qui, au loin, domina le bruit des grandes eaux du Rhin:

« Elle était jeune, elle était belle, elle était sainte.

» Elle a donné son sang à Hésus pour la délivrance de la Gaule!

» Elle s'appelait Hêna! Hêna, la vierge de l'île de Sên.

» — Benis soient les dieux, ma douce fille, — lui dit son père

» Joel, le brenn de la tribu de Karnak, — bénis soient les dieux,

» ma douce fille, puisque te voilà ce soir dans notre maison pour
» fêter le jour de ta naissance!

» — Bénis soient les dieux, ma douce fille, — lui dit sa mère
» Margarid, — bénie soit ta venue! Mais ta figure est triste?

» — Ma figure est triste, ma bonne mère; ma figure est triste,
» mon bon père, parce qu'Hêna, votre fille, vient vous dire adieu
» et au revoir. »

« — Et où vas-tu, chère fille? Le voyage sera donc bien long?
» Où vas-tu ainsi?

» — Je vais dans ces mondes mystérieux que personne ne connaît
» et que tous nous connaîtrons, où personne n'est allé et où tous
» nous irons, pour revivre avec ceux que nous avons aimés. »

Et moi et les rameurs, nous avons repris en chœur :
« Elle était jeune, elle était belle, elle était sainte...
» Elle a donné son sang à Hésus pour la délivrance de la Gaule!
» Elle s'appelait Hêna, Hêna, la vierge de l'île de Sên. »
Douarnek continua son chant :

« Et entendant Hêna dire ces paroles-ci, bien tristement se regar-
» dèrent et son père et sa mère, et tous ceux de sa famille, et aussi
» les petits enfants, car Hêna avait un grand faible pour l'enfance.

» — Pourquoi donc, chère fille, pourquoi donc déjà quitter ce
» monde, pour t'en aller ailleurs sans que l'ange de la mort t'ap-
» pelle?

» — Mon bon père, ma bonne mère, Hésus est irrité, l'étranger » menace notre Gaule bien-aimée. Le sang innocent d'une vierge, » offert par elle aux dieux, peut apaiser leur colère...

» — Adieu donc et au revoir, mon bon père, ma bonne mère! » Adieu et au revoir, vous tous, mes parents et mes amis! Gardez ces » colliers, ces anneaux en souvenir de moi; que je baise une dernière » fois vos têtes blondes, chers petits! adieu et au revoir! Souvenez-vous » d'Hêna, votre amie; elle va vous attendre dans les mondes in- » connus. »

Et moi et les rameurs nous avons repris en chœur, au bruit cadencé des rames.

« Elle était jeune, elle était belle, elle était sainte!

» Elle a offert son sang à Hésus pour la délivrance de la Gaule!

» Elle s'appelait Hêna, Hêna, la vierge de l'île de Sên. »

Douarnek continua le bardit:

» — Brillante est la lune, grand est le bûcher qui s'élève auprès » des pierres sacrées de Karnak; immense est la foule des tribus qui » se pressent autour du bûcher.

» — La voilà! c'est elle! c'est Hêna!... Elle monte sur le bûcher, » sa harpe d'or à la main, et elle chante ainsi:

» — Prends mon sang, ô Hésus! et délivre mon pays de l'étranger! » Prends mon sang, ô Hésus! pitié pour la Gaule! Victoire à nos » armes! — Et il a coulé, le sang d'Hêna!

» — O vierge sainte! il n'aura pas en vain coulé, ton sang inno-

» cent et généreux ! courbée sous le joug, la Gaule un jour se relè-
» vera libre et fière, en criant comme toi — victoire à nos armes ! vic-
» toire et liberté ! »

Et Douarnek, ainsi que les trois soldats, répétèrent à voix plus basse ce dernier refrain avec une sorte de pieuse admiration :

« — Celle-là qui a ainsi offert son sang à Hésus, pour la délivrance
» de la Gaule !

» Elle était jeune, elle était belle, elle était sainte.

» Elle s'appelait Hêna, Hêna, la vierge de l'île de Sên ! »

Moi seul je n'ai pas répété avec les soldats le dernier refrain du bardit, tant je me sentais ému.

Douarnek, remarquant mon émotion et mon silence, me dit d'un air surpris :

— Quoi, Scanvoch, voici maintenant que la voix te manque ? Tu restes muet pour achever un chant si glorieux ?

— Tu dis vrai, Douarnek ; c'est parce que cé chant est glorieux pour moi... que tu me vois ému.

— Glorieux pour toi, ce bardit ; je ne te comprends pas ?

— Hêna était fille d'un de mes aïeux !

— Que dis-tu ?

— Hêna était fille de Joel, le brenn de la tribu de Karnak, mort, ainsi que sa femme et presque toute sa famille, à la grande bataille de Vannes, livrée sur terre et sur mer il y a plus de trois siècles ; moi, de père en fils, je descends de Joel.

Le chant d'Hêna était si connu en Gaule que je vis (pourquoi le nier ?) avec un doux orgueil les soldats me regarder presque avec respect.

— Sais-tu, Scanvoch, — reprit Douarnek, — sais-tu que des rois seraient fiers de tes aïeux ?

— Le sang versé pour la patrie et la liberté, c'est notre noblesse, à nous autres Gaulois, — lui dis-je ; — voilà pourquoi nos vieux bardits sont chez nous si populaires.

— Quand on pense, — reprit le plus jeune des soldats, — qu'il y a plus de trois cents ans qu'Hêna, cette douce et belle sainte, a offert sa vie pour la délivrance du pays, et que son nom est venu jusqu'à nous !

— Quoique la voix de la jeune vierge ait mis plus de deux siècles à monter jusqu'aux oreilles d'Hésus (c'est tout simple, il est placé si haut), — reprit Douarnek, — cette voix est parvenue jusqu'à lui, puisque nous pouvons dire aujourd'hui : Victoire à nos armes ! victoire et liberté !

Nous étions arrivés vers le milieu du Rhin, à l'endroit où ses eaux sont très-rapides.

Douarnek me demanda en relevant ses rames :

— Entrerons-nous dans le fort du courant? Ce serait une fatigue inutile, si nous n'avions qu'à remonter ou à descendre le fleuve à la distance où nous voici de la rive que nous venons de quitter.

— Il faut traverser le Rhin dans toute sa largeur, ami Douarnek.

— Le traverser !... — s'écria le vétéran en me regardant d'un air ébahi. — Traverser le Rhin !... et pourquoi faire ?

— Pour aborder à l'autre rive.

— Y penses-tu, Scanvoch ? L'armée de ces bandits franks, si on peut honorer du nom d'armée ces hordes sauvages, n'est-elle pas campée sur l'autre bord ?...

— C'est au milieu de ces barbares que je me rends.

Pendant quelques instants, la manœuvre des rames fut suspendue ; les soldats, interdits et muets, se regardèrent les uns les autres, comme s'ils avaient peine à croire à ma résolution.

Douarnek rompit le premier le silence, et me dit, avec son insouciance de soldat :

— C'est alors une espèce de sacrifice à Hésus que nous allons lui offrir en livrant notre peau à ces écorcheurs? Si tel est l'ordre, en avant! Allons, enfants, à nos rames!...

— Oublies-tu, Douarnek, que, depuis huit jours, nous sommes en trêve avec les Franks?

— Il n'y a jamais trêve pour de pareils brigands?

— Tu le vois, j'ai fait, en signe de paix, garnir de feuillage l'avant de notre bateau; je descendrai seul dans le camp ennemi, une branche de chêne à la main...

— Et ils te massacreront, malgré ta branche de chêne, comme ils ont massacré d'autres envoyés en temps de trêve.

— C'est possible, ami Douarnek; mais si le chef commande, le soldat obéit. Victoria et son fils m'ont ordonné d'aller au camp des Franks; j'y vais!

— Ce n'est pas par peur, au moins, Scanvoch, que je te disais que ces sauvages ne nous laisseraient pas nos têtes sur nos épaules... et notre peau sur le corps... J'ai parlé par vieille habitude de sincérité... Allons, ferme, enfants! ferme à vos rames!... c'est à un ordre de notre mère... de la *mère des camps* que nous obéissons... En avant! en avant!... dussions-nous être écorchés vifs par ces barbares, divertissement qu'ils se donnent souvent aux dépens de nos prisonniers.

— On dit aussi, — reprit le jeune soldat d'une voix moins assurée que celle de Douarnek, — on dit aussi que ces prêtresses d'enfer qui suivent les hordes franques, mettent parfois nos prisonniers bouillir tout vivants dans de grandes chaudières d'airain, avec certaines herbes magiques.

— Eh! eh! — reprit joyeusement Douarnek, — celui de nous qui sera mis ainsi à bouillir, mes enfants, aura du moins l'avantage de goûter le premier de son propre bouillon... cela console... Allons, enfants, ferme sur nos rames! nous obéissons à un ordre de la *mère des camps*...

— Oh! nous ramerions droit à un abîme si Victoria l'ordonnait!

— Elle est bien nommée, la mère des camps et des soldats; il faut la voir après chaque bataille allant visiter les blessés !

— Et leur disant de ces paroles qui font regretter aux valides de n'avoir pas de blessures.

— Et puis, si belle... si belle!...

— Oh ! quand elle passe dans le camp, montée sur son cheval blanc, vêtue de sa longue robe noire, le front si fier sous son casque, et pourtant l'œil si doux, le sourire si maternel... c'est comme une vision !

— On assure que notre Victoria connaît aussi bien l'avenir que le présent.

— Il faut qu'elle ait un charme; car qui croirait jamais, à la voir, qu'elle est mère d'un fils de vingt-deux ans?...

— Ah ! si le fils avait tenu ce qu'il promettait !

— On l'aimerait comme on l'aimait autrefois.

— Oui, et c'est vraiment dommage, — reprit Douarnek en secouant la tête d'un air chagrin, après avoir ainsi laissé parler les autres soldats; — oui, c'est grand dommage ! Ah ! Victorin n'est plus cet enfant des camps que nous autres vieux à moustaches grises, qui l'avions vu naître et fait danser sur nos genoux, nous regardions, il y a peu de temps encore, avec orgueil et amitié.

Ces paroles des soldats me frappèrent ; non-seulement j'avais souvent eu à défendre Victorin contre la sévère Sampso, mais je m'étais aperçu dans l'armée d'une sourde hostilité contre le fils de ma sœur de lait, lui jusqu'alors l'idole de nos soldats.

— Qu'avez-vous donc à reprocher à Victorin ? — dis-je à Douarnek et à ses compagnons. — N'est-il pas brave... entre les plus braves? Ne l'avez-vous pas vu à la guerre?

— Oh ! s'il s'agit de se battre... il se bat vaillamment... aussi vaillamment que toi, Scanvoch, quand tu es à ses côtés, sur ton grand cheval gris, songeant plus à défendre le fils de ta sœur de lait qu'à te défendre toi-même... *Tes cicatrices le diraient si elles pouvaient parler par la bouche de tes blessures*, selon notre vieux proverbe gaulois.

— Moi, je me bats en soldat; Victorin se bat en capitaine... Et ce capitaine de vingt-deux ans n'a-t-il pas déjà gagné cinq grandes batailles contre les Germains et les Francs?

— Sa mère, notre Victoria, la bien nommée, a dû, par ses conseils, aider à la victoire, car il confère avec elle de ses plans de combat... mais, enfin, c'est vrai, Victorin est bon capitaine.

— Et sa bourse, tant qu'elle est pleine, n'est-elle pas ouverte à tous? Connais-tu un invalide qui se soit en vain adressé à lui?

— Victorin est généreux... c'est encore vrai...

— N'est-il pas l'ami, le camarade du soldat? Est-il fier?

— Non, il est bon compagnon et de joyeuse humeur; d'ailleurs, pourquoi serait-il fier? Son père, sa victorieuse mère et lui ne sont-ils pas, comme nous autres, gens de plèbe gauloise?

— Ne sais-tu pas, Douarnek, que souvent les plus fiers sont ceux-là qui sont partis de plus bas?

— Victorin n'est point orgueilleux, c'est dit.

— A la guerre, ne dort-il pas sans abri, la tête sur la selle de son cheval, ainsi que nous autres cavaliers?

— Élevé par une mère aussi virile que la sienne, il devait devenir un rude soldat, il l'est devenu.

— Ignores-tu qu'il montre dans le conseil une maturité que beaucoup d'hommes de notre âge ne possèdent point? N'est-ce pas, enfin, sa bravoure, sa bonté, sa raison, ses rares qualités de soldat et de capitaine, qui l'ont fait acclamer par l'armée général, et l'un des deux chefs de la Gaule?

— Oui, mais en le choisissant, nous savions, nous autres, que sa mère Victoria, la belle et la grande, serait toujours près de lui, le guidant, l'éclairant, tout en cousant ses toiles de lingerie, la digne matrone, à côté du berceau de son petit-fils, selon son habitude de bonne ménagère.

— Personne mieux que moi ne sait combien sont sages et précieux pour notre pays les conseils que Victoria donne à son fils; mais qu'y a-t-il de changé? n'est-elle pas là, veillant sur Victorin et sur la Gaule, qu'elle aime d'un pareil et maternel amour?... Voyons, Douarnek, réponds-moi avec ta franchise de soldat : D'où vient cette hostilité, qui, je le crains, va toujours empirant contre Victorin?

— Écoute, Scanvoch; je suis, comme toi, un vieux et franc soldat, car ta moustache, plus jeune que la mienne, commence à grisonner. Tu veux la vérité? la voici : Nous savons tous que la vie des camps ne rend pas les gens de guerre chastes et réservés comme des jeunes filles élevées chez nos druidesses vénérées; nous savons encore, parce que nous en avons bu souvent, oh! très-souvent, que notre vin des Gaules, nous met en humeur joyeuse ou tapageuse... nous savons enfin qu'en garnison le jeune et fringant soldat, qui porte fièrement sur l'oreille une aigrette à son casque, en caressant sa moustache blonde ou brune, ne garde pas longtemps pour chers amis les pères qui ont de jolies filles ou les maris qui ont de jolies femmes... Mais tu m'avoueras, Scanvoch, qu'un soldat, qui d'habitude s'enivre comme une brute, et qui fait lâchement violence aux femmes, mérite d'être régalé d'une centaine de coups de ceinturon bien appliqués sur l'échine, et d'être ensuite chassé honteusement du camp: est-ce vrai?

— C'est vrai; mais pourquoi me dire ceci à propos de Victorin?

— Écoute encore, ami Scanvoch, et réponds-moi : Si un obscur soldat mérite ce châtiment pour sa honteuse conduite, que mériterait un chef d'armée qui se dégraderait ainsi?...

— Oserais-tu prétendre que Victorin ait jamais fait violence à une femme et qu'il s'enivre chaque jour? — m'écriai-je indigné. — Je dis que tu mens, ou que ceux qui t'ont rapporté cela ont menti... Voilà donc ces bruits indignes qui circulent dans le camp sur Victorin! et vous êtes assez simples ou assez enclins à la calomnie pour les croire?...

— Le soldat n'est déjà pas si simple, ami Scanvoch, seulement il n'ignore pas le vieux proverbe gaulois : *on n'attribue les brebis perdues qu'aux possesseurs de troupeaux*... Ainsi, par exemple, tu connais le capitaine Marion? tu sais? cet ancien ouvrier forgeron?...

— Oui, l'un des meilleurs officiers de l'armée...

— Le fameux capitaine Marion, qui porte un bœuf sur ses épaules, — ajouta un des soldats, — et qui peut abattre ce bœuf d'un seul coup de poing, aussi pesant que la masse de fer d'un boucher.

— Et le capitaine Marion, — ajouta un autre rameur, — n'en est pas moins bon compagnon, malgré sa force et sa gloire ; car il a pour ami de guerre, pour *saldune*, comme on disait au temps jadis, un soldat, son ancien camarade de forge.

— Je connais la bravoure, la modestie, la haute raison et l'austérité du capitaine Marion, — leur dis-je ; — mais à quel propos le comparer à Victorin?...

— Un mot encore, ami Scanvoch. As-tu vu, l'autre jour, entrer dans Mayence ces deux bohémiennes traînées dans leur chariot par des mules couvertes de grelots, et conduites par un négrillon?

— Je n'ai pas vu ces femmes, mais j'ai entendu parler d'elles. Mais, encore une fois, à quoi bon tout ceci à propos de Victorin?

— Je t'ai rappelé le proverbe : *on n'attribue les brebis perdues qu'aux possesseurs de troupeaux*... parce que l'on aurait beau attribuer au capitaine Marion des habitudes d'ivrognerie et de violence envers les femmes, que, malgré sa *simplesse*, le soldat ne croirait pas un mot de ces mensonges, n'est-ce pas? De même que si l'on attribuait quelque débauche à ces coureuses bohémiennes, le soldat croirait à ces bruits?

— Je te comprends, Douarnek, et comme toi je serai sincère... Oui, Victorin aime la gaieté du vin, en compagnie de quelques camarades de guerres... oui, Victorin, resté veuf à vingt ans, après quelques mois de mariage, a parfois cédé aux entraînements de la jeunesse ; sa mère a souvent regretté, ainsi que moi, qu'il ne fût pas d'une sévérité de mœurs, d'ailleurs assez rare à son âge... Mais, par le courroux des dieux! moi, qui n'ai pas quitté Victorin depuis son enfance, je nie que l'ivresse soit chez lui une habitude; je nie surtout qu'il ait jamais été assez lâche pour violenter une femme!...

— Ton bon cœur te fait défendre le fils de ta sœur de lait, Scanvoch, quoique tu le saches coupable, à moins que tu nies ce que tu ignores...

— Qu'est-ce que j'ignore?

— Une aventure que chacun sait dans le camp.

— Quelle aventure? dis-la...

— Il y a quelque temps, Victorin et plusieurs officiers de l'armée ont été boire et se divertir dans une des îles des bords du Rhin, où se trouve une taverne... Le soir venu, Victorin, ivre comme d'habitude, a fait violence à l'hôtesse; celle-ci, dans son désespoir, s'est jetée dans le fleuve... où elle s'est noyée...

— Un soldat qui se conduirait ainsi sous un chef sévère, — dit un des rameurs, — porterait sa tête sur le billot...

— Et ce supplice, il l'aurait mérité, — ajouta l'un des rameurs; — j'aimerais, comme un autre, à rire avec mon hôtesse; mais lui faire violence, c'est une sauvagerie digne de ces écorcheurs francks dont les prêtresses, cuisinières du diable, font bouillir nos prisonniers dans leur chaudière.

J'étais resté si stupéfait de l'accusation portée contre Victorin, que, pendant un moment, j'avais gardé le silence; mais je m'écriai :

— Mensonge!... mensonge aussi infâme que l'eût été une pareille conduite!... Qui ose accuser le fils de Victoria d'un tel crime?

— Un homme bien informé, — me répondit Douarnek.

— Son nom? le nom de ce menteur?

— Il s'appelle *Morix;* il était le secrétaire d'un parent de Victorin, venu au camp il y a un mois.

— Ce parent est *Tétrik*, gouverneur de Gascogne, — dis-je stupéfait ; — cet homme est la bonté, la loyauté même, un des plus anciens, des plus fidèles amis de Victoria.

— Alors le témoignage de cet homme n'en est que plus certain.

— Quoi ! lui, Tétrik ! il aurait affirmé ce que tu racontes ?

— Il en a fait part et l'a confirmé à son secrétaire, en déplorant l'horrible dissolution des mœurs de Victorin.

— Mensonge ! Tétrik n'a que des paroles de tendresse et d'estime pour le fils de Victoria.

— Scanvoch, nous sommes tous deux Bretons; je sers dans l'armée depuis vingt-cinq ans : demande à mes officiers si Douarnek est un menteur.

— Je te crois sincère, mais l'on t'a indignement abusé !

— Morix, le secrétaire de Tétrik, a raconté l'aventure, non pas seulement à moi, mais à bien d'autres soldats du camp, auxquels il payait à boire... Cet homme a été cru sur parole, parce que plus d'une fois, moi, comme beaucoup de mes compagnons, nous avons vu Victorin et ses amis, échauffés par le vin, se livrer à de folles prouesses.

— L'ardeur du courage n'échauffe-t-il pas les jeunes têtes autant que le vin ?

— Ecoute, Scanvoch, j'ai vu de mes yeux Victorin pousser son cheval dans le Rhin, disant qu'il voulait le traverser ; et il eût été noyé si moi et un autre soldat, nous jetant dans une barque, n'avions été le repêcher demi-ivre, tandis que le courant entraînait son cheval... un superbe cheval noir, ma foi... sais-tu ce qu'alors Victorin nous a dit ? — « Il fallait me laisser boire, puisque ce fleuve » coule du vin blanc de Béziers. » — Ce que je rapporte n'est pas un conte, Scanvoch; je l'ai vu de mes yeux, je l'ai entendu de mes oreilles.

A cela, malgré mon attachement pour Victorin, je ne pus rien répondre : je le savais incapable d'une lâcheté, d'une infamie; mais aussi je le savais capable de dangereuses étourderies.

— Quant à moi, — reprit un autre soldat, — j'ai souvent vu, étant de faction près de la demeure de Victorin, séparée de celle de sa mère par un jardin, des femmes voilées sortir à l'aube de son logis ; il en sortait de grandes, il en sortait de petites, il en sortait de grosses, il en sortait de maigres, à moins que le crépuscule ne me troublât la vue et que ce fût toujours la même femme.

— A cela, ta sincérité n'a rien à répondre, ami Scanvoch, — me dit Douarnek ; car, en effet, je n'avais pu contredire cette autre accusation. — Ne t'étonne donc plus de notre croyance aux paroles du secrétaire de Tétrik... Voyons, avoue-le, celui qui, dans son ivresse, prend le Rhin pour un fleuve de vin de Béziers, celui de chez qui sort à l'aube une pareille procession de femmes, ne peut-il pas, dans son ivresse, vouloir faire violence à son hôtesse ?

— Non, — m'écriai-je, — non ; l'on peut avoir les défauts de son âge, sans être pour cela un infâme !

— Tiens, Scanvoch, tu es l'ami de notre mère, à tous, de Victoria, la belle et l'auguste ; tu chéris Victorin comme son fils ; dis-lui ceci : « Les soldats, même les plus grossiers, les plus dissolus, n'aiment pas à retrouver leurs vices dans les chefs qu'ils ont choisis ; aussi, de jour en jour, l'affection de l'armée se retire de Victorin pour se reporter tout entière sur Victoria. »

— Oui, lui dis-je en réfléchissant ; — et cela seulement, n'est-ce pas, depuis que Tétrik, le gouverneur de Gascogne, parent et ami de Victoria, a fait un dernier voyage au camp ? Jusqu'alors on avait aimé le jeune général, malgré les faiblesses de son âge.

— C'est vrai ; il était si bon, si brave, si avenant pour chacun ! Il était si beau à cheval ! il avait une si fière tournure militaire ! Nous l'aimions comme notre enfant, ce jeune capitaine ! nous l'avions vu naître et fait danser tout petit sur nos genoux aux veillées du camp ; plus tard, nous fermions les yeux sur ses faiblesses, car les pères sont toujours indulgents ; mais pour des indignités, pas d'indulgence !

— Et de ces indignités, — repris-je, de plus en plus frappé de cette circonstance qui, rappelant à mon esprit certains souvenirs, éveillait aussi en moi une vague défiance, — et de ces indignités, il n'existe pas d'autre preuve que la parole du secrétaire de Tétrik?

— Ce secrétaire nous a rapporté les paroles de son maître, rien de plus..

Pendant cet entretien, auquel je prêtais une attention de plus en plus vive, notre barque, conduite par les quatre vigoureux rameurs, avait traversé le Rhin dans toute sa largeur; les soldats tournaient le dos à la rive où nous allions aborder; moi, j'étais tellement absorbé par ce que j'apprenais de la désaffection croissante de l'armée à l'égard de Victorin, que je n'avais pas songé à jeter les yeux sur le rivage, dont nous approchions de plus en plus... Soudain j'entendis une foule de sifflements aigus retentir autour de nous, et je m'écriai :

— Jetez-vous à plat sur vos bancs !

Il était trop tard; une volée de longues flèches criblait notre bateau : l'un des rameurs fut tué, tandis que Douarnek, qui pour ramer tournait le dos à l'avant de la barque, reçut un trait dans l'épaule.

— Voilà comme les Franks accueillent les parlementaires en temps de trêve, — dit le vétéran sans discontinuer de ramer et même sans retourner la tête; — c'est la première fois que je suis frappé par derrière; cette flèche dans le dos sied mal à un soldat; arrache-moi-la vite, camarade, — ajouta-t-il en s'adressant au rameur devant lequel il était placé.

Mais Douarnek, malgré ses efforts, manœuvrait sa rame avec moins de vigueur; et quoique la plaie fût légère, son sang coulait avec abondance.

— Je te l'avais bien dit, Scanvoch, — reprit-il, — que tes branchages de paix nous seraient de mauvais remparts contre la traîtrise de ces écorcheurs franks... Allons, enfants, ferme à nos rames, puisque nous ne sommes plus que trois; car notre camarade, qui se débat le nez sur son banc, ne peut plus compter pour un rameur !

Douarnek n'avait pas achevé ces paroles, que, m'élançant à l'avant de la barque en passant par dessus le corps du soldat qui rendait le dernier soupir, je saisis une des branches de chêne et l'agitai au-dessus de ma tête en signal de paix.

Une seconde volée de flèches, partie de derrière un escarpement de la rive, répondit à mon signal : l'une m'effleura le bras, l'autre s'émoussa sur mon casque de fer ; mais aucun soldat ne fut atteint. Nous étions alors à peu de distance du rivage ; je me jetai à l'eau ; elle me montait jusqu'aux épaules, et je dis à Douarnek :

— Fais force de rames pour te mettre hors de portée des flèches, puis tu ancreras le bateau, et vous m'attendrez sans danger... Si après le coucher du soleil je ne suis pas de retour, retourne au camp, et dis à Victoria que j'ai été fait prisonnier ou massacré par les Franks ; elle prendra soin de ma femme Ellèn et de mon fils Aël-guen...

— Cela me fâche de te laisser aller seul parmi ces écorcheurs, ami Scanvoch, — dit Douarnek ; — mais nous faire tuer avec toi, c'est t'ôter tout moyen de revenir à notre camp, si tu as le bonheur de leur échapper... Bon courage Scanvoch... à ce soir...

Et la barque s'éloigna rapidement pendant que je gagnais le rivage.

CHAPITRE II.

Le camp des Franks. — *Les guerriers noirs.* — Les écorcheurs. — Les uns veulent faire bouillir Scanvoch, les autres l'écorcher vif. — Moyen de concilier ces deux avis proposé par l'un des chefs. — Aspect du camp et des mœurs des Franks. — La clairière. — Divinités infernales. — La cuve d'airain. — *Elwig*, la prêtresse, et *Riowag*, le chef des guerriers noirs. — Coquetterie sauvage. — Inceste et fratricide. — Le trésor. — *Neroweg, l'aigle terrible.* — Message de Victoria. — Comment les Franks traitent un messager de paix. — Invocation aux dieux infernaux. — La caverne.

A peine eus-je touché le bord, tenant ma branche d'arbre à la main, que je vis sortir des rochers, où ils étaient embusqués, un grand nombre de Franks, appartenant à ces hordes de leur armée, qui portent des boucliers noirs, des casaques de peau de mouton noires, et se teignent les bras, les jambes et la figure, afin de se confondre avec les ténèbres lorsqu'ils sont en embuscade ou qu'ils tentent une attaque nocturne (A). Leur aspect était d'autant plus étrange et hideux, que les chefs de ces hordes noires avaient sur le front, sur les joues et autour des yeux des tatouages d'un rouge éclatant... Je parlais assez bien la langue franque, ainsi que plusieurs officiers et soldats de l'armée, depuis longtemps habitués dans ces parages.

Les guerriers noirs, poussant des hurlements sauvages, m'entourèrent de tous côtés, me menaçant de leurs longs couteaux, dont les lames étaient noircies au feu.

— La trêve est conclue depuis plusieurs jours, — leur ai-je crié. — Je viens, au nom du chef de l'armée gauloise, porter un message aux chefs de vos hordes... conduisez-moi vers eux... Vous ne tuerez pas un homme désarmé...

Et en disant cela, convaincu de la vanité d'une lutte, j'ai tiré mon épée et l'ai jetée au loin; aussitôt, ces barbares se précipitèrent sur moi en redoublant leurs cris de mort... Quelques-uns détachèrent les cordes de leurs arcs, et, malgré mes efforts, me renversèrent et me garrottèrent, il me fut impossible de faire un mouvement.

— Écorchons-le, — dit l'un; — nous porterons sa peau sanglante au grand chef *Néroweg;* elle lui servira de bandelettes pour entourer ses jambes.

Je savais qu'en effet les Franks enlevaient souvent, avec beaucoup de dextérité, la peau de leurs prisonniers, et que les chefs de hordes se paraient triomphalement de ces dépouilles humaines. La proposition de l'écorcheur fut accueillie par des cris de joie; ceux qui me tenaient garrotté cherchèrent un endroit convenable pour mon supplice, tandis que d'autres aiguisaient leurs couteaux sur les cailloux du rivage...

Soudain le chef de ces écorcheurs s'approcha lentement de moi; il était horrible à voir : un cercle tatoué d'un rouge vif entourait ses yeux et rayait ses joues; on aurait dit des découpures sanglantes sur ce visage noirci. Ses cheveux, relevés à la mode franque autour de son front, et noués au sommet de sa tête, retombaient derrière ses épaules comme la crinière d'un casque, et étaient devenus d'un fauve cuivré, grâce à l'usage de l'eau de chaux dont se servent ces barbares pour donner une couleur ardente à leurs cheveux et à leur barbe. Il portait au cou et aux poignets un collier et des bracelets d'étain grossièrement travaillés; il avait pour vêtement une casaque de peau de mouton noire; ses jambes et ses cuisses étaient aussi enveloppées de peaux de mouton, assujetties avec des bandelettes de peau croisées les unes sur les autres. A sa ceinture pendait une épée et un long couteau. Après m'avoir regardé pendant quelques instants, il leva la main, puis l'abaissa sur mon épaule en disant :

— Moi, je prends et garde ce Gaulois pour Elwig !

Les sourds murmures de plusieurs guerriers noirs accueillirent ces paroles de leur chef. Celui-ci reprit d'une voix plus éclatante encore :

— Riowag prend ce Gaulois pour la prêtresse Elwig ; il faut à Elwig un prisonnier pour ses augures.

L'avis du chef parut accepté par la majorité des guerriers noirs, car une foule de voix répétèrent :

— Oui, oui, il faut garder ce Gaulois pour Elwig...

— Il faut le conduire à Elwig !...

— Depuis plusieurs jours elle ne nous a pas fait d'augures...

— Et nous, nous ne voulons pas livrer ce prisonnier à Elwig ; non, nous ne le voulons pas, nous qui les premiers nous sommes emparés de ce Gaulois, — s'écria l'un de ceux qui m'avaient garrotté ; — nous voulons l'écorcher pour faire hommage de sa peau au grand chef Néroweg...

Peu m'importait le choix : être écorché vif ou être mis à bouillir dans une cuve d'airain ; je ne sentais pas le besoin de manifester ma préférence, et je ne pris nulle part au débat. Déjà ceux qui me voulaient écorcher regardaient d'un air farouche ceux qui voulaient me faire bouillir, et portaient la main à leurs couteaux, lorsqu'un guerrier noir, homme de conciliation, dit au chef :

— Riowag, tu veux livrer ce Gaulois à la prêtresse Elwig ?

— Oui, — répondit le chef, — oui... je le veux.

— Et vous autres, — poursuivit-il, — vous voulez offrir la peau de ce Gaulois au grand chef Néroweg ?

— Nous le voulons !...

— Vous pouvez être tous satisfaits...

Un grand silence se fit à ces mots de conciliation ; il continua :

— Ecorchez-le vif d'abord, et vous aurez sa peau... Elwig fera bouillir ensuite le corps dans sa chaudière.

Ce moyen terme sembla d'abord satisfaire les deux partis ; mais Riowag, le chef des guerriers noirs, reprit :

— Ne savez-vous pas qu'il faut à Elwig un prisonnier vivant, pour que ses augures soient certains? et vous ne lui donnerez qu'un cadavre en écorchant d'abord ce Gaulois...

Puis il ajouta d'une voix éclatante :

— Voulez-vous vous exposer au courroux des dieux infernaux en leur dérobant une victime?

A cette menace, un sourd frémissement courut dans la foule; le parti des écorcheurs parut lui-même céder à une terreur superstitieuse.

Le même homme de conciliation qui avait proposé de me faire écorcher et ensuite bouillir reprit :

— Les uns veulent faire offrande de ce Gaulois au grand chef Néroweg, les autres à la prêtresse Elwig; mais donner à l'une, c'est donner à l'autre : Elwig n'est-elle pas la sœur de Néroweg?...

— Et il serait le premier à vouer ce Gaulois aux dieux infernaux pour les rendre propices à nos armes, — dit Riowag.

Puis, se tournant vers moi, il ajouta d'un ton impérieux :

— Enlevez ce Gaulois sur vos épaules, et suivez-moi...

— Nous voulons ses dépouilles, — dit un de ceux qui s'était un des premiers emparé de moi, — nous voulons son casque, sa cuirasse, ses braies, sa ceinture, sa chemise; nous voulons tout, jusqu'à sa chaussure.

— Ce butin vous appartient, — répondit Riowag. — Vous l'aurez puisque Elwig dépouillera ce Gaulois de tous ses vêtements pour le mettre dans sa chaudière.

— Nous allons te suivre, Riowag, — reprirent-ils; — d'autres que nous s'empareraient des dépouilles du Gaulois.

— Oh! race pillarde, — m'écriai-je, — il est dommage que ma peau ne soit d'aucune valeur, car au lieu de la vouloir donner à votre chef, vous l'iriez vendre si vous pouviez.

— Oui, nous te l'arracherions ta peau, si tu ne devais être mis dans la chaudière d'Elwig.

Mes perplexités cessaient, je connaissais mon sort, je serais bouilli vif; je me serais résigné sans mot dire à une mort vaillante ou utile, mais cette mort me semblait si stérile, si absurde, que, voulant tenter un dernier effort, je dis au chef des guerriers noirs :

— Tu es injuste... plusieurs fois des guerriers franks sont venus dans le camp gaulois demander des échanges de prisonniers ; ces Franks ont toujours été respectés ; nous sommes en trêve, et en temps de trêve on ne met à mort que les espions qui s'introduisent furtivement dans un camp... Moi, je suis venu ici à la face du soleil, une branche d'arbre à la main, au nom de Victorin, fils de Victoria, la grande ; j'apporte de leur part un message aux chefs de l'armée franque... Prends garde ! si tu agis sans leur ordre, ils regretteront de ne pas m'avoir entendu, et ils pourront te faire payer cher ta trahison envers ce qui est partout respecté : un soldat sans armes qui vient en temps de trêve, en plein jour, le rameau de paix à la main.

A mes paroles, Riowag répondit par un signe, et quatre guerriers noirs, m'enlevant sur leurs épaules, m'emportèrent, suivant les pas de leur chef, qui se dirigea vers le camp des Franks d'un air solennel.

Au moment où ces barbares me soulevaient sur leurs épaules, j'entendis l'un de ceux qui voulaient m'écorcher vif dire à l'un de ses compagnons en termes grossiers :

— Riowag est l'amant d'Elwig ; il veut lui faire présent de ce prisonnier...

J'ai compris dès lors que Riowag, le chef des guerriers noirs, étant l'amant de la prêtresse Elwig, lui faisait galamment hommage de ma personne, de même que dans notre pays les fiancés offrent une colombe ou un chevreau à la jeune fille qu'ils aiment.

(Une chose t'étonnera peut-être dans ce récit, mon enfant, c'est que j'y mêle des paroles presque plaisantes, lorsqu'il s'agit de ces événements redoutables pour ma vie... Ne pense pas que ce soit parce qu'à cette heure où j'écris ceci j'ai échappé à tout danger... non... même au plus fort de ces périls, dont j'ai été délivré comme par prodige, ma liberté d'esprit était entière, la vieille raillerie gauloise, naturelle à notre race, mais longtemps engourdie chez nous par la honte et les douleurs de l'esclavage, m'était ainsi qu'à d'autres revenue pour ainsi dire avec notre liberté... Ainsi les réflexions que tu verras parfois se produire au moment où la mort me menaçait étaient sincères, et par suite de ma disposition d'esprit et de ma foi dans cette croyance de nos pères, que l'homme ne meurt jamais... et qu'en quittant ce monde-ci il va revivre ailleurs...)

Porté sur les épaules des quatre guerriers noirs, je traversai donc une partie du camp des Franks; ce camp immense, mais établi sans aucun ordre, se composait de tentes pour les chefs, et de tentes pour les soldats; c'était une sorte de ville sauvage et gigantesque : çà et là, on voyait leurs innombrables chariots de guerre, abrités derrière des retranchements construits en terre et renforcés de troncs d'arbres; selon l'usage de ces barbares, leurs infatigables petits chevaux maigres, au poil rude, hérissé, ayant un licou de corde pour bride, étaient attachés aux roues des chariots ou arbres dont ils rongeaient l'écorce... Les Franks, à peine vêtus de quelques peaux de bêtes, la barbe et les cheveux graissés de suif, offraient un aspect repoussant, stupide et féroce : les uns s'étendaient aux chauds rayons de ce soleil qu'ils venaient chercher du fond de leurs sombres et froides forêts; d'autres trouvaient un passe-temps à chercher la vermine sur leur corps velu, car ces barbares croupissaient dans une telle fange, que, bien qu'ils fussent campés en plein air, leur rassemblement exhalait une odeur infecte.

A l'aspect de ces hordes indisciplinées, mal armées, mais innombrables, et se recrutant incessamment de nouvelles peuplades, émigrant en masse des pays glacés du nord pour venir fondre sur notre fertile et riante Gaule, comme sur une proie, je songeais, malgré moi, à quelques mots de sinistre prédiction échappés à Victoria; mais bientôt je prenais en grand mépris ces barbares qui, trois ou quatre fois supérieurs en nombre à notre armée, n'avaient jamais pu, depuis plusieurs années, et malgré de sanglantes batailles, envahir notre sol, et s'étaient toujours vus repoussés au delà du Rhin, notre frontière naturelle.

En traversant une partie de ces campements, porté sur les épaules des quatre guerriers noirs, je fus poursuivi d'injures, de menaces et de cris de mort par les Franks qui me voyaient passer; plusieurs fois l'escorte dont j'étais accompagné fut obligée, d'après l'ordre de Riowag, de faire usage de ses armes pour m'empêcher d'être massacré. Nous sommes ainsi arrivés à peu de distance d'un bois épais. Je remarquai, en passant, une hutte plus grande et plus soigneusement construite que les autres, devant laquelle était plantée une barrière jaune et rouge. Un grand nombre de cavaliers vêtus de peaux d'ours, les uns en selle, les autres à pied à côté de leurs chevaux, et appuyés sur leurs longues lances, postés autour de cette habitation, annonçaient qu'un des chefs importants de leurs hordes l'occupait. J'essayai encore de persuader à Riowag, qui marchait à mes côtés, toujours grave et silencieux, de me conduire d'abord auprès de celui des chefs dont j'apercevais la bannière, après quoi l'on pourrait ensuite me tuer; mes instances ont été vaines, et nous sommes entrés dans un bois touffu, puis arrivés au milieu d'une grande clairière. J'ai vu à quelque distance de moi l'entrée d'une grotte naturelle, formée de gros blocs de roche grise, entre lesquels avaient poussé, çà et là, des sapins et des châtaigniers gigantesques; une source d'eau vive, filtrant parmi les pierres, tombait dans une sorte de bassin naturel. Non loin de cette caverne se trouvait une cuve d'airain assez étroite, et de la longueur d'un homme; un réseau de chaînes de fer garnissait l'orifice de cette infernale chaudière; elles servaient sans doute à y maintenir la victime que l'on y mettait bouillir vivante. Quatre grosses pierres supportaient cette cuve, au-dessous de laquelle on avait préparé un amas de broussailles et de gros bois; des os humains blanchis, et dispersés sur le sol, donnaient à ce lieu l'aspect d'un charnier. Enfin, au milieu de la clairière s'élevait une statue colossale à trois têtes, presque informe, taillée grossièrement à coups de hache dans un tronc d'arbre énorme et d'un aspect repoussant.

Riowag fit signe aux quatre guerriers noirs qui me portaient sur leurs épaules de s'arrêter au pied de la statue, et il entra seul dans la grotte, pendant que les hommes de mon escorte criaient :

— Elwig ! Elwig !....

— Elwig ! prêtresse des dieux infernaux !

— Réjouis-toi, Elwig, nous t'apportons de quoi remplir ta chaudière !

— Tu nous diras tes augures !

— Et tu nous apprendras si la terre des Gaules ne sera pas bientôt la nôtre !

Après une assez longue attente, la prêtresse, suivie de Riowag, apparut au dehors de la caverne.

Je m'attendais à voir quelque hideuse vieille, je me trompais : Elwig était jeune, grande et d'une sorte de beauté sauvage : ses yeux gris, surmontés d'épais sourcils naturellement roux, de même nuance que ses cheveux, étincelaient comme l'acier du long couteau dont elle était armée ; son nez en bec d'aigle, son front élevé lui donnaient une physionomie imposante et farouche. Elle était vêtue d'une longue tunique de couleur sombre ; son cou et ses bras nus étaient surchagés de grossiers colliers et de bracelets de cuivre, qui, dans sa marche, bruissaient, choqués les uns contre les autres, et sur lesquels, en s'approchant de moi, elle jeta plusieurs fois un regard de coquetterie sauvage. Sur son épaisse et longue chevelure rousse éparse autour de ses épaules, elle portait une espèce de chaperon écarlate, ridiculement imité de la charmante coiffure que les femmes gauloises avaient adoptée. Enfin, je crus remarquer (je ne me trompais pas) chez cette étrange créature ce mélange de hauteur et de vanité puérile particulier aux peuples barbares.

Riowag, debout à quelques pas d'elle, semblait la contempler avec admiration ; malgré sa couleur noire et les tatouages rouges sous lesquels son visage disparaissait, ses traits me parurent exprimer un violent amour, et ses yeux brillèrent de joie lorsque, par deux fois, Elwig, me désignant du geste, se retourna vers son amant, le sourire aux lèvres, pour le remercier sans doute de sa sanglante offrande. Je remarquai aussi sur les bras nus de cette infernale prêtresse deux tatouages ; ils me rappelèrent un souvenir de guerre.

L'un de ces tatouages représentait *deux serres d'oiseau de proie*; l'autre, *un serpent rouge*.

Elwig, tournant et retournant son couteau dans sa main, attachait sur moi ses grands yeux gris avec une satisfaction féroce, tandis que les guerriers noirs la contemplaient d'un air de crainte superstitieuse...

— Femme, — dis-je à la prêtresse, — je suis venu ici sans armes, le rameau de paix à la main, apportant un message aux grands chefs de vos hordes... On m'a saisi et garrotté... Je suis en ton pouvoir... tue-moi si tu le veux... mais auparavant, fais que je parle à l'un de vos chefs... cet entretien importe autant aux Franks qu'aux Gaulois, car c'est Victorin et sa mère Victoria la grande qui m'ont envoyé ici.

— Tu es envoyé ici par Victoria? — s'écria la prêtresse d'un air singulier, — Victoria que l'on dit si belle ?

— Oui.

Elwig réfléchit, et après un assez long silence, elle leva ses bras au-dessus de sa tête, brandit son couteau en prononçant je ne sais quelles mystérieuses paroles d'un ton à la fois menaçant et inspiré ; puis elle fit signe à ceux qui m'avaient amené de s'éloigner.

Tous obéirent et se dirigèrent lentement vers la lisière du bois dont était entourée la clairière.

Riowag resta seul, à quelques pas de la prêtresse. Se tournant alors vers lui, elle désigna d'un geste impérieux le bois où avaient disparu les autres guerriers noirs. Le chef n'obéissant pas à cet ordre, elle éleva la voix et redoubla son geste, en disant :

— Riowag !

Il insistait encore, tendant vers elle ses mains suppliantes; Elwig répéta d'une voix presque menaçante :

— Riowag! Riowag!

Le chef n'insista plus et disparut aussi dans le bois, sans pouvoir contenir un mouvement de colère.

Je restai seul avec la prêtresse, toujours garrotté, et couché au pied de la statue des divinités infernales. Elwig s'accroupit alors sur ses talons près de moi, et reprit :

— Tu es envoyé par Victoria pour parler aux chefs des Franks?

— Je te l'ai déjà dit.

— Tu es l'un des officiers de Victoria ?

— Je suis l'un de ses soldats.

— Elle t'affectionne?

— C'est ma sœur de lait, je suis pour elle un frère.

Ces mots parurent faire de nouveau réfléchir Elwig; elle garda encore le silence, puis continua :

— Victoria regrettera ta mort?

— Comme on regrette la mort d'un serviteur fidèle.

— Elle donnerait beaucoup pour te sauver la vie?

— Est-ce une rançon que tu veux?

Elwig se tut encore, et me dit avec un mélange d'embarras et d'astuce dont je fus frappé :

— Que Victoria vienne demander ta vie à mon frère, il la lui accordera; mais, écoute... on dit Victoria très-belle, les femmes belles aiment à se parer de ces magnifiques bijoux gaulois si renommés... Victoria doit avoir de superbes parures, puisqu'elle est la mère du chef des chefs de ton pays... Dis-lui qu'elle se couvre de ses plus riches ornements, cela réjouira les yeux de mon frère... Il en sera plus clément et accordera ta vie à Victoria.

Je crus dès lors deviner le piége que me tendait la prêtresse de l'enfer, avec cette ruse grossière naturelle aux sauvages; voulant m'en assurer je lui dis, sans répondre à ses dernières paroles :

— Ton frère est donc un puissant chef ?

— Il est plus que chef ! — me répondit orgueilleusement Elwig; il est ROI !

— Nous aussi, du temps de notre barbarie, nous avons eu des *rois*, et ton frère, comment s'appelle-t-il ?

— *Néroweg* surnommé l'*aigle terrible*.

— Tu as sur les bras deux figures représentant un serpent rouge et deux serres d'oiseau de proie : pourquoi cela ?

— Les pères de nos pères ont toujours, dans notre famille de rois, porté ces signes des vaillants et des subtils : *les serres de l'aigle*, c'est la vaillance; *le serpent*, c'est la subtilité... Mais assez parlé de mon frère, — ajouta Elwig avec une sombre impatience, car cet entretien semblait lui peser ; — veux-tu, oui ou non, engager Victoria à venir ici ?

— Un mot encore sur ton royal frère... Ne porte-t-il pas au front les deux mêmes signes que tu portes sur les bras ?

— Oui, — reprit-elle avec une impatience croissante, — oui, mon frère porte une serre d'aigle bleue au-dessus de chaque sourcil, et le serpent rouge en bandeau sur le front, parce que les rois portent un bandeau... Mais assez parlé de Néroweg... assez...

Et je crus voir sur les traits d'Elwig un ressentiment de haine à peine dissimulé en prononçant le nom de son frère; elle continua :

— Si tu ne veux pas mourir, écris à Victoria de venir dans notre camp parée de ses plus magnifiques bijoux. Elle se rendra seule dans un lieu que je te dirai... un endroit écarté que je connais... et moi-même je la conduirai auprès de mon frère, afin qu'elle obtienne ta grâce...

— Victoria venir seule dans ce camp ?... J'y suis venu, moi, comptant sur la franchise de la trêve... le rameau de paix à la main, et l'on a tué l'un de mes compagnons ; un autre a été blessé, puis l'on m'a livré à toi garrotté, pour être mis à mort...

— Victoria pourra se faire accompagner d'une petite escorte.

— Qui serait massacrée par tes gens !... l'embûche est trop grossière.

— Tu veux donc mourir ! — s'écria la prêtresse en grinçant les dents de rage et me menaçant de son couteau ; — on va rallumer le foyer de la chaudière... Je te ferai plonger vivant dans l'eau magique, et tu y bouilliras jusqu'à la mort... Une dernière fois, choisis... Ou tu vas mourir dans les supplices, ou tu vas écrire à Victoria de se rendre au camp parée de ses plus riches ornements... Choisis !... — ajouta-t-elle dans un redoublement de rage, en me menaçant encore de son couteau... — choisis... ou tu vas mourir.

Je savais qu'il n'était pas de race plus pillarde, plus cupide, plus vaniteuse que cette maudite race franque... Je remarquai que les grands yeux gris d'Elwig étincelaient de convoitise chaque fois qu'elle me parlait des magnifiques parures que, selon elle, devait posséder la mère des camps. L'accoutrement ridicule de la prêtresse, la profusion d'ornements sans valeur, dont elle se couvrait avec une coquetterie sauvage, pour plaire sans doute à Riowag, le chef des guerriers noirs ; et surtout la persistance qu'elle mettait à me demander que Victoria se rendît au camp couverte de riches ornements ; tout me donnait à penser qu'Elwig voulait attirer ma sœur de lait dans un piége pour l'égorger et lui voler ses bijoux. Cette embûche grossière ne faisait pas honneur à l'invention de l'infernale prêtresse ; mais sa vaniteuse cupidité pouvait me servir ; je lui répondis d'un air indifférent :

— Femme, tu veux me tuer si je n'engage pas Victoria à venir ici ? Tue-moi donc... fais bouillir ma chair et mes os... tu y perdras plus que tu ne sais, puisque tu es la sœur de Néroweg, l'aigle terrible, un des plus grands rois de vos hordes !...

— Que perdrai-je ?

— De magnifiques parures gauloises !

— Des parures... Quelles parures ? — s'écria Elwig d'un air de doute, quoique ses yeux brillassent plus que jamais de convoitise. — De quelles parures parles-tu?...

— Crois-tu que Victoria, la grande, en envoyant ici son frère de lait porter un message aux rois des Franks, ne leur ait pas envoyé, en gage de trêve, de riches présents pour leurs femmes et leurs sœurs, qui les ont accompagnés ou qui sont restées en Germanie?...

Elwig bondit sur ses talons, se releva d'un saut, jeta son couteau, frappa dans ses mains, poussa des éclats de rire presque insensés, puis s'accroupit de nouveau près de moi, me disant d'une voix entrecoupée, haletante :

— Des présents? tu apportes des présents?... quels sont-ils? où sont-ils?...

— Oui, j'apporte des présents capables d'éblouir une impératrice : colliers d'or ornés d'escarboucles, pendants d'oreilles de perles et de rubis, bracelets, ceintures et couronnes d'or, si chargés de pierreries, qu'ils resplendissent de tous les feux de l'arc-en-ciel... ces chefs-d'œuvre de nos plus habiles orfèvres gaulois... Je les apportais en présent... et puisque ton frère Néroweg, l'aigle terrible, est le plus puissant roi de vos hordes, tu aurais eu la plus grosse part de ces richesses...

Elwig m'avait écouté la bouche béante, les mains jointes, sans chercher à cacher l'admiration et l'effrénée cupidité que lui causait l'énumération de ces trésors... Mais soudain ses traits prirent une expression de doute et de courroux... Elle ramassa son couteau, et le levant sur moi, elle s'écria :

— Tu mens ou tu railles!... Ces trésors, où sont-ils?

— En sûreté... Sage a été ma précaution; car j'aurais été tué et dépouillé sans avoir accompli les ordres de Victoria et de son fils.

— Où les as-tu mis en sûreté, ces trésors?

— Ils sont restés dans la barque qui m'a amené ici... mes compagnons ont regagné le large et se sont ancrés dans les eaux du Rhin, hors de portée des flèches de tes gens.

— Il y a les barques du radeau à l'autre extrémité du camp, je vais faire poursuivre tes compagnons... j'aurai tes trésors !

— Erreur... Mes compagnons voyant au loin s'avancer vers eux des bateaux ennemis, se défieront, et comme ils ont une longue avance, ils regagneront sans danger l'autre rive du Rhin... Tel sera le fruit de la trahison des tiens envers moi... Allons, femme, fais-moi bouillir pour tes augures infernaux !... Mes os, blanchis dans ta chaudière, se changeront peut-être par ta magie en parures magnifiques !...

— Mais ces trésors, — reprit Elwig, luttant contre ses dernières défiances, — ces trésors, puisque tu ne les avais pas apportés avec toi, quand les aurais-tu donnés aux rois de nos hordes ?

— En les quittant ; je croyais être accueilli et reconduit par eux en envoyé de paix... Alors, mes compagnons auraient abordé au rivage pour venir me chercher ; j'aurais pris dans la barque les présents pour les distribuer aux rois au nom de Victoria et de son fils.

La prêtresse me regarda encore pendant quelques instants d'un air sombre, paraissant céder tour à tour à la méfiance et à la cupidité. Enfin, vaincue sans doute pas ce dernier sentiment, elle se leva et appela d'une voix forte, et par un nom bizarre, une personne jusqu'alors invisible.

Presque aussitôt sortit de la caverne une hideuse vieille à cheveux gris, vêtue d'une robe souillée de sang, car elle aidait sans doute la prêtresse dans ses horribles sacrifices. Elle échangea quelques mots à voix basse avec Elwig, et disparut dans le bois où s'étaient retirés les guerriers noirs.

La prêtresse, s'accroupissant de nouveau près de moi, me dit d'une voix basse et sourde :

— Tu veux entretenir mon frère le roi Néroweg, l'aigle terrible... je l'envoie chercher... il va venir ; mais tu ne lui parleras pas de ces trésors.

— Pourquoi ?

— Il les garderait...

— Quoi... lui, ton frère, ne partagerait pas les richesses avec toi, sa sœur !...

Un sourire amer contracta les lèvres d'Elwig ; elle reprit :

— Mon frère a failli m'abattre le bras d'un coup de hache parce que j'ai voulu toucher à une part de son butin...

— Est-ce ainsi que frères et sœurs se traitent parmi les Franks?

— Chez les Franks, — répondit Elwig d'un air de plus en plus sinistre, — le guerrier a pour premières esclaves sa mère, sa sœur et ses femmes...

— Ses femmes !... en ont-ils donc plusieurs ?...

— Toutes celles qu'ils peuvent enlever et nourrir... de même qu'ils ont autant de chevaux qu'ils en peuvent nourrir...

— Quoi ! une sainte et éternelle union n'attache pas, comme chez nous, l'époux à la mère de ses enfants ?... Quoi ! sœurs, femmes, mères, sont esclaves ?... Bénie des dieux est la Gaule ! mon pays, où nos mères et nos épouses, vénérées de tous, siégent fièrement dans les conseils de la nation, et font prévaloir leurs avis, souvent plus sages que celui de leurs maris et de leurs fils...

Elwig, palpitante de cupidité, ne répondit pas à mes paroles, et reprit :

— De ces trésors, tu ne parleras donc pas à Néroweg ; il les garderait pour lui... tu attendras la nuit pour quitter le camp... Je te dirai la route ; je t'accompagnerai, tu me donneras tous les présents, à moi seule... à moi seule !...

Et poussant de nouveau des éclats de rire d'une joie presque insensée, elle ajouta :

— Bracelets d'or ! colliers de perles ! boucles d'oreilles de rubis ! diadèmes de pierreries !... Je serai belle comme une impératrice !... oh ! je serai très-belle aux yeux de Riowag !...

Puis, jetant un regard de mépris sur ses grossiers bracelets de cuivre, qu'elle fit bruire en secouant ses bras... elle répéta :

— Je serai très-belle aux yeux de Riowag!...

— Femme, — lui dis-je, — ton avis est prudent; il faudra attendre la nuit pour quitter tous deux le camp et regagner le rivage!...

Puis voulant mettre davantage Elwig en confiance avec moi en paraissant m'intéresser à sa vaniteuse cupidité, j'ajoutai:

— Mais si ton frère te voit parée de ces magnifiques bijoux, il te les prendra... peut-être?...

— Non, — me répondit-elle d'un air étrange et sinistre, — non, il ne me les prendra pas...

— Si Néroweg, l'aigle terrible, est aussi violent que tu le dis, s'il a failli une fois t'abattre le bras pour avoir voulu toucher à sa part de butin, — lui dis-je, surpris de sa réponse, et voulant pénétrer le fond de sa pensée, — qui empêchera ton frère de s'emparer de ces parures?

Elle me montra son large couteau avec une expression de férocité froide qui me fit tressaillir, et me dit:

— Quand j'aurai le trésor... cette nuit, j'entrerai dans la hutte de mon frère... je partagerai son lit, comme d'habitude... et pendant qu'il dormira, moi, vois-tu, je le tuerai...

— Ton frère! — m'écriai-je en frémissant, et croyant à peine à ce que j'entendais, quoique le récit de l'épouvantable dissolution des mœurs des Franks ne fût pas nouveau pour moi. — Ton frère!... tu partages son lit?...

La prêtresse ne parut pas surprise de mon étonnement, et me répondit d'un air sombre:

— Je partage le lit de mon frère depuis qu'il m'a fait violence... C'est le sort de presque toutes les sœurs des rois franks qui les suivent à la guerre... Ne t'ai-je pas dit que leurs sœurs, leurs mères et leurs filles étaient les premières esclaves de nos maîtres? et quelle est l'esclave qui, de gré ou de force, ne partage pas le coucher de son maître? Mon père a fait violence à sa mère, qui était belle encore... et, un jour, me poursuivant, il a...

— Tais-toi, femme!... — m'écriai-je en l'interrompant, — tais-toi! tes monstrueuses paroles attireraient sur nous la foudre des cieux!...

Et, sans pouvoir ajouter un mot, je contemplai cette créature avec horreur... Ce mélange de débauche, de cupidité, de barbarie et de confiance stupide, puisque Elwig s'ouvrait à moi, qu'elle voyait pour la première fois, à moi, un ennemi, sur le fratricide qu'elle voulait commettre... ce fratricide, précédé de l'inceste, subi par cette prêtresse d'un culte sanglant, qui partageait le lit de son frère et se donnait à un autre homme... tout cela m'épouvantait, quoique j'eusse entendu, je le répète, souvent parler des abominables mœurs de ces barbares dissolus et féroces.

Elwig ne semblait pas se douter de la cause de mon silence et du dégoût qu'elle m'inspirait; elle murmurait quelques paroles inintelligibles en comptant les bracelets de cuivre dont ses bras étaient chargés ; après quoi elle me dit d'un air pensif :

— Aurai-je bien neuf beaux bracelets de pierreries pour remplacer ceux-ci?... Tous tiendront-ils dans un petit sac que je cacherai sous ma robe en revenant à la hutte du roi mon frère pour partager son lit et le tuer pendant son sommeil?

Cette férocité froide, et pour ainsi dire naïve, redoubla l'aversion que m'inspirait cette créature. Je gardai le silence; alors elle s'écria :

— Tu ne me réponds pas au sujet de ces bijoux? Fais-tu le muet?

Puis, paraissant frappée d'une idée subite, elle ajouta :

— Et j'ai parlé!... S'il allait tout dire à Neroweg!... Il me tuerait, moi et Riowag... La pensée de ces trésors m'a rendue folle!

Et elle se mit à appeler de nouveau, en se tournant vers la caverne.

Une seconde vieille, non moins hideuse que la première, accourut tenant en main un os de bœuf où pendait un lambeau de chair à demi cuite qu'elle rongeait.

— Accours ici, — lui dit la prêtresse, — et laisse là ton os.

La vieille obéit à regret et en grondant, ainsi qu'un chien à qui l'on ôte sa proie, déposa l'os sur l'une des pierres saillantes de l'entrée de la grotte, et s'approcha en s'essuyant les lèvres.

— Fais du feu sous la cuve d'airain, — dit la prêtresse à la vieille.

Celle-ci retourna dans la caverne, en rapporta d'une main quelques brandons enflammés. Bientôt un ardent brâsier brûla sous la chaudière.

— Maintenant, — dit Elwig à la vieille en me montrant, étendu que j'étais toujours à terre, aux pieds de la divinité infernale, les mains liées derrière le dos et les jambes attachées.

— Agenouille-toi sur lui.

Je ne pouvais faire un mouvement; la hideuse vieille se mit à genoux sur la cuirasse dont ma poitrine était couverte, et dit à la prêtresse :

— Que faut-il faire ?

— Tiens-lui la langue... je la lui couperai.

Je compris alors qu'Elwig, d'abord entraînée à de dangereuses confidences par sa sauvage convoitise, se reprochant d'avoir inconsidérément parlé de ses horribles amours et de ses projets fratricides, ne trouvait pas de meilleur moyen de me forcer au silence envers son frère qu'en me coupant la langue. Je crus ce projet facile à concevoir, mais difficile à exécuter, car je serrai les dents de toutes mes forces.

— Serre-lui le cou, — dit Elwig à la vieille; — il ouvrira la bouche, tirera la langue, et je la couperai.

La vieille, toujours agenouillée sur ma cuirasse, se pencha si près de moi, que son hideux visage touchait presque le mien. De dégoût je fermai les yeux ; bientôt je sentis les doigts crochus et nerveux de la suivante de la prêtresse me serrer la gorge. Pendant quelques instants, je luttai contre la suffocation et ne desserrai pas les dents ; mais enfin, selon qu'Elwig l'avait prévu, je me sentis prêt à étouffer et j'ouvris malgré moi la bouche. Elwig y plongea aussitôt ses doigts pour saisir ma langue. Je les mordis si cruellement, qu'elle les retira en poussant un cri de douleur. A ce cri, je vis sortir du bois, où ils s'étaient retirés par ordre de la prêtresse, les guerriers noirs et Riowag. Celui-ci accourait ; mais il s'arrêta indécis à la vue d'une troupe de Franks arrivant du côté opposé et entrant dans la clairière ; l'un de ces derniers venus criait d'une voix rauque et impérieuse :

— Elwig !

— Le roi mon frère ! — murmura la prêtresse, toujours agenouillée près de moi.

Et elle me parut chercher son couteau, tombé à terre pendant notre lutte d'un moment.

— Ne crains rien... je serai muet... Tu auras le trésor pour toi seule, — dis-je tout bas à Elwig, de crainte que dans sa terreur elle ne me tuât. J'espérais, à tout hasard, m'assurer son appui et me ménager les moyens de fuir en flattant sa cupidité.

Soit qu'Elwig crût à ma parole, soit que la présence de son frère l'empêchât de m'égorger, elle me jeta un regard significatif, et resta agenouillée à mes côtés, la tête penchée sur sa poitrine d'un air méditatif ; la vieille, s'étant relevée, ne pesait plus sur ma cuirasse ; je pus respirer librement, et je vis l'aigle terrible debout, à deux pas de moi, escorté de quelques autres ROIS franks, comme s'appellent ces chefs de pillards.

Néroweg était d'une taille colossale ; sa barbe, grâce à l'usage de l'eau de chaux, était devenue, d'un rouge de cuivre, ainsi que ses cheveux graissés et relevés autour de son front ; nouée par une tresse de cuir, au sommet de sa tête, cette chevelure retombait derrière ses épaules, comme la crinière d'un casque ; au-dessus de chacun de ses épais sourcils roux, je vis une serre d'aigle tatouée en bleu, tandis qu'un autre tatouage écarlate, représentant les ondulations d'un serpent, ceignait son front ; sa joue gauche était aussi recouverte d'un tatouage rouge et bleu, composé de raies transversales ; mais sur la joue droite, ce sauvage ornement disparaissait presque entièrement dans la profondeur d'une cicatrice commençant au-dessous de l'œil et allant se perdre dans sa barbe hérissée. De lourdes plaques d'or grossièrement travaillées, attachées à ses oreilles, les distendaient et tombaient sur ses épaules, un gros collier d'argent faisait deux ou trois fois le tour de son cou et tombait jusque sur sa poitrine demi-nue. Il avait pour vêtement, par-dessus sa tunique de toile, presque noire, tant elle était malpropre, une casaque de peau de bête. Ses chausses, de même étoffe et de même saleté que sa tunique, la rejoignaient et y étaient assujetties par un large ceinturon de cuir où pendaient, d'un côté, une longue épée, de l'autre, une hache de pierre tranchante; de larges bandes de peau tannée (de peau humaine peut-être) se croisaient sur ses chausses, depuis le cou-de-pied jusqu'au dessus du genou; il s'appuyait sur une demi-pique armée d'un fer aigu. Les autres rois qui accompagnaient Néroweg étaient à peu près tatoués, vêtus et armés comme lui, tous avaient les traits empreints d'une gravité farouche.

Elwig, toujours agenouillée silencieusement près de moi, avait jusqu'alors caché ma figure à Néroweg. Il toucha brutalement, du bout du manche de sa pique, les épaules de sa sœur, et lui dit durement :

— Pourquoi m'as-tu envoyé querir avant de faire bouillir pour tes augures ce chien gaulois... dont mes écorcheurs voulaient me donner la peau?

— L'heure n'est pas propice, — reprit la prêtresse d'un ton mystérieux et saccadé; — l'heure de la nuit... de la nuit noire, vaut mieux pour sacrifier aux dieux infernaux... Ce Gaulois dit avoir été chargé d'un message pour toi, ô puissant roi! par Victoria et par son fils.

Néroweg s'approcha davantage et me regarda, d'abord avec une dédaigneuse indifférence; puis, m'examinant plus attentivement, et se baissant pour mieux m'envisager, ses traits prirent soudain une expression de haine et de rage triomphante, et il s'écria, comme s'il ne pouvait en croire ses yeux :

— C'est lui!... c'est le cavalier au cheval gris... c'est lui!...

— Tu le connais?... — demanda Elwig à son frère. — Tu connais ce prisonnier?...

— Va-t'en! — reprit brusquement Néroweg. — Hors d'ici!

Puis, me contemplant de nouveau, il répéta :

— C'est lui... le cavalier au cheval gris!...

— L'as-tu donc rencontré à la bataille? — demanda de nouveau Elwig à son frère. — Réponds...

— T'en iras-tu! — reprit Néroweg en levant son bâton sur la prêtresse. — J'ai parlé! va-t'en!...

J'avais les yeux, à ce moment, fixés sur le groupe des guerriers noirs; je vis Riowag, le roi des guerriers noirs, à peine contenu par ses compagnons, porter la main à son épée, pour venger sans doute l'insulte faite à Elwig par Néroweg.

Mais la prêtresse, loin d'obéir à son frère, et craignant sans doute qu'en son absence je ne parlasse à l'aigle terrible des projets fratricides de sa sœur incestueuse, et des riches présents de Victoria, s'écria :

— Non... non... je reste ici... Ce prisonnier m'appartient pour mes augures... Je ne m'éloigne pas de lui... je le garde...

Néroweg, pour toute réponse, asséna plusieurs coups du manche de sa pique sur le dos d'Elwig; puis il fit un signe, et plusieurs hommes de ceux dont il était accompagné repoussèrent violemment la prêtresse, ainsi que les deux vieilles, dans la caverne, dont ils gardèrent l'issue l'épée à la main.

Il fallut que les guerriers noirs qui entouraient leur roi Riowag fissent de grands efforts pour l'empêcher de se précipiter, l'épée à la main, sur l'Aigle terrible; mais, celui-ci, ne songeant qu'à moi, ne s'aperçut pas de la fureur de son rival, et me dit d'une voix tremblante de colère, en me crossant du pied :

— Me reconnais-tu, chien?

— Je te reconnais...

— Cette blessure, — reprit Néroweg en portant son doigt à la profonde cicatrice dont sa joue était sillonnée, — cette blessure, la reconnais-tu?...

— Oui, c'est mon œuvre... Je t'ai combattu en soldat...

— Tu mens!... tu m'as combattu en lâche... deux contre un...

— Tu attaquais avec furie le fils de Victoria, la grande; il était déjà blessé... sa main pouvait à peine soutenir son épée... je suis venu à son aide...

— Et tu m'as marqué à la face de ton sabre gaulois!... chien...

En disant cela, Néroweg m'asséna plusieurs coups du manche de sa pique, à la grande risée des autres rois.

Je me rappelai mon aïeul Guilhern, enchaîné comme esclave, et supportant avec dignité les lâches et cruels traitements des Romains, après la bataille de Vannes... Je l'imitai, je dit simplement à Néroweg :

— Tu frappes un soldat désarmé, garrotté, qui, confiant dans la trêve, est venu pacifiquement vers toi... c'est une grand lâcheté!... Tu n'oserais pas lever ton bâton sur moi, si j'étais debout, une épée à la main...

Le chef frank se mettant à rire d'un rire cruel et grossier, me répondit :

— Fou est celui qui pouvant tuer son ennemi désarmé, ne le tue pas... Je voudrais pouvoir te tuer deux fois... Tu es doublement mon ennemi... Je te hais parce que tu es Gaulois, je te hais parce que ta race possède la Gaule, le pays du soleil, du bon vin et des belles femmes... je te hais parce que tu m'as marqué à la face, et que cette blessure fait ma honte éternelle... Je veux donc te faire tant souffrir, que tes souffrances vaillent deux morts, mille morts, si je peux... chien gaulois!...

— Le chien gaulois est un noble animal de chasse et de guerre, — lui dis-je; — le loup frank est un animal de rapine et de carnage; mais avant peu les braves chiens gaulois auront chassé de leurs frontières cette bande de loups voraces, sortis des forêts du nord... Prends garde!... Si tu refuses d'écouter le message de Victoria, la grande, et de son vaillant fils... pends garde!... Entre le loup frank et le chien gaulois, ce sera une guerre à mort, une guerre d'extermination.

Néroweg, grinçant les dents de rage, saisit à son côté sa hache, et la tenant des deux mains, la leva sur moi pour me briser la tête... Je me crus à mon heure dernière; mais deux des autres rois arrêtèrent le bras du frère d'Elwig, et ils lui dirent quelques mots à voix basse, qui parurent le calmer. Il se concerta ensuite avec ses compagnons, et me dit :

— Quel est le message dont tu es chargé par Victoria pour les rois des Franks?

— Le messager de Victorin et de Victoria, la grande, doit parler debout, sans liens, le front baut... et non étendu à terre et garrotté comme le bœuf qui attend le couteau du boucher... Fais-moi délivrer de mes liens, et je parlerai... sinon, non!...

— Parle à l'instant... sans condition, chien gaulois!...

— Non!...

— Je saurai te faire parler!

— Essaie!

Néroweg dit quelques mots à l'un des autres rois. Celui-ci alla prendre sous la cuve d'airain deux tisons enflammés; l'on me saisit par les épaules et par les pieds, afin de m'empêcher de faire un mouvement, tandis que le Frank, plaçant et maintenant les tisons sur le fer de ma cuirasse, y établissait ainsi une sorte de brasier, aux grands éclats de rire de Néroveg, qui me dit :

— Tu parleras! ou tu seras grillé comme la tortue dans son écaille.

Le fer de ma cuirasse commençait à s'échauffer sous ce brasier, que deux des rois franks attisaient de leur souffle. Je souffrais beaucoup, et je m'écriai :

— Ah! Néroweg.. Néroweg!... lâche bourreau! j'endurerais ces tortures avec joie pour me trouver une fois encore face à face avec toi, une bonne épée à la main, et te marquer à l'autre joue!... Oh! tu l'as dit... entre nos deux races... haine à mort!...

— Quel est le message de Victoria? — reprit l'Aigle terrible. — Réponds...

Je restai muet, quoique la douleur devînt pour moi fort grande... le fer de ma cuirasse s'échauffant de plus en plus et dans toutes ses parties :

— Parleras-tu? — s'écria de nouveau le chef frank, qui parut étonné de ma constance.

— Je te l'ai dit : Le messager de Victoria parle debout et libre! — ai-je répondu, — sinon, non!...

Soit que le roi frank crût de son intérêt de connaître le message que j'apportais, soit qu'il se rendît aux observations de ses compagnons, moins féroces que lui, l'un d'eux déboucla la mentonnière de mon casque, me l'ôta de dessus la tête, alla le remplir d'eau à la fontaine qui sourdait entre les roches de la caverne, et versa cette eau fraîche sur ma cuirasse brûlante, elle se refroidit ainsi peu à peu.

— Délivrez-le de ses liens, — dit Néroweg ; — mais entourez-le... et qu'il tombe percé de coups s'il veut tenter de fuir...

Je repris mes forces pendant que l'on ôtait mes liens ; car la douleur m'avait fait presque défaillir. Je bus un peu d'eau restant au fond du casque ; puis je me levai au milieu des rois franks qui m'entouraient, afin de me couper toute retraite.

Néroweg me dit :

— Quel est ton message?

— Une trêve a été convenue entre nos deux armées... Victoria et son fils m'envoient vous dire ceci : Depuis que vous avez quitté vos forêts du nord, vous possédez tout le pays d'Allemagne qui s'étend sur la rive gauche du Rhin... Ce sol est aussi fertile que celui de la Gaule. Avant votre invasion, il produisait tout avec abondance ; vos violences, vos cruautés ont fait fuir presque tous ses habitants ; mais le sol reste un sol fertile... Pourquoi ne le cultivez-vous pas, au lieu de nous guerroyer sans cesse et de vivre de rapines? Est-ce l'amour de batailler qui vous pousse?... Nous comprenons mieux que personne, nous autres Gaulois, cette outre-vaillance, et nous y voulons bien satisfaire; envoyez à chaque lune nouvelle, mille, deux mille guerriers d'élite, dans une des grandes îles du Rhin, notre frontière commune; nous enverrons pareil nombre de guerriers; on se combattra rudement, et selon le bon plaisir de chacun; mais du moins, vous, Franks, d'un côté du Rhin, nous, Gaulois, de l'autre, nous pourrons en paix cultiver nos champs, travailler, fabriquer, enrichir nos pays, sans être obligés, chose mauvaise, d'avoir toujours un œil sur la frontière et une épée pendue au manche de la charrue. Si vous refusez ceci, nous vous ferons une guerre d'extermination pour vous chasser de nos frontières et vous refouler dans vos forêts! Lorsqu'on est si voisins, et seulement séparés par un fleuve, il faut être amis, ou que l'un des deux peuples détruise l'autre... Choisissez!... J'ai dit, au nom de Victoria, la grande, et de son fils Victorin, j'ai dit!

Néroweg se consulta avec plusieurs des rois dont il était entouré, et me répondit insolemment :

— Le Frank n'est pas de ces races viles, comme la race gauloise, qui cultivent la terre et travaillent : le Frank aime la bataille; mais il aime surtout le soleil, le bon vin, les belles armes, les belles étoffes, les coupes d'or et d'argent, les riches colliers, les grandes villes bien bâties, les palais superbes à la mode romaine, les jolies femmes gauloises, les esclaves laborieux et soumis au fouet, qui travaillent pour leurs maîtres, tandis que ceux-ci boivent, chantent, dorment, font l'amour ou la guerre... Mais dans leur sombre pays du nord, les Franks ne trouvent ni bon soleil, ni bon vin, ni belles armes, ni belles étoffes, ni coupes d'or et d'argent, ni grandes villes bien bâties, ni palais superbes, ni jolies femmes gauloises... Tout cela se trouve chez vous, chiens gaulois... Nous voulons vous le prendre... oui, nous voulons nous établir dans votre pays fertile... jouir de tout ce qu'il renferme, tandis que vous travaillerez pour nous, courbés sous notre forte épée, et que vos femmes, vos filles, vos sœurs coucheront dans notre lit, fileront la toile de nos chemises et les laveront au lavoir... Entends-tu cela, chien gaulois?

Les autres chefs approuvèrent les paroles de Néroweg par leurs rires et leurs clameurs, et tous répétèrent :

— Oui... voilà ce que nous voulons... entends-tu cela, chien gaulois?

— J'entends... — ai-je répondu, ne pouvant m'empêcher de railler cette sauvage insolence. — J'entends... vous voulez nous conquérir et nous asservir comme l'ont fait pendant un temps les Romains, après que notre race a eu dominé, vaincu l'univers durant des siècles... Mais, honnêtes barbares, qui aimez tant le soleil, le bien, le pays et les femmes d'autrui, vous oubliez que les Romains, malgré leur puissance universelle et leurs innombrables armées, ont été forcés par nos armes de nous rendre une à une toutes nos libertés ; de sorte, qu'à cette heure, les Romains ne sont plus nos conquérants, mais nos alliés... Or, mes honnêtes barbares, qui aimez tant le soleil, le pays, le bien et les femmes d'autrui, écoutez ceci : Nous autres Gaulois, seuls et sans l'alliance romaine, nous vous chasserons de nos frontières, ou nous vous exterminerons jusqu'au dernier, si vous persistez à être de mauvais voisins, et à prétendre nous larronner notre vieille Gaule !...

— Oui, larrons nous sommes ! — s'écria Néroweg, — et, par les neiges de la Germanie ! nous larronnerons la Gaule !... Notre armée est quatre fois plus nombreuse que la vôtre ; vous avez à défendre vos palais, vos villes, vos richesses, vos femmes, votre soleil, votre terre fertile... Nous n'avons, nous, rien à défendre et tout à prendre : nous campons sous nos huttes ou nous dormons sur l'épaule de nos chevaux ; notre seule richesse est notre épée ; nous n'avons rien à perdre, tout à gagner... Nous gagnerons tout, et nous asservirons ta race, chien gaulois !...

— Va demander aux Romains, dont l'armée était plus nombreuse que la tienne, combien la vieille terre des Gaules a dévoré de cohortes étrangères! Les plus grandes batailles qu'ils aient livrées, ces conquérants du monde, ne leur ont pas coûté le quart de soldats que nos pères, esclaves insurgés, ont exterminés à coups de faux et de fourche... Prends garde! prends garde!... quand il défend son sol, son foyer, sa famille, sa liberté, bien forte est l'épée du soldat gaulois... bien tranchante est la faux, bien lourde est la fourche du paysan gaulois!... Prenez garde! prenez garde! si vous restez mauvais voisins, la faux et la fourche gauloise suffiront pour vous chasser dans vos neiges, gens de paresse, de rapine et de carnage, qui voulez jouir du travail, du sol, de la femme et du soleil d'autrui, de par le vol et le massacre!...

— Et c'est toi, chien gaulois, qui oses parler ainsi? — s'écria Néroweg en grinçant les dents, — toi, prisonnier! toi, sous la pointe de nos épées!...

— Le moment me paraît bon, à moi, pour dire ceci.

— Et le moment me paraît bon, à moi, pour te faire souffrir mille morts! — s'écria le chef frank, non moins furieux que ses compagnons. — Oui, tu vas souffrir mille morts... après quoi, ma seule réponse à l'audacieux message de ta Victoria sera de lui envoyer ta tête, et de lui faire dire de ma part, à moi, Néroweg, l'Aigle terrible, puisqu'elle est belle encore, ta Victoria la grande, qu'avant que le soleil se soit levé six fois, j'irai la prendre au milieu de son camp, qu'elle partagera mon lit, et qu'après, je la livrerai à mes hommes pour qu'ils s'amusent à leur tour de Victoria, la grande et fière Gauloise.

A cette féroce insolence, dite sur la femme que je vénérais le plus au monde, j'ai perdu, malgré moi, mon sang-froid; j'étais désarmé, mais j'ai ramassé à mes pieds l'un des tisons alors éteints, dont les Franks s'étaient servis pour me torturer. J'ai saisi cette lourde bûche, et j'en ai si rudement frappé Néroweg à la tête, qu'étourdi du coup, et faisant deux pas en arrière, il a trébuché et est tombé sans mouvement, sans connaissance.

Aussitôt dix coups d'épée me frappèrent à la fois; mais mon casque et ma cuirasse me préservèrent; car, dans leur aveugle rage, les chefs franks me portèrent au hasard les premières atteintes en criant:

— A mort!...

Riowag, le chef des guerriers noirs, Riowag seul ne chercha pas à venger sur moi le coup que j'avais porté à son rival Néroweg; il profita du tumulte pour entrer dans la caverne où l'on avait repoussé Elwig; car les deux chefs, qui, l'épée à la main, gardaient l'issue de cette grotte, étaient accourus au secours de l'Aigle terrible renversé à quelques pas de là.

Peu d'instants après que Riowag fut entré dans la grotte, la prêtresse et les deux vieilles se précipitèrent hors de leur repaire, les cheveux en désordre, l'air hagard, les mains levées au ciel en s'écriant:

— L'heure est venue... le soleil baisse... la nuit approche... à mort!... à mort, le Gaulois!... Il a frappé l'Aigle terrible... A mort! à mort, le Gaulois!... Garrottez-le!... Nous allons lire les augures dans l'eau magique où il va bouillir...

— Oui... à mort! — crièrent les Franks en se précipitant sur moi, et me chargeant de nouveaux liens. — Qu'il périsse dans un long supplice!...

— Les prêtresses du supplice, c'est nous... — s'écrièrent à la fois Elwig et les deux vieilles, en redoublant de contorsions bizarres qui semblaient peu à peu frapper les chefs franks d'une terreur superstitieuse.

— O toi, qui as frappé mon frère, le sang de mon sang! — s'écriait Elwig en se tordant les bras, poussant des hurlements affreux, et se jetant sur moi avec une furie feinte ou réelle, je ne savais encore. — Les dieux infernaux t'ont livré à moi!... Venez, venez... entraînons-le dans la caverne, — ajouta-t-elle en s'adressant aux deux vieilles; — il faut le préparer à la mort par les tortures...

Le trouble jeté au milieu des Franks par le coup que j'avais porté à Néroweg, les empêcha d'abord de s'opposer au dessein d'Elwig et des deux vieilles ; plusieurs chefs même se joignirent à elles pour me pousser dans la caverne, tandis que d'autres s'empressaient autour de l'Aigle terrible, étendu à terre, pâle, inanimé, le front sanglant.

— Notre grand chef n'est pas mort, — disaient les uns ; — ses mains sont chaudes et son cœur bat.

— Il faut le transporter dans sa hutte.

— S'il meurt, nous tirerons au sort ses cinq chevaux noirs et sa belle épée gauloise à poignée d'or.

— Les chevaux et les armes de Néroweg appartiennent au plus ancien chef après lui ! — s'écria l'un de ceux qui soutenaient l'Aigle terrible. — Et ce chef, c'est moi... A moi donc les chevaux et les armes !...

— Tu mens !... — dit celui qui soutenait Néroweg de l'autre côté. — Ses chevaux et ses armes m'appartiennent ; je suis son plus ancien compagnon de guerre ; il m'a dit : Si je meurs, mes armes et mes chevaux seront à toi.

— Non ! — crièrent les autres chefs, — non ! tout ce qui vient de Néroweg doit être tiré au sort entre nous.

Du seuil de la caverne, où j'entrais alors, je vis la dispute s'animer : les épées brillèrent et se croisèrent au milieu d'un bruyant tumulte, pendant que Néroweg, toujours inanimé, était abandonné et foulé aux pieds pendant cette lutte ; elle allait devenir sanglante, lorsque Elwig, me laissant aux abords de son repaire, s'élança parmi les combattants, qu'elle s'efforça de séparer, en criant d'une voix éclatante :

— Honte et malheur aux lâches qui se disputent les dépouilles de celui qui n'est ni mort ni vengé !... Honte et malheur aux lâches qui se disputent les dépouilles du frère devant sa sœur !... Honte et malheur aux impies qui troublent le repos des lieux consacrés aux dieux infernaux !...

Puis, l'air inspiré, terrible, elle se dressa de toute sa hauteur, leva ses deux mains fermées au-dessus de sa tête en s'écriant :

— J'ai les deux mains remplies de malheurs redoutables... Faut-il que je les ouvre sur vous?... Tremblez ! tremblez !...

A cette menace, les barbares effrayés courbèrent involontairement la tête, comme s'ils eussent craint d'être atteints par ces mystérieux malheurs, qui allaient s'échapper des mains de la prêtresse. Ils remirent leurs épées dans le fourreau : un grand silence se fit.

— Emportez l'Aigle terrible dans sa hutte, — dit alors Elwig ; — la sœur va accompagner son frère blessé... le prisonnier gaulois sera gardé dans cette caverne par *Map* et *Mob*, qui m'aident aux sacrifices... Deux d'entre vous resteront à l'entrée de la caverne, l'épée à la main... La nuit approche... quand elle sera venue, Elwig reviendra ici avec Néroweg... Le supplice du prisonnier commencera, et je lirai les augures dans les eaux magiques où il doit bouillir jusqu'à la mort !...

Mon dernier espoir m'abandonna : Elwig, devant revenir avec son frère, renonçait sans doute au dessein que lui avait inspiré sa cupidité, dessein où je voyais mon salut... J'étais solidement garrotté, les mains fixées derrière le dos, un ceinturon enlaçant mes jambes me permettait à peine de marcher à très-petits pas. Je suivis les deux vieilles dans la grotte dont l'entrée fut gardée par plusieurs chefs armés. Plus j'avançais dans l'intérieur de ce souterrain, plus il devenait obscur. Après avoir ainsi assez longtemps marché sous la conduite des deux vieilles, l'une d'elles me dit :

— Couche-toi à terre si tu veux ; le soleil a disparu ; je vais, avec ma compagne, en attendant le retour d'Elwig, entretenir le feu sous la chaudière...tu n'attendras pas beaucoup.

Les vieilles me quittèrent... je restai seul.

Je voyais au loin l'entrée de la caverne devenir de plus en plus sombre, à mesure que le crépuscule faisait place à la nuit. Bientôt, de ce côté, les ténèbres furent complètes; seulement, de temps à autre, le feu, avivé par les vieilles sous la cuve d'airain, jetait dans la nuit noire des clartés rougeâtres, qui venaient mourir au seuil de la grotte.

J'essayai de rompre mes liens ; une fois les jambes et les mains libres, j'aurais tenté de désarmer l'un des Franks gardiens de l'antre, et, l'épée à la main, protégé par l'obscurité, je me serais dirigé vers les bords du Rhin, guidé par le bruit des grandes eaux du fleuve. Peut-être Douarnek, malgré mes ordres, ne se serait-il pas encore éloigné de la rive pour regagner notre camp; mais, malgré mes efforts, je ne pus rompre les cordes d'arc et les ceinturons dont j'étais garrotté. Déjà une sourde et croissante rumeur m'annonçait qu'un grand nombre d'hommes arrivaient et se rassemblaient aux abords de la caverne, sans doute afin d'assister à mon supplice et d'entendre les augures de la prêtresse.

Je crus n'avoir plus qu'à me résigner à mon sort; je donnai une dernière pensée à ma femme et à mon enfant, à Victorin et à Victoria.

Soudain, au milieu des ténèbres dont j'étais entouré, j'entendis, à deux pas derrière moi, la voix d'Elwig. Je tressaillis de surprise; j'étais certain qu'elle n'était point venue par l'entrée de la caverne.

— Suis-moi, — me dit-elle.

Et en même temps sa main brûlante saisit la mienne.

— Comment es-tu ici ? — lui dis-je stupéfait, en renaissant à l'espérance et m'efforçant de marcher.

— La caverne a deux issues, — répondit Elwig ; — l'une d'elles est secrète et connue de moi seule... c'est par là que je viens d'arriver jusqu'à toi, tandis que les rois m'attendent autour de la chaudière... Viens ! viens !... conduis-moi à la barque où est le trésor !...

— J'ai les jambes liées, — lui dis-je, — je peux à peine mettre un pied devant l'autre.

Elwig ne répondit rien ; mais je sentis qu'à l'aide de son couteau elle tranchait le cuir des ceinturons et les cordes d'arc qui me garrottaient aux coudes et aux jambes... J'étais libre !...

— Et ton frère, — lui dis-je en marchant sur ses pas, — est-il revenu à lui?

— Néroweg est encore à demi étourdi, comme le bœuf mal atteint par l'assommoir... Il attend dans sa hutte le moment de ton supplice. Je dois aller lui annoncer l'heure des augures; il veut te voir longtemps souffrir... Viens, viens!...

— L'obscurité est si grande que je ne vois pas devant moi.

— Donne-moi ta main.

— Si ton frère, lassé d'attendre, — lui dis-je en me laissant conduire, — entre avec les chefs dans cette caverne par l'autre issue, et qu'ils ne trouvent ici ni toi ni moi, ne se mettront-ils pas à notre poursuite?

— Moi seule connais cette issue secrète : mon frère et les chefs croiront, en ne nous trouvant plus ici, que je t'ai fait descendre chez les dieux infernaux... ils me craindront davantage... Viens, viens!...

Pendant qu'Elwig me parlait ainsi je la suivais à travers un chemin si étroit, que je sentais de chaque côté les parois des roches... Puis ce sentier sembla s'enfoncer dans les entrailles de la terre; ensuite il devint, au contraire, si rude à gravir pour mes jambes encore engourdies par la violente pression de mes liens, que j'avais peine à suivre les pas précipités de la prêtresse. Bientôt un courant d'air frais me frappa au visage : je supposai que nous allions bientôt sortir de ce souterrain.

— Cette nuit, lorsque j'aurai eu tué mon frère, pour me venger de ses outrages et de ses violences, — me dit Elwig d'une voix brève, haletante, — je fuirai avec un roi que j'aime... il nous attend au dehors de cette caverne. Ce chef est robuste, vaillant, bien armé; il nous accompagnera jusqu'à ton bateau... Si tu m'as trompée, Riowag te tuera... entends-tu, Gaulois?...

Cette menace m'effraya peu... j'avais les mains et les jambes libres... ma seule inquiétude était de ne plus retrouver Douarnek et la barque.

Au bout de quelques instants nous étions sortis de la grotte... Les étoiles brillaient si vivement au ciel, qu'une fois hors du bois où nous nous trouvions encore l'on devait voir à quelques pas devant soi.

La prêtresse s'arrêta un moment et appela :

— Riowag !...

— Riowag est là...

Répondit une voix si proche, que le roi des guerriers noirs, qui venait de répondre à l'appel de la prêtresse, était sans doute tout près de moi, à me toucher... pourtant ce fut en vain que j'essayai de distinguer sa forme noire au milieu de la nuit. Je compris plus que jamais combien ces guerriers, se confondant avec l'ombre, devaient être redoutables pour les embuscades nocturnes.

— Y a-t-il loin d'ici aux bords du Rhin ? — demandai-je à Riowag.

— Tu dois connaître l'endroit où j'ai débarqué, puisque tu étais le chef de ceux qui nous ont envoyé une grêle de flèches.

— Nous n'avons pas longtemps à marcher pour regagner l'endroit où tu as pris terre, — me répondit Riowag.

— Nous faudra-t-il traverser le camp ? — lui dis-je, en voyant à peu de distance la lueur des feux allumés par les Franks.

Mes deux conducteurs ne me répondirent pas, échangèrent à voix basse quelques paroles, me prirent chacun par un bras, et nous suivîmes un chemin qui s'éloignait du camp. Bientôt le bruit des grandes eaux du Rhin arriva jusqu'à moi. Nous approchions de plus en plus du rivage. Enfin j'aperçus, du haut de l'escarpement où je me trouvais, une sorte de nappe blanchâtre à travers l'obscurité de la nuit... c'était le fleuve !

— Nous allons remonter maintenant deux cents pas sur la grève, — me dit Riowag, — nous atteindrons ainsi l'endroit où tu as débarqué sous nos flèches... Ton bateau doit t'attendre à peu de distance de là... Si tu nous as trompés, ton sang rougira la grève, et les eaux du Rhin entraîneront ton cadavre...

— Peut-on crier du rivage vers le large, — demandai-je au Frank, — sans être entendu des avant-postes de ton camp?

— Le vent souffle de la rive vers le Rhin, — me dit Riowag avec sa sagacité de sauvage, — tu peux crier; l'on ne t'entendra pas du camp, et l'on t'entendra jusque vers le milieu du fleuve.

Après avoir encore marché pendant quelque temps, Riowag s'arrêta et me dit :

— C'est ici que tu as débarqué... ton bateau devrait être ancré non loin d'ici... Moi, guerrier de nuit, j'ai l'habitude de voir à travers les ténèbres, et ce bateau, je ne le vois pas...

— Oh! tu nous as trompés! tu nous as trompés! — murmura Elwig d'une voix sourde, — tu mourras...

— Peut-être, — leur dis-je, — la barque, après m'avoir vainement attendu, n'a quitté son ancrage que depuis peu de temps... Le vent porte au loin la voix, je vais appeler.

Et je poussai notre cri de ralliement de guerre, bien connu de Douarnek.

Le bruit du vent et des grandes eaux me répondit seul.

Douarnek avait sans doute suivi mes ordres et regagné notre camp au coucher du soleil.

Je poussai une seconde fois notre cri de guerre.

Le bruit du vent et des grandes eaux me répondit encore.

Voulant gagner du temps et me mettre en défense, je dis à Elwig :

— Le vent souffle de la rive; il porte ma voix au large; mais il repousse les voix qui ont peut-être répondu à mon signal... Attendons...

En parlant ainsi, je tâchais de voir à travers les ténèbres de quelle manière Riowag était armé. Il portait à sa ceinture un poignard, et tenait sa courte et large épée, qu'il venait de tirer du fourreau; Elwig avait son couteau à la main... Quoiqu'ils fussent côte à côte et près de moi, je pouvais d'un bond leur échapper... j'attendis encore.

Soudain j'entendis au loin le bruit cadencé des rames... mon appel était parvenu aux oreilles de Douarnek.

A mesure que l'heure décisive approchait, l'angoisse d'Elwig et de son compagnon devait augmenter... Me tuer, c'était pour eux renoncer aux trésors que mes soldats, leur avais-je dit, n'apporteraient qu'à ma voix; permettre à ceux-ci de débarquer, c'était laisser venir à moi des auxiliaires qui mettaient la force de mon côté. Elwig s'aperçut alors, sans doute, que sa cupidité sauvage l'avait menée trop loin, car voyant la barque s'approcher de plus en plus, elle me dit d'une voix altérée :

— On vante la parole gauloise... Tu me dois la vie... m'aurais-tu trompée par une fausse promesse?

Cette prêtresse de l'enfer, incestueuse, féroce, qui avait eu la pensée de me couper la langue pour s'assurer de mon silence, et qui pensait froidement à ajouter le fratricide à ses autres crimes, ne m'avait sauvé la vie que par un sentiment de basse cupidité; cependant je ne pus rester insensible à son appel à la loyauté gauloise; je regrettai presque mon mensonge, quoiqu'il pût être excusé par la trahison des Franks; mais, en ce moment, je dus songer à mon salut... Je sautai sur Riowag, et je parvins à le désarmer après une lutte violente, dans laquelle Elwig n'osa pas intervenir, de peur de blesser son amant en voulant me frapper... Me mettant alors en défense, l'épée à la main, je m'écriai :

—Non, je n'ai pas de trésor à te livrer, Elwig; mais si tu crains de retourner chez ton frère, suis-moi, Victoria te traitera avec bonté tu ne seras pas prisonnière... je t'en donne ma parole... fie-toi à la foi gauloise...

La prêtresse et Riowag, sans vouloir m'entendre, éclatèrent en rugissements de rage, et se précipitèrent sur moi avec furie. Dans cet engagement, je tuai le chef des guerriers noirs, qui voulut me frapper de son poignard, et je fus blessé au bras par Elwig, en lui arrachant son couteau, que je jetai dans le fleuve, au moment où Douarnek et un autre soldat, attirés par le bruit de la lutte, s'élançaient sur le rivage.

— Scanvoch ! — me dit Douarnek, — nous n'avons pas, selon tes ordres, regagné notre camp au soleil couché ; nous sommes restés à notre ancrage, décidés à t'attendre jusqu'au jour ; mais, pensant que peut-être tu viendrais à un autre endroit du rivage, nous l'avons longé, retournant de temps à autre à notre point de départ ; c'est à l'un de ces retours que nous avons entendu ton appel et, il n'y a qu'un instant, le bruit d'une lutte ; nous avons débarqué pour venir à ton aide. Ce matin, lorsque nous t'avons vu enveloppé par ces diables noirs, notre premier mouvement a été de ramer droit à terre, et d'aller nous faire tuer à tes côtés... mais je me suis rappelé tes ordres, et nous avons réfléchi que nous faire tuer, c'était t'ôter tout moyen de retraite... Enfin, te voici ; crois-moi, regagnons le camp. Mauvais voisinage est celui de ces écorcheurs.

Pendant que Douarnek m'avait ainsi parlé, Elwig s'était jetée sur le corps de Riowag en poussant des rugissements de fureur mêlés de sanglots déchirants. Si détestable que fût cette créature, son accès de douleur me toucha... Je m'apprêtais à lui parler, lorsque Douarnek s'écria :

— Scanvoch, vois-tu au loin ces torches ?

Et il me montra, dans la direction du camp des Franks, plusieurs lueurs rougeâtres qui semblaient approcher avec rapidité.

— On s'est aperçu de ta fuite, Elwig, — lui dis-je en tâchant de l'arracher du corps de son amant, qu'elle tenait étroitement embrassé en redoublant ses cris ; — ton frère est à ta poursuite... il n'y a pas un instant à perdre... viens ! viens !...

— Scanvoch, — me dit Douarnek pendant que j'essayais en vain d'entraîner Elwig, qui ne me répondait que par des sanglots, — ces torches sont portées par des cavaliers... entends-tu leurs hurlements de guerre ? entends-tu le rapide galop de leurs chevaux ?... Ils ne sont plus à six portées de flèche de nous... J'ai fait échouer notre barque pour arriver plus vite près de toi, à peine aurons-nous le temps de la remettre à flot... Veux-tu nous faire tuer ici? soit... faisons-nous bravement tuer; mais si tu veux fuir, fuyons...

— C'est ton frère! c'est la mort qui vient! — criai-je une dernière fois à Elwig, que je ne pouvais abandonner sans regret; car elle m'avait, après tout, sauvé la vie. — Dans un instant il sera trop tard...

Et comme la prêtresse ne me répondait pas, je criai à Douarnek :

— Aide-moi... enlevons-la de force!

Pour arracher Elwig du cadavre de Riowag, qu'elle enlaçait avec une force convulsive, il eût fallu emporter les deux corps : Douarnek et moi, nous y avons renoncé.

Les cavaliers franks s'approchaient si rapidement, que la lueur de leurs torches, faites de brandons résineux, se projetait jusque sur la grève... Il n'était plus temps de sauver Elwig... Notre barque, grâce à nos efforts, fut remise à flot : je saisis le gouvernail, Douarnek et les deux autres soldats ramèrent avec vigueur.

Nous n'étions qu'à une portée de trait du rivage, lorsqu'à la clarté de leurs flambeaux, nous vîmes les premiers cavaliers franks accourir; et, à leur tête, je reconnus Néroweg, *l'Aigle terrible*, remarquable par sa stature colossale; suivi de plusieurs cavaliers qui, comme lui, hurlaient de rage, il poussa jusqu'au poitrail son cheval dans le fleuve; ses compagnons l'imitèrent, agitant d'une main leurs longues lances, et de l'autre les torches dont les rouges reflets éclairaient au loin les eaux du fleuve et notre barque qui s'éloignait à force de rames...

Assis au gouvernail, je tournai bientôt le dos au rivage, et je dis tristement à Douarnek :

— A cette heure, la misérable créature est égorgée par ces barbares!...

Et notre barque continua de voler sur les eaux.

— Est-ce un homme, une femme, un démon, qui nous suit? — s'écria Douarnek au bout de quelques instants en abandonnant ses rames et se dressant pour regarder dans le sillage de notre barque, que la lueur lointaine des torches, agitées par les cavaliers qui renonçaient à nous poursuivre, éclairait encore.

Je me levai aussi, regardant du même côté; puis, après un moment d'observation, je m'écriai :

— Haut les rames, enfants!... ne ramez plus... c'est elle... c'est Elwig!... Douarnek, donne-moi un aviron! je vais le lui tendre... ses forces semblent épuisées!...

En parlant ainsi, j'avais agi. La prêtresse, fuyant son frère et une mort certaine, avait dû, pour nous rejoindre, nager avec une énergie extraordinaire. Elle saisit l'extrémité de la rame d'une main crispée: deux coups d'aviron firent reculer le canot jusqu'à elle, et à l'aide d'un soldat je pus recueillir Elwig à bord de notre barque.

— Bénis soient les dieux! — m'écriai-je; — je me serais toujours reproché ta mort!

La prêtresse ne me répondit rien, se laissa tomber sur le banc de l'un des rameurs, et, repliée sur elle-même, la figure cachée entre ses genoux, elle garda un silence farouche; pendant que les soldats ramaient vigoureusement, je regardai au loin derrière moi : les torches des cavaliers franks n'apparaissaient plus que comme des lueurs incertaines à travers la brume de la nuit et l'humide vapeur des eaux du fleuve. Le terme de notre traversée approchait, déjà nous apercevions les feux de notre camp sur l'autre rive. Plusieurs fois j'avais adressé la parole à Elwig, sans qu'elle m'eût répondu... Je jetai sur ses épaules et sur ses habits trempés de l'eau glacée du Rhin l'épaisse casaque de nuit d'un des soldats. En m'occupant de ce soin, je touchai l'un de ses bras, il était brûlant; étrangère à ce qui se passait dans le bateau, elle ne sortait pas de son farouche silence. En abordant au rivage, je dis à la sœur de Néroweg :

— Demain, je te conduirai près de Victoria; jusque-là je t'offre l'hospitalité dans ma maison, ma femme et la sœur de ma femme te traiteront en amie.

Elle me fit signe de marcher devant elle et me suivit. Alors Douarnek me dit à demi-voix :

— Si tu m'en crois, Scanvoch, après que cette diablesse qui t'a suivi à la nage je ne sais pourquoi se sera essuyée et réchauffée à ton foyer, enferme-la jusqu'au jour ; elle pourrait, cette nuit, étrangler ta femme et ton enfant... Rien n'est plus sournois et plus féroce que les femmes franques.

— Cette précaution sera bonne à prendre, — dis-je à Douarnek.

Et je me dirigeai vers ma demeure accompagné d'Elwig, qui me suivait comme un spectre.

La nuit était avancée ; je n'avais plus que quelques pas à faire pour arriver à la porte de mon logis, lorsqu'à travers l'obscurité je vis un homme monté sur le rebord d'une des fenêtres de ma maison : il semblait examiner les volets. Je tressaillis... cette croisée était celle de la chambre occupée par ma femme Ellèn.

Je dis tout bas à Elwig en lui saisissant le bras :

— Ne bouge pas... attends...

Elle s'arrêta immobile... Maîtrisant mon émotion, je m'approchai avec précaution, tâchant de ne pas faire crier le sable sous mes pieds... Mon attente fut trompée, mes pas entendus ; l'homme, averti, sauta du rebord de la fenêtre, et prit la fuite. Je m'élançais à sa poursuite, lorsque Elwig, croyant que je voulais l'abandonner, courut après moi, me rejoignit, se cramponna à mon bras, me disant avec terreur :

— Si l'on me trouve seule dans le camp gaulois, on me tuera.

Malgré mes efforts, je ne pus me débarrasser de l'étreinte d'Elwig que lorsque l'homme eut disparu dans l'obscurité. Il avait trop d'avance sur moi, la nuit était trop sombre, pour qu'il me fût possible de l'atteindre. Surpris et inquiet de cette aventure, je frappai à la porte de ma demeure.

Presque aussitôt j'entendis au dedans du logis les voix de ma femme et de sa sœur, inquiètes sans doute de la durée de mon absence; quoiqu'elles ignorassent que j'étais allé au camp des Franks, elles ne s'étaient pas couchées.

— C'est moi! — leur criai-je, — c'est moi, Scanvoch!

A peine la porte fut-elle ouverte, qu'à la clarté de la lampe que tenait Sampso, ma femme se jeta dans mes bras, en me disant d'un ton de doux et tendre reproche :

— Enfin, te voilà!... nous commencions à nous alarmer, ne te voyant pas revenir depuis ce matin...

— Nous, qui comptions sur vous pour notre petite fête, — ajouta Sampso; — mais vous vous êtes trouvé avec d'anciens compagnons de guerre... et les heures ont vite passé.

— Oui, l'on aura longuement parlé batailles, — ajouta Ellèn, toujours suspendue à mon cou, — et mon bien-aimé Scanvoch a un peu oublié sa femme...

Ellèn fut interrompue par un cri de Sampso... Elle n'avait pas d'abord aperçu Elwig, restée dans l'ombre, à côté de la porte; mais à la vue de cette sauvage créature, pâle, sinistre, immobile, la sœur de ma femme ne put cacher sa surprise et son effroi involontaire. Ellèn se détacha brusquement de moi, remarqua aussi la présence de la prêtresse, et, me regardant non moins étonnée que sa sœur, elle me dit :

— Scanvoh, cette femme, quelle est-elle?

— Ma sœur! — s'écria Sampso, oubliant la présence d'Elwig, et me considérant plus attentivement, — vois donc, les manches de la saie de Scanvoch sont ensanglantées... il est blessé!...

Ma femme pâlit, se rapprocha vivement de moi, et me regarda avec angoise.

— Rassure-toi, — lui dis-je, — ces blessures sont légères... je vous avais caché, à toi et à ta sœur, le but de mon absence : j'étais allé au camp des Franks, chargé d'un message de Victoria.

— Aller au camp des Franks! — s'écrièrent Ellèn et Sampso avec terreur, — c'était la mort!

— Et voilà celle qui m'a sauvé de la mort, — dis-je à ma femme en lui montrant Elwig, toujours immobile. — Je vous demande à toutes deux vos soins pour elle jusqu'à demain… je la conduirai chez Victoria.

En apprenant que je devais la vie à cette étrangère, ma femme et sa sœur allèrent vivement à elle dans l'expansion de leur reconnaissance; mais presque aussitôt elles s'arrêtèrent, intimidées, effrayées par la sinistre et impassible physionomie d'Elwig, qui semblait ne pas les apercevoir et dont l'esprit devait être ailleurs.

— Donnez-lui seulement quelques vêtements secs, les siens sont trempés d'eau, — dis-je à ma femme et à sa sœur. — Elle ne comprend pas le gaulois, vos remercîments seraient inutiles.

— Si elle ne t'avait sauvé la vie, — me dit Ellèn, — je trouverais à cette femme l'air sombre et menaçant.

— Elle est sauvage comme ses sauvages compatriotes… Lorsque vous lui aurez donné des vêtements je la conduirai dans la petite chambre basse, où je l'enfermerai pour plus de prudence.

Sampso étant allée chercher une tunique et une mante pour Elwig, je dis à ma femme :

— Cette nuit… peu de temps avant mon retour… tu n'as entendu aucun bruit à la fenêtre de ta chambre?

— Aucun… ni Sampso non plus, car elle ne m'a pas quittée de la soirée, tant nous étions inquiètes de la durée de ton absence… Mais pourquoi me fais-tu cette question?

Je ne répondis pas tout d'abord à ma femme, car, voyant sa sœur revenir avec des vêtements, je dis à Elwig en les lui remettant :

— Voici des habits que ma femme et sa sœur t'offrent pour remplacer les tiens qui sont mouillés… As-tu besoin d'autre chose?… as-tu faim?… as-tu soif?… enfin, que veux-tu?

— Je veux la solitude, — me répondit Elwig en repoussant les vêtements du geste, — je veux la nuit noire…

— Suis-moi donc, — lui dis-je.

Et marchant devant elle, j'ouvris la porte d'une petite chambre, et j'ajoutai en élevant la lampe afin de lui montrer l'intérieur de ce réduit :

— Tu vois cette couche... repose-toi... et que les dieux te rendent paisible la nuit que tu vas passer dans ma demeure.

Elwig ne me répondit rien et se jeta sur le lit en se cachant la figure entre ses mains.

— Maintenant, — dis-je en fermant la porte, — ce devoir hospitalier accompli, je brûle d'aller embrasser mon petit Aëlguen.

Je te trouvai, mon enfant, dans ton berceau, dormant d'un paisible sommeil ; je te couvris de mille baisers, dont je sentis d'autant mieux la douceur que j'avais un moment craint de ne te revoir jamais. Ta mère et sa sœur examinèrent et pansèrent mes blessures... elles étaient légères.

Pendant qu'Ellèn et Sampso me donnaient ces soins, je leur parlai de l'homme qui, monté sur le rebord de la fenêtre, m'avait paru examiner sa fermeture. Elles furent très-surprises de mes paroles ; elles n'avaient rien entendu, ayant toutes deux passé la soirée auprès du berceau de mon fils. En causant ainsi, Ellèn me dit :

— Sais-tu, Scanvoch, la nouvelle d'aujourd'hui ?

— Non.

— Tétrik, gouverneur d'Aquitaine et parent de Victoria, est arrivé ce soir... La mère des camps est allée à cheval à sa rencontre... nous l'avons vue passer.

— Et Victorin, — dis-je à ma femme, — accompagnait-il sa mère ?

— Il était à ses côtés... c'est pour cela sans doute que nous ne l'avons pas vu dans la journée.

L'arrivée de Tétrik me donna beaucoup à réfléchir.

Sampso me laissa seul avec Ellèn... la nuit était avancée... je devais, le lendemain, dès l'aube, aller rendre compte à Victoria et à son fils du résultat de mon message auprès des chefs franks.

CHAPITRE III.

La maison de Victoria, la mère des camps. — Le capitaine Marion. — Victoria et son petit-fils. — Tétrik, gouverneur d'Aquitaine. — La mère des camps. — Prévisions mytérieuses. — Elwig. — Attaque des Franks. — Bataille du Rhin.

Le jour venu, je me suis rendu chez Victoria. On arrivait à cette modeste demeure par une ruelle étroite et assez longue, bordée des deux côtés par de hauts retranchements, dépendant des fortifications d'une des portes de Mayence. J'étais à environ vingt pas du logis de *la mère des camps*, lorsque j'entendis derrière moi ces cris, poussés avec un accent d'effroi :

— Sauvez-vous ! sauvez-vous !...

En me retournant, je vis, non sans crainte, arriver sur moi, avec rapidité, un char à deux roues, attelé de deux chevaux, dont le conducteur n'était plus maître.

Je ne pouvais me jeter ni à droite ni à gauche de cette ruelle étroite, afin de laisser passer ce char, dont les roues touchaient presque de chaque côté les murs ; je me trouvais aussi trop loin de l'entrée du logis de Victoria pour espérer de m'y réfugier, si rapide que fût ma course : je devais, avant d'arriver à la porte, être broyé sous les pieds des chevaux... Mon premier mouvement fut donc de leur faire face, d'essayer de les saisir par leur mors et de les arrêter ainsi, malgré ma presque certitude d'être écrasé. Je m'élançai les deux mains en avant; mais, ô prodige! à peine j'eus touché le frein des chevaux, qu'ils s'arrêtèrent subitement sur leurs jarrets, comme si mon geste eût suffi pour mettre un terme à leur course impétueuse... Heureux d'échapper à une mort presque certaine, mais ne me croyant pas magicien et capable de refréner, d'un seul geste, des chevaux emportés, je me demandais, en reculant de quelques pas, la cause de cet arrêt extraordinaire, lorsque bientôt je remarquai que les chevaux, quoique forcés de rester en place, faisaient de violents efforts pour avancer, tantôt se cabrant, tantôt s'élançant en avant et roidissant leurs traits, comme si le chariot eût été tout à coup enrayé ou retenu par une force insurmontable.

Ne pouvant résister à ma curiosité, je me rapprochai, puis, me glissant entre les chevaux et le mur du retranchement, je parvins à monter sur l'avant-train du char, dont le cocher, plus mort que vif, tremblait de tous ses membres; de l'avant-train je courus à l'arrière, et je vis, non sans stupeur, un homme de la plus grande taille et d'une carrure d'Hercule, cramponné à deux espèces d'ornements recourbés qui terminaient le dossier de cette voiture, qu'il venait ainsi d'arrêter dans sa course, grâce à une force surhumaine.

— Le capitaine *Marion*! — m'écriai-je, — j'aurais dû m'en douter, lui seul, dans l'armée gauloise, est capable d'arrêter un char dans sa course rapide (A).

— Dis donc à ce cocher du diable de raccourcir ses guides et de contenir ses chevaux... mes poignets commencent à se lasser, — me dit le capitaine.

Je transmettais cet ordre au cocher, qui commençait à reprendre ses esprits, lorsque je vis plusieurs soldats, de garde chez Victoria, sortir de la maison, et accourant au bruit, ouvrir la porte de la cour, et donner ainsi libre entrée au char.

— Il n'y a plus de danger, — dis-je au cocher, — conduis maintenant tes chevaux doucement jusqu'au logis... Mais à qui appartient cette voiture?

— A Tétrik, gouverneur de Gascogne, arrivé d'hier à Mayence; il demeure chez Victoria, — me répondit le cocher en calmant de la voix ses chevaux.

Pendant que le char entrait dans la maison de la mère des camps, j'allai vers le capitaine pour le remercier de son secours inattendu.

Marion avait, je l'ai dit, mon enfant, quitté, pour la guerre, son enclume de forgeron; il était connu et aimé dans l'armée autant par son courage héroïque et sa force extraordinaire, que par son rare bon sens, sa ferme raison, l'austérité de ses mœurs et son extrême bonhomie. Il s'était redressé sur ses jambes, et, son casque à la main, il essuyait son front baigné de sueur. Il portait une cuirasse de mailles d'acier par-dessus sa saie gauloise, et une longue épée à son côté; ses bottes poudreuses annonçaient qu'il venait de faire une longue course à cheval. Sa grosse figure hâlée, à demi couverte d'une barbe épaisse et déjà grisonnante, était aussi ouverte qu'avenante et joviale.

— Capitaine Marion, — lui dis-je, — je te remercie de m'avoir empêché d'être écrasé sous les roues de ce char.

— Je ne savais pas que c'était toi qui risquais d'être foulé aux pieds des chevaux, ni plus ni moins qu'un chien ahuri, sotte mort pour un brave soldat comme toi, Scanvoch; mais quand j'ai entendu ce cocher du diable s'écrier : Sauvez-vous! j'ai deviné qu'il allait écraser quelqu'un; alors j'ai tâché d'arrêter ce char, et, heureusement, ma mère m'a doué de bons poignets et de solides jarrets. Mais où est donc mon cher ami Eustache? — ajouta le capitaine en regardant autour de lui.

— De qui parles-tu?

— D'un brave garçon, mon ancien compagnon d'enclume; comme moi, il a quitté le marteau pour la lance : les hasards de la guerre m'ont mieux servi que lui, car, malgré sa bravoure, mon ami Eustache est resté simple cavalier, et je suis devenu capitaine... Mais le voici là-bas, les bras croisés, immobile comme une borne... Eh! Eustache! Eustache!...

A cet appel, le compagnon du capitaine Marion s'approcha lentement, les bras toujours croisés sur sa poitrine. C'était un homme de stature moyenne et vigoureuse, sa barbe et ses cheveux d'un blond pâle, son teint bilieux, sa physionomie dure et morose offraient un contraste frappant avec l'extérieur avenant du capitaine Marion. Je me demandais quelles singulières affinités avaient pu rapprocher dans une étroite et constante amitié deux hommes de dehors et sans doute de caractères si dissemblables.

— Comment, mon ami Eustache, — lui dit le capitaine, — tu restes-là, les bras croisés, à me regarder, tandis que je m'efforce d'arrêter un char lancé à toute bride?

— Tu es si fort! — répondit Eustache. — Quel aide peut apporter le ciron au taureau?

— Cet homme doit être jaloux et haineux, — me suis-je dit en entendant cette réponse, et en remarquant l'expression des traits de l'ami du capitaine.

— Va pour le ciron et le taureau, mon ami Eustache, — reprit le capitaine avec sa bonhomie habituelle, et paraissant flatté de la comparaison; — mais quand le ciron et le taureau sont camarades, si gros que soit celui-ci, si petit que soit celui-là, l'un n'abandonne pas l'autre...

— Capitaine, — répondit le soldat avec un sourire amer, — t'ai-je jamais abandonné au jour du danger, depuis que nous avons quitté la forge?...

— Jamais! — s'écria Marion en prenant cordialement la main d'Eustache, — jamais; car, aussi vrai que l'épée que tu portes est la dernière arme que j'ai forgée, pour t'en faire un don d'amitié, ainsi que cela est gravé sur la lame, tu as toujours, à la bataille, *marché dans mon ombre*, comme nous disons au pays.

— Qu'y a-t-il d'étonnant à cela? — reprit le soldat; — auprès de toi, si vaillant et si robuste... j'étais ce que l'ombre est au corps.

— Par le diable! quelle ombre! mon ami Eustache, — dit en riant le capitaine, et, s'adressant à moi, il ajouta, montrant son compagnon Eustache :

— Qu'on me donne deux ou trois mille ombres comme celle-là, et à la première bataille, je ramène un troupeau de prisonniers franks.

— Tu es un capitaine renommé! moi, comme tant d'autres pauvres hères, nous ne sommes bons qu'à obéir, à nous battre et à nous faire tuer, — répondit l'ancien forgeron en plissant ses lèvres minces.

— Capitaine, — dis-je à Marion, — n'avez-vous pas à parler à Victorin ou à sa mère?

— Oui, j'ai à rendre compte à Victorin d'un voyage dont moi et mon vieux camarade nous arrivons.

— Je t'ai suivi comme soldat, — dit Eustache; — le nom d'un obscur cavalier ne mérite pas l'honneur d'être prononcé devant Victoria la Grande.

Le capitaine haussa les épaules avec impatience, et de son poing énorme il menaça familièrement son ami.

— Capitaine, — dis-je à Marion, — hâtons-nous d'entrer chez Victoria; le soleil est déjà haut, et je devais me rendre chez elle à l'aube.

— Ami Eustache, — dit Marion en se dirigeant vers la maison, — veux-tu rester ici, ou aller m'attendre chez nous?

— Je t'attendrai ici à la porte... c'est la place d'un subalterne...

— Croiriez-vous, Scanvoch, — reprit Marion en riant, — croiriez-vous que depuis tantôt vingt ans, que ce mauvais garçon et moi nous vivons et guerroyons ensemble comme deux frères, il ne veut pas oublier que je suis capitaine et me traiter en simple batteur d'enclume, comme nous nous traitions jadis...

— Je ne suis pas seul à reconnaître la différence qu'il y a entre nous, Marion, — répondit Eustache; — tu es l'un des capitaines les plus renommés de l'armée... je ne suis, moi, que le dernier de ses soldats.

Et il s'assit sur une pierre à la porte de la maison en rongeant ses ongles.

— Il est incorrigible, — me dit le capitaine ; et nous sommes tous deux entrés chez Victoria.

— Il faut que le capitaine Marion soit étrangement aveuglé par l'amitié pour ne pas s'apercevoir que son compagnon est dévoré d'une haineuse envie, — pensai-je à part moi.

La demeure de la mère des camps était d'une extrême simplicité. Le capitaine Marion ayant demandé à l'un des soldats de garde si Victorin pouvait le recevoir, le soldat répondit que le jeune général n'avait point passé la nuit au logis.

Marion, malgré la vie des camps, conservait une grande austérité de mœurs ; il parut choqué d'apprendre que Victorin n'était pas encore rentré chez lui, et il me regarda d'un air mécontent. Je voulus, sans pourtant mentir, excuser le fils de Victoria, et je répondis au capitaine :

— Ne nous hâtons pas de mal juger Victorin : hier, Tétrik, gouverneur de Gascogne, est arrivé au camp, il se peut que Victorin ait passé la nuit en conférence avec lui.

— Tant mieux... car je voudrais voir ce jeune homme, aujourd'hui chef des Gaules, sortir des griffes de *cette peste de luxure* (B) qui nous pousse à tant de mauvais actes... Quant à moi, dès que j'aperçois un coqueluchon ou un jupon court, je détourne la vue comme si je voyais le démon en personne.

— Victorin s'amende, et il s'amendera davantage encore, l'âge viendra, — dis-je au capitaine ; — mais, que voulez-vous, il est jeune, il aime le plaisir...

— Et moi aussi, j'aime le plaisir, et furieusement encore !... — reprit le bon capitaine. — Ainsi... rien ne me plaît plus, mon service accompli, que de rentrer chez moi pour vider un pot de cervoise, bien rafraîchissant, avec mon ami Eustache, en causant de notre métier d'autrefois, ou en nous amusant à fourbir nos armes en fins armuriers... Voilà des plaisirs! Et pourtant, malgré leur vivacité, ils n'ont rien que d'honnête... Espérons, Scanvoch, que Victorin les préférera quelque jour à ses orgies impudiques et diaboliques.

— Espérons, capitaine; mieux vaut l'espérance que la désespérance... Mais en l'absence de Victorin, vous pouvez conférer avec sa mère... je vais la prévenir de votre arrivée.

Je laissai Marion seul, et passant dans une pièce voisine, j'y trouvai une vieille servante qui m'introduisit auprès de la mère des camps.

Je veux, mon enfant, pour toi et pour notre descendance, tracer ici le portrait de cette illustre Gauloise, une des gloires de notre bien-aimée patrie.

J'ai trouvé Victoria assise à côté du berceau de son petit-fils *Victorinin*, joli enfant de deux ans, qui dormait d'un profond sommeil. Elle s'occupait d'un travail de couture, selon son habitude de bonne ménagère. Elle avait alors mon âge, trente-huit ans; mais on lui eût à peine donné trente ans; dans sa jeunesse, on l'avait justement comparée à la *Diane chasseresse;* dans son âge mûr, on la comparait non moins justement à la *Minerve antique:* grande, svelte et virile, sans perdre pour cela des chastes grâces de la femme, elle avait une taille incomparable; son beau visage, d'une expression grave et douce, avait un grand caractère de majesté sous sa noire couronne de cheveux, formée de deux longues tresses enroulées autour de son front auguste. Envoyée tout enfant dans un collége de nos druidesses vénérées, et ayant prononcé à quinze ans les vœux mystérieux qui la liaient d'une manière indissoluble à la religion sacrée de nos pères, elle avait depuis lors, quoique mariée, toujours conservé les vêtements noirs que les druidesses et les matrones de la vieille Gaule portaient d'habitude: ses larges et longues manches, fendues à la hauteur de la saignée, laissaient voir ses bras aussi blancs, aussi forts que ceux de ces vaillantes Gauloises, qui, tu le verras, mon enfant, dans nos récits de famille, ont héroïquement combattu les Romains à la bataille de Vannes, sous les yeux de notre aïeule Margarid, et préféré la mort aux hontes de l'esclavage.

Au milieu de la chambre, et non loin du siége où la mère des camps était assise, auprès du berceau de son petit-fils, on voyait plusieurs rouleaux de parchemin et tout ce qu'il fallait pour écrire ; accrochés à la muraille, étaient les deux casques et les deux épées du père et du mari de Victoria, tués à la guerre... L'un de ces casques était surmonté d'un coq gaulois en bronze doré, les ailes à demi ouvertes, tenant sous ses pattes une alouette qu'il menaçait du bec. Cet emblème avait été adopté comme ornement de guerre par le père de Victoria, après un combat héroïque, où, à la tête d'une poignée de soldats, il avait exterminé une légion romaine qui portait une *alouette* sur ses enseignes. Au-dessous de ces armes on voyait une coupe d'airain où trempaient sept brins de gui, car la Gaule avait retrouvé sa liberté religieuse en recouvrant son indépendance. Cette coupe d'airain et ces brins de gui, symboles druidiques, étaient accompagnés d'une croix de bois noir, en commémoration de la mort de Jésus de Nazareth, pour qui la mère des camps, sans être chrétienne, professait une profonde admiration ; elle le regardait comme l'un des sages qui honoraient le plus l'humanité.

Telle était, mon enfant, *Victoria la Grande*, cette illustre Gauloise dont notre descendance prononcera toujours le nom avec orgueil et respect...

La mère des camps, à ma vue, se leva vivement, vint à moi d'un air content, me disant de sa voix sonore et douce :

— Sois le bien venu, frère ; ta mission était périlleuse... ne te voyant pas de retour avant la fin du jour, je n'ai pas voulu envoyer chez toi, de crainte d'alarmer ta femme en me montrant inquiète de la durée de ton absence... Te voici, je suis heureuse...

Et elle serra tendrement mes mains dans les siennes.

Les paroles qu'elle m'adressait ayant troublé sans doute le sommeil du petit-fils de Victoria, il fit entendre un léger murmure; elle retourna promptement vers lui, le baisa au front; puis, se rassoyant et posant le bout de son pied sur une bascule qui soutenait le berceau, Victoria lui imprima ainsi un léger balancement, tout en continuant de causer avec moi.

— Et le message? — me dit-elle, — comment ces barbares l'ont-ils accueilli?... Veulent-ils la paix?... veulent-ils une guerre d'extermination?...

Au moment où j'allais lui répondre, ma sœur de lait m'interrompit d'un geste, et ajouta ensuite, après un moment de réflexion:

— Sais-tu que Tétrik, mon bon parent, est ici depuis hier?

— Je le sais.

— Il ne peut tarder à venir; je préfère que devant lui seulement tu me rendes compte de ce message.

— Il en sera donc ainsi... Pouvez-vous recevoir le capitaine Marion? en entrant je l'ai rencontré; il venait conférer avec Victorin...

— Scanvoch, mon fils a encore passé la nuit hors de son logis! — me dit Victoria en imprimant à son aiguille un mouvement plus rapide, ce qui annonçait toujours chez elle une vive contrariété.

— Sachant la venue de votre parent de Gascogne, j'ai pensé que peut-être de graves intérêts avaient retenu Victorin en conférence avec Tétrik durant cette nuit... Voilà du moins ce que j'ai laissé supposer au capitaine Marion, en lui disant que vous pourriez sans doute l'entendre.

Victoria resta quelques moments silencieuse; puis, laissant son ouvrage de couture sur ses genoux, elle releva la tête et reprit d'un ton à la fois douloureux et contenu :

— Victorin a des vices... ils étoufferont ses qualités!

— Ayez confiance et espoir... l'âge le mûrira.

— Depuis deux ans ses vices augmentent, ses qualités déclinent!

— Sa bravoure, sa générosité, sa franchise, n'ont pas dégénéré...

— Sa bravoure n'est plus cette calme et prévoyante bravoure qui sied à un général... elle devient aveugle... folle... sa générosité ne choisit plus entre les dignes et les indignes ; sa raison faiblit, le vin et la débauche le perdent... Par Hésus ! ivrogne et débauché !... lui, mon fils ! l'un des deux chefs de notre Gaule, aujourd'hui libre... et demain peut-être sans égale parmi les nations du monde !... Scanvoch, je suis une malheureuse mère !...

— Victorin m'aime... je lui dirai de paternelles, mais sévères paroles...

— Crois tu donc que tes paroles feront ce que n'ont pas fait les paroles de sa mère ? de celle-là qui depuis plus de vingt ans ne l'a pas quitté ! le suivant aux armées, souvent à la bataille ? Scanvoch, Hésus me punit... j'ai été trop fière de mon fils...

— Et quelle mère n'eût pas été fière de lui, ce jour où toute une vaillante armée acclamait librement pour son chef ce général de vingt ans, derrière lequel on voyait... vous, sa mère !

— Et qu'importe ! s'il me déshonore !... Et pourtant ma seule ambition était de faire de mon fils un citoyen ! un homme digne de nos pères !... En le nourrissant de mon lait, ne l'ai-je pas aussi nourri d'un ardent et saint amour pour notre Gaule renaissante à la vie, à la liberté !... Qu'est-ce que j'ai toujours voulu, moi ? vivre obscure, ignorée, mais employer mes veilles, mes jours, mon intelligence, ma science du passé, qui me donne la conscience du présent, et parfois la connaissance de l'avenir... employer enfin toutes les forces de mon âme et de mon esprit à rendre mon fils vaillant, sage, éclairé, digne en tout de guider les hommes libres qui l'ont librement élu pour chef... Et alors, Hésus m'en est témoin ! fière comme Gauloise, heureuse comme mère d'avoir enfanté un tel homme, j'aurais joui de sa gloire et de la prospérité de mon pays du fond de ma retraite... Mais avoir un fils ivrogne et débauché ! Courroux du ciel !... Cet insensé ne comprend donc pas qu'à chaque excès il soufflette sa mère !... s'il ne le comprend pas, nos soldats le sentent, eux autres... Hier, je traversais le camp, trois vieux cavaliers viennent à ma rencontre et me saluent... sais-tu ce qu'ils me disent? — *Mère, nous te plaignons!...* — Puis ils se sont éloignés tristement... Scanvoch, je te le dis... je suis une malheureuse mère!...

— Écoutez-moi, depuis quelque temps nos soldats se désaffectionnent de Victorin, je l'avoue, je le comprends; car l'homme que des hommes libres ont choisi pour chef doit être pur de tout excès et vaincre même les entraînements de son âge... Cela est vrai, ma sœur, et souvent n'ai-je pas blâmé votre fils devant vous?...

— J'en conviens.

— Je le défends surtout à cette heure, parce que ces soldats, aujourd'hui si scrupuleux sur des défauts fréquents chez les jeunes chefs militaires, obéissent moins à leurs scrupules... qu'à des excitations perfides.

— Que veux-tu dire?

— On est jaloux de votre fils, de son influence sur les troupes; et pour le perdre, on exploite ses défauts afin de donner créance à des calomnies infâmes.

— Qui serait jaloux de Victorin? qui aurait intérêt à répandre ces calomnies?

— C'est surtout depuis un mois, n'est-ce pas, que cette hostilité contre votre fils s'est manifestée, et qu'elle va s'empirant?

— Oui, oui; mais encore une fois qui soupçonnes-tu de l'avoir excitée?

— Ma sœur, ce que je vais vous dire est grave...

— Achève...

— Il y a un mois, un de vos parents, gouverneur de Gascogne, est venu à Mayence...

— Tétrik?

— Oui, puis il est reparti au bout de quelques jours?

— Eh bien?

— Presque aussitôt après le départ de Tétrik la sourde hostilité contre votre fils s'est déclarée, et a toujours été croissante!...

Victoria me regarda en silence, comme si elle n'avait pas d'abord compris mes paroles; puis, une idée subite lui venant à l'esprit, elle s'écria d'un ton de reproche :

— Quoi! tu soupçonnerais Tétrik... mon parent, mon meilleur ami! lui, le plus sage des hommes! lui, l'un des meilleurs esprits de ce temps, lui qui, jusque dans les distractions qu'il cherche dans les lettres, se montre grand poëte! (B) lui, l'un des plus utiles défenseurs de la Gaule, bien qu'il ne soit pas homme de guerre; lui qui, dans son gouvernement de Gascogne, répare, à force de soins, les maux de la guerre civile, autrefois soulevée pour reconquérir notre indépendance... Ah! frère! frère! j'attendais mieux de ton loyal cœur et de ta raison.

— Je soupçonne cet homme...

— Mais tu es insensé! le soupçonner, lui qui, père d'un fils que lui a laissé une femme toujours regrettée, puise dans ses habitudes de paternelle indulgence une excuse aux vices de Victorin... Ne l'aime-t-il pas? ne le défend-il pas aussi chaleureusement que tu le défends toi-même?...

— Je soupçonne cet homme.

— Oh! tête de fer! caractère inflexible!... pourquoi soupçonnes-tu Tétrik? de quel droit? qu'a-t-il fait? par Hésus! si tu n'étais mon frère... si je ne connaissais ton cœur... je te croirais jaloux de l'amitié que j'ai pour mon parent!

A peine Victoria eut-elle prononcé ces paroles, qu'elle les regretta et me dit :

— Oublie ces paroles...

— Elles me seraient pénibles, ma sœur, si le doute injuste qu'elles expriment vous aveuglait sur la vérité que je dis.

A ce moment la servante entra et demanda si Tétrik pouvait être introduit.

— Qu'il vienne, — répondit Victoria, — qu'il vienne à l'instant !

En même temps parut Tétrik.

C'était un petit homme entre les deux âges, d'une figure fine et douce, un sourire affable effleurait toujours ses lèvres ; il avait enfin tellement l'extérieur d'un homme de bien, que Victoria, le voyant entrer, ne put s'empêcher de me jeter un regard qui semblait encore me reprocher mes soupçons.

Tétrik alla droit à Victoria, la baisa au front avec une familiarité paternelle et lui dit :

— Salut à vous, chère Victoria.

Puis, s'approchant du berceau où continuait de dormir le petit-fils de la mère des camps, le gouverneur de Gascogne, contemplant l'enfant avec tendresse, ajouta tout bas, comme s'il eût craint de le réveiller :

— Dors, pauvre petit ! tu souris à tes songes enfantins, et tu ignores que l'avenir de notre Gaule bien-aimée repose peut-être sur ta tête... Dors, enfant prédestiné, sans doute, à poursuivre la tâche entreprise par ton glorieux père ! noble tâche qu'il accomplira durant de longues années sous l'inspiration de ton auguste aïeule !... Dors, pauvre petit, — ajouta Tétrik, dont les yeux se remplirent de larmes d'attendrissement, — les dieux secourables et propices à la Gaule veilleront sur toi...

Victoria, pendant que son parent essuyait ses yeux humides, m'interrogea de nouveau du regard, comme pour me demander si c'était là le langage et la physionomie d'un traître, d'un homme perfidement ennemi du père de cet enfant ?

Tétrik, s'adressant alors à moi, me dit affectueusement :

— Salut au meilleur, au plus fidèle ami de la femme que j'aime et que je vénère le plus au monde.

— C'est la vérité ; je suis le plus obscur, mais le plus dévoué des amis de Victoria, — ai-je répondu en regardant fixement Tétrik ; — et le devoir d'un ami est de démasquer les traîtres !

— Je suis de votre avis, bon Scanvoch, — reprit simplement Tétrik; — le premier devoir d'un ami est de démasquer les fourbes; je crains moins le lion rugissant, la gueule ouverte, que le serpent rampant dans l'ombre.

— Alors, moi, Scanvoch, je vous dis ceci, à vous, Tétrik : Vous êtes un de ces dangereux reptiles dont vous parlez... je vous crois un traître! je vous accuse d'être un traître!...

— Scanvoch! — s'écria Victoria d'un ton de reproche, — songes-tu à tes paroles?

— Je vois que la vieille plaisanterie gauloise, une de nos franchises, nous est revenue avec nos dieux et notre liberté, — reprit en souriant le gouverneur.

Puis, se retournant vers Victoria, il ajouta :

— Notre ami Scanvoch possède la *gausserie* sérieuse... la plus plaisante de toutes...

— Mon frère parle en honneur et conscience, — reprit la mère des camps. — Il m'afflige, puisqu'en vous accusant il se trompe; mais il est sincère dans son erreur...

Tétrik, regardant tour à tour Victoria et moi avec une sorte de stupeur, garda le silence; puis il reprit d'un ton grave, cordial et pénétré :

— Tout ami fidèle est ombrageux; bon Scanvoch, inexplicable est pour moi votre défiance, mais elle doit avoir sa cause : franche est l'attaque, franche sera la réponse... Que me reprochez-vous?

— Il y a un mois, vous êtes venu à Mayence; un homme à vous, votre secrétaire, nommé Morix, bien muni d'argent, a donné à boire à beaucoup de soldats, tâchant de les irriter contre Victorin, leur disant qu'il était honteux que leur général, l'un des deux chefs de la Gaule régénérée, fût un ivrogne et un dissolu... Votre secrétaire a-t-il, oui ou non, tenu ces propos?...

— Continuez, ami Scanvoch, continuez...

— Votre secrétaire a cité un fait qui, depuis, propagé dans le camp, a fait naître une grande irritation contre Victorin... Ce fait, le voici : Il y a quelques mois, Victorin et quelques officiers seraient allés dans une taverne située dans une île des bords du Rhin ; après boire, animé par le vin, Victorin aurait fait violence à l'hôtesse... et elle se serait tuée de désespoir...

— Mensonge ! — s'écria Victoria. — Je sais et condamne les défauts de mon fils... mais il est incapable d'une pareille infamie !...

Le gouverneur m'avait écouté dans un silence imperturbable ; il reprit en souriant :

— Ainsi, bon Scanvoch, selon vous, mon secrétaire aurait, d'après mes ordres, répandu dans le camp ces calomnies indignes?

— Oui.

— Quel serait mon but?

— Vous êtes ambitieux...

— Et comment ces calomnies serviraient-elles mon ambition?...

— Les soldats se désaffectionnant de Victorin, élu par eux général et l'un des chefs de la Gaule, vous useriez de votre influence sur Victoria, afin de l'amener à vous proposer aux soldats comme successeur de Victorin.

— Une mère ! y songez-vous, bon Scanvoch? — répondit Tétrik en regardant Victoria. — Une mère ! sacrifier son fils à un ami !...

— Victoria, dans la grandeur de son amour pour son pays, sacrifierait son fils à votre élévation, si ce sacrifice était nécessaire au salut de la Gaule... Ai-je menti, ma sœur?

— Non, — me répondit Victoria, qui paraissait chagrine de mes accusations contre son parent. — En cela tu dis la vérité ; mais quant au reste, tu t'abuses...

— Et ce sacrifice héroïque, bon Scanvoch, — reprit le gouverneur, — Victoria le ferait, sachant que par mes calomnies souterraines j'aurais tâché de perdre son fils dans l'esprit de nos soldats?

— Ma sœur eût ignoré ces menées, si je ne les avais pas démasquées... D'ailleurs, souvent je lui ai entendu dire avec raison que si la paix s'affermissait enfin dans notre pays, il vaudrait mieux que son chef, au lieu d'être toujours enclin à batailler, songeât à guérir les maux des guerres passées; souvent elle vous a cité comme l'un de ces hommes qui préfèrent sagement la paix à la guerre.

— Je pense, il est vrai, que l'épée, bonne pour détruire, est impuissante à reconstruire, — reprit Victoria; — et, la liberté de la Gaule affermie, je voudrais que mon fils songeât plus à la paix qu'à la guerre... Aussi, t'ai-je engagé, Scanvoch, à tenter une dernière démarche auprès des chefs franks en t'envoyant près d'eux.

— Permettez-moi de vous interrompre, Victoria, — reprit Tétrik, — et de demander à notre ami Scanvoch s'il n'a pas d'autre accusation à porter contre moi...

— Je t'accuse d'être, ou l'agent secret de l'empereur romain, Galien, ou l'agent du chef de la nouvelle religion.

— Moi! — s'écria le gouverneur, — moi, l'agent des chrétiens!...

— J'ai dit l'agent du chef de la nouvelle religion... je veux parler de l'évêque qui siége à Rome.

— Moi, l'agent d'Étienne, évêque de Rome? le quatorzième pape de la nouvelle Eglise? de ce pape dont Firmilien, évêque de Césarée, écrivait ceci à Cyprien, chef du concile d'Espagne, composé de vingt-huit évêques : « Pourrait-on croire que cet homme (le pape Étienne) » ait une âme et un corps? apparemment le corps est bien mal con- » duit, et cette âme est déréglée; Étienne ne craint pas de traiter son » frère Cyprien de faux Christ, de faux apôtre, d'ouvrier frauduleux, » et pour ne pas l'entendre dire de lui-même, il a l'audace de le re- » procher aux autres (C). » Moi, l'agent de cet ambitieux et violent pontife!...

— Oui... à moins que, trompant à la fois et l'empereur romain et le pape de Rome, vous ne les serviez tous deux, quitte à sacrifier l'un ou l'autre, selon les nécessités de votre ambition.

— Que je serve les Romains, passe encore, Scanvoch, — répondit Tétrik avec son inaltérable placidité; — votre soupçon, si cruel qu'il soit pour moi, peut, à la rigueur, se comprendre : car, enfin, si par la force des armes nous sommes parvenus à reconquérir pas à pas, depuis près de trois siècles, presque toutes les libertés de la vieille Gaule, les empereurs romains ont vu avec douleur notre pays échapper à leur domination ; je comprendrais donc, bon Scanvoch, que vous m'accusiez de vouloir arriver au gouvernement de la Gaule, afin de la rendre tôt ou tard aux Romains, en la trahissant, il est vrai, d'une manière infâme... Mais croire que j'agis dans l'intérêt du pape des chrétiens, de ces malheureux partout persécutés, martyrisés... n'est-ce pas insensé?... Que pourrais-je faire pour eux? que pourraient-ils faire pour moi?...

Scanvoch allait répondre ; Victoria l'interrompit d'un geste, et dit à Tétrik, en lui montrant la croix de bois noir, symbole de la mort de Jésus, placée à côté de la coupe d'airain, où trempaient sept brins de gui, symbole druidique :

— Voyez cette croix, Tétrik, elle vous dit que, fidèle à nos dieux, je vénère cependant celui qui a dit :

« *Que nul homme n'avait le droit d'opprimer son semblable...*

» *Que les coupables méritaient pitié, consolation, et non le mépris* » *et la rigueur...*

» *Que les fers des esclaves devaient être brisés...* »

Glorifiées soient donc ces maximes ; les plus sages de nos druides les ont acceptées comme saintes ; c'est vous dire combien j'aime la tendre et pure morale de ce jeune homme de Nazareth... Mais, voyez-vous, Tétrik, — ajouta Victoria d'un air pensif, — il y a une chose étrange, mystérieuse, qui m'épouvante... Oui, bien des fois, durant mes longues veilles auprès du berceau de mon petit-fils, songeant au présent et au passé... j'ai été tourmentée d'une vague terreur pour l'avenir.

— Et cette terreur, — demanda Tétrik, — d'où vient-elle?

— Quelle a été depuis trois siècles l'implacable ennemie de la

Gaule? — reprit Victoria, — quelle a été l'impitoyable dominatrice du monde?

— *Rome*, — répondit le gouverneur, — Rome païenne!

— Oui, cette tyrannie qui pesait sur le monde avait son siége à Rome, — reprit Victoria. — Alors, dites-moi par quelle fatalité les évêques, les papes de cette nouvelle religion qui aspirent, ils ne le cachent pas, à régner sur l'univers en dominant les souverains du monde, non par la force, mais par la croyance... Oui, répondez! par quelle fatalité ces papes ont-ils établi à Rome le siége de leur nouveau pouvoir? Quoi! Jésus de Nazareth avait flétri de sa brûlante parole les *princes des prêtres* comme des fourbes, comme des hypocrites! Il avait surtout prêché l'humilité, le pardon, l'égalité, la communauté parmi les hommes, et voilà qu'en son nom divinisé de nouveaux *princes des prêtres* se donnent pour les futurs dominateurs de l'univers, les voilà déjà, comme le pape Étienne, accusés d'ambition, de fourberie, d'intolérance, même par les autres évêques chrétiens!

Et quel a été le premier pape qui soit venu s'établir à Rome au nom de Jésus? Un de ses disciples, un ingrat, un renégat, qui trois fois a, par lâcheté, renié son jeune maître... Ce renégat se nommait *Pierre*, — ai-je dit à mon tour. — J'ai lu cette honteuse trahison dans un récit contemporain sur la mort de Jésus, récit que m'a laissé mon aïeule... Victoria le connaît.

— C'est la vérité, — reprit ma sœur de lait, — et ceci m'avait déjà paru sinistre... quoi! le premier pape de cette nouvelle religion, dont les évêques semblent renier de plus en plus la douce morale de Jésus, a été ce même disciple qui a lâchement renié son jeune maître, abandonné de tous au moment de son martyre et de sa mort... sublimes comme sa vie!...

— Est-ce vous que j'entends parler ainsi, Victoria? — reprit Tétrik en s'adressant à ma sœur de lait; — vous, si sage, si éclairée, vous redoutez ces malheureux qui professent leur foi par leur martyre!

— Oh ! — s'écria la mère des camps avec exaltation, — j'aime... j'admire ces pauvres chrétiens mourant dans d'horribles tortures, en confessant l'égalité des hommes devant Dieu ! l'affranchissement des esclaves, la communauté des biens, l'amour et le pardon des coupables !... J'aime... j'admire ces pauvres chrétiens qui meurent suppliciés, en disant au nom de Jésus : « Ceux-là sont des monstres » d'iniquité, qui retiennent leurs frères en esclavage, qui les laissent souffrir du froid et de la faim, au lieu de partager avec eux » leur pain et leur manteau... » Oh ! pour ces héroïques martyrs, pitié ! vénération !... Mais je redoute, pour l'avenir de la Gaule, ceux-là qui se disent les chefs, les papes de ces chrétiens... Oui, je les redoute, ces princes des prêtres, venant établir à Rome le siége de leur mystérieux empire ! à Rome, ce centre de la plus effroyable tyrannie qui ait jamais écrasé le monde... Espèrent-ils donc, que l'univers ayant eu longtemps l'habitude de subir l'oppression de la Rome des Césars... subira patiemment l'oppression de la Rome des papes !...

— Victoria, — reprit Tétrik, — vous exagérez la puissance de ces pontifes chrétiens ; grand nombre d'entre eux, persécutés par les empereurs romains, n'ont-ils pas subi le martyre comme les plus pauvres néophytes ?...

— Je le sais... toute bataille a ses morts, et ces papes luttent contre les empereurs pour leur ravir la domination du monde !... je sais encore que parmi ces évêques, il s'en est trouvé de dignes de parler et de mourir au nom de Jésus... mais s'il se rencontre de dignes pontifes, le gouvernement, la domination des prêtres, n'en est pas moins en soi épouvantable !... Est-ce à moi de vous rappeler notre histoire, Tétrik ? dites, n'a-t-il pas été despotique, impitoyable, le gouvernement de nos prêtres à nous ? Il y a dix siècles, dans ces temps primitifs où nos druides, laissant, par un calcul odieux, les peuples dans une crasse ignorance, les dominaient par la barbarie, la superstition et la terreur !... Ces temps n'ont-ils pas été les plus détestables de l'histoire de la Gaule?... Ces temps d'oppression et d'abrutissement, n'ont-ils pas duré jusqu'à ces siècles glorieux et prospères, où nos druides, fondus dans le corps de la nation, comme citoyens, comme pères, comme soldats, ont participé à la vie commune, aux joies de la famille, aux guerres nationales contre l'étranger... Eux, toujours les premiers à soulever les populations asservies! Oh! je vous le dis, je vous le dis... ce que je redoute pour l'avenir des nations, c'est qu'un jour, voyez-vous, il ne se fonde à Rome je ne sais qu'elle ténébreuse alliance entre les puissants du monde et les papes catholiques... et alors, malheur aux peuples! car de cette alliance il sortira une effroyable tyrannie religieuse, cimentée par le sang de ces martyrs héroïques qui de nos jours croient mourir pour l'affranchissement des peuples!...

Victoria, en parlant ainsi, me semblait inspirée par le génie prophétique des druidesses des siècles passés. Tétrik l'avait silencieusement écoutée, mais au lieu de lui répondre, il reprit en souriant, comme toujours, avec sérénité :

— Nous voici loin de l'accusation que notre ami Scanvoch a portée contre moi... et pourtant, Victoria, vos paroles, au sujet des craintes que vous inspirent pour l'avenir *les princes des prêtres* chrétiens, comme vous les appelez, nous ramènent à cette accusation... Ainsi, selon vous, Scanvoch, le but des perfidies que vous me reprochez serait d'arriver au gouvernement de la Gaule, afin de la trahir au profit de Rome païenne ou de Rome catholique?

— Oui, — lui dis-je, — je crois cela.

— En deux mots, Scanvoch, je vais me justifier; Victoria m'aidera plus que personne... L'un de mes secrétaires, dites-vous, a tâché d'exciter l'hostilité de nos soldats contre Victorin, votre révélation me semble tardive; puis...

— Je n'ai su cela qu'hier soir, — dis-je au gouverneur de Gascogne en l'interrompant.

— Peu importe, — reprit-il, — ce secrétaire, je l'ai chassé dernièrement de chez moi, apprenant, par hasard, qu'en effet, irrité contre Victorin, qui, plusieurs fois ici, l'avait raillé, il s'était vengé en répandant sur lui des calomnies encore plus ridicules qu'odieuses; mais laissons ces misères... Je suis ambitieux, dites-vous, ami Scanvoch? je vise au gouvernement de la Gaule, dussé-je y arriver par d'indignes manœuvres?... Demandez à Victoria quel est le but de mon nouveau voyage à Mayence...

— Tétrik pense qu'il serait urgent pour la paix et la prospérité de la Gaule de proposer aux soldats d'acclamer le fils de mon fils, comme héritier du gouvernement de son père... Tétrik se croit certain du consentement de l'empereur Galien.

— Tétrik prévoit donc la mort prochaine de Victorin? — ai-je répondu, regardant fixement le gouverneur.

Mais celui-ci, dont on rencontrait rarement les yeux qu'il tenait ordinairement baissés, répondit :

— Les Franks sont de l'autre côté du Rhin... et Victorin est d'une bravoure téméraire; mon vif désir est qu'il vive de longues années; mais, selon moi, la Gaule trouverait un gage de sécurité pour l'avenir, si elle savait qu'après Victorin le pouvoir restera au fils de celui que l'armée a acclamé comme chef, surtout lorsque cet enfant aurait eu pour éducatrice Victoria la Grande... Victoria, l'auguste mère des camps!...

— Oui, — ai-je répondu, en tâchant de nouveau, mais en vain, de rencontrer le regard du gouverneur; — mais dans le cas où Victorin mourrait prochainement, qui me dit que vous, Tétrik, vous n'espérez pas être le tuteur de cet enfant, exercer le pouvoir en son nom, et arriver ainsi, par une autre voie, au gouvernement de la Gaule?

— Parlez-vous sérieusement, Scanvoch? — reprit Tétrik. — Demandez à Victoria si elle a besoin de mon aide pour faire de son petit-fils un homme digne d'elle et du pays?... La croyez-vous de ces femmes assez faibles pour partager avec autrui une tâche glorieuse? L'idolâtrie des soldats pour elle ne vous est-elle pas un sûr garant qu'elle seule, dans le cas où Victorin mourrait prématurément, qu'elle seule pourrait conserver la tutelle de son petit-fils et gouverner pour lui?

Victoria secoua la tête d'un air pensif et reprit :

— Je n'aime pas votre projet, Tétrik ; quoi? désigner au choix des soldats un enfant encore au berceau; qui sait ce que sera cet enfant? qui sait ce qu'il vaudra?

— Ne vous a-t-il pas pour éducatrice? — reprit Tétrik.

— N'ai-je pas aussi été l'éducatrice de Victorin? — répondit tristement la mère des camps; — cependant, malgré mes soins vigilants, mon fils a des défauts qui autorisent des calomnies redoutables, auxquelles je vous crois étranger ; je vous le dis sincèrement, Tétrik, j'espère maintenant que mon frère Scanvoch rendra, comme moi, justice à votre loyauté.

— Je l'ai dit, et je le répète, je soupçonne cet homme, — ai-je répondu à Victoria ; — elle s'écria avec impatience :

— Et moi, j'ai dit et je répète que tu es une tête de fer, une vraie tête bretonne! rebelle à toute raison, lorsqu'une idée fausse s'est implantée dans ta dure cervelle.

Convaincu par instinct de la perfidie de Tétrik, je n'avais pas de preuves contre lui, je me suis tu.

Tétrik a repris en souriant :

— Ni vous ni moi, Victoria, nous ne persuaderons le bon Scanvoch de son erreur ; laissons ce soin à une irrésistible séductrice : *la vérité*. Avec le temps elle prouvera ma loyauté. Nous reparlerons, Victoria, de votre répugnance à faire acclamer par l'armée votre petit-fils comme héritier du pouvoir de son père, j'espère vaincre vos scrupules ; mais, dites-moi, j'ai vu tout à l'heure en me rendant chez vous, le capitaine Marion, cet ancien ouvrier forgeron, qu'à mon autre voyage au camp vous m'avez présenté comme l'un des plus vaillants hommes de l'armée?

— Sa vaillance égale son bon sens et sa ferme raison, — reprit la mère des camps, — c'est aussi un noble cœur, car, malgré son élévation, il a continué d'aimer comme un frère un de ses anciens compagnons de forge, resté simple soldat.

— Et moi, — dis-je à Victoria, — dussé-je encore passer pour une tête de fer... je crois que dans cette affection le bon cœur et le bon sens du capitaine Marion se trompent. Selon moi il aime un ennemi... Puissiez-vous, Victoria, n'être pas aussi aveugle que le capitaine Marion !

— Le fidèle compagnon du capitaine Marion serait son ennemi? — reprit Victoria. — Tu es dans un jour de méfiance, mon frère...

— Un envieux est toujours un ennemi. L'homme dont je parle est resté soldat; il porte envie à son ancien camarade, devenu l'un des premiers capitaines de l'armée... de l'envie à la haine, il n'y a qu'un pas.

En disant ceci, j'avais encore, mais en vain, tâché de rencontrer le regard du gouverneur de Gascogne; mais je remarquai chez lui, non sans surprise, une sorte de tressaillement de joie lorsque j'affirmais que le capitaine Marion avait pour ennemi secret son camarade de guerre. Tétrik, toujours maître de lui, craignant sans doute que son tressaillement ne m'eût pas échappé, reprit :

— L'envie est un sentiment si révoltant, que je ne puis en entendre parler sans émotion. Je suis vraiment chagrin de ce que Scanvoch, qui, je l'espère, se trompe cette fois encore, nous apprend sur le camarade du capitaine Marion... Mais si ma présence vous empêche de recevoir le capitaine, dites-le-moi, Victoria... je me retire.

— Je désire au contraire que vous assistiez à l'entretien que je dois avoir avec Marion et mon frère Scanvoch ; tous deux ont été chargés par mon fils d'importants messages... et pourtant, — ajouta-t-elle avec un soupir, — la matinée s'avance, et mon fils n'est pas ici...

A ce moment la porte de la chambre s'ouvrit, et Victorin parut accompagné du capitaine Marion.

Victorin était alors âgé de vingt-deux ans. Je t'ai dit, mon enfant, que l'on avait frappé plusieurs médailles où il figurait sous les traits du dieu *Mars*, à côté de sa mère, coiffée d'un casque ainsi que la *Minerve* antique ; Victorin aurait pu en effet servir de modèle à une statue du dieu de la guerre. Grand, svelte, robuste, sa tournure, à la fois élégante et martiale, plaisait à tous les yeux ; ses traits, d'une beauté rare comme ceux de sa mère, en différaient par une expression joyeuse et hardie. La franchise, la générosité de son caractère se lisaient sur son visage ; malgré soi, l'on oubliait en le voyant les défauts qui déparaient ce vaillant naturel, trop vivace, trop fougueux pour refréner les entraînements de l'âge. Victorin venait sans doute de passer une nuit de plaisir, pourtant sa figure était aussi reposée que s'il fût sorti de son lit. Un chaperon de feutre, orné d'une aigrette, couvrait à demi ses cheveux noirs, bouclés autour de son mâle et brun visage, à demi ombragé d'une légère barbe brune ; sa saie gauloise, d'étoffe de soie rayée de pourpre et de blanc, était serrée à sa taille par un ceinturon de cuir brodé d'argent, où pendait son épée à poignée d'or curieusement ciselée, véritable chef-d'œuvre de l'orfévrerie d'Autun. Victorin en entrant chez sa mère, suivi du capitaine Marion, alla droit à Victoria avec un mélange de tendresse et de respect ; il mit un genou en terre, prit une de ses mains qu'il baisa, puis, ôtant son chaperon, il tendit son front en disant :

— Salut, ma mère !...

Il y avait un charme si touchant dans l'attitude, dans l'expression des traits du jeune général, ainsi agenouillé devant sa mère, que je la vis hésiter un instant entre le désir d'embrasser ce fils qu'elle adorait et la volonté de lui témoigner son mécontentement ; aussi, repoussant légèrement de la main le front de Victorin, elle lui dit d'une voix grave, en lui montrant le berceau placé à côté d'elle :

— Embrassez votre fils... vous ne l'avez pas vu depuis hier matin...

Le jeune général comprit ce reproche indirect, se releva tristement, s'approcha du berceau, prit l'enfant entre ses bras, et l'embrassa avec effusion en regardant Victoria, semblant ainsi se dédommager de la sévérité maternelle.

Le capitaine Marion s'était approché de moi: il me dit tout bas :

— C'est pourtant un bon cœur que ce Victorin; combien il aime sa mère... combien il aime son enfant!... Il leur est certes aussi attaché que je le suis, moi, à mon ami Eustache, qui compose à lui seul toute ma famille... Quel dommage que cette *peste de luxure* (le bon capitaine prononçait peu de paroles sans y joindre cette exclamation), quel dommage que cette peste de luxure tienne si souvent ce jeune homme entre ses griffes!

— C'est un malheur!... Mais croyez-vous Victorin capable de l'infâme lâcheté dont on l'accuse dans le camp? — ai-je répondu au capitaine de manière à être entendu de Tétrik, qui, parlant tout bas à Victoria, semblait lui reprocher sa sévérité à l'égard de son fils.

— Non, par le diable! — reprit Marion; — je ne crois pas Victorin capable de ces indignités... surtout quand je le vois ainsi entre son fils et sa mère.

Le jeune général, après avoir soigneusement replacé dans le berceau l'enfant, qui lui tendait ses bras, dit affectueusement au gouverneur de Gascogne :

— Salut, Tétrik!... J'aime toujours à voir ici le sage et fidèle ami de ma mère.

Puis, se tournant vers moi :

— Je savais ton retour, Scanvoch... en l'apprenant, ma joie a été grande, et grande aussi mon inquiétude durant ton absence. Ces bandits franks nous ont souvent prouvé comment ils respectaient les trêves et les parlementaires...

Mais, remarquant sans doute la tristesse encore empreinte sur les traits de Victoria, son fils s'approcha d'elle, et lui dit avec autant de franchise que de tendre déférence :

— Tenez, ma mère... avant de parler ici des messages du capitaine Marion et de Scanvoch... laissez-moi vous dire ce que j'ai sur le cœur... peut-être votre front s'éclaircira-t-il... et je n'y verrai plus ce mécontentement dont je m'afflige... Tétrik est notre bon parent, le capitaine Marion notre ami, Scanvoch votre frère... je n'ai rien à cacher ici... Avouez-le, chère mère, vous êtes chagrine parce que j'ai passé cette nuit dehors?

— Vos désordres m'affligent, Victorin... je m'afflige davantage encore de ce que ma voix n'est plus écoutée par vous...

— Mère... je veux tout vous avouer; mais, je vous le jure, je me suis plus cruellement reproché ma faiblesse que vous ne me la reprocherez vous-même... Hier soir, fidèle à ma promesse de m'entretenir longuement avec vous pendant une partie de la nuit sur de graves intérêts, je rentrais sagement au logis... j'avais refusé... oh! héroïquement refusé d'aller souper avec trois capitaines des dernières légions de cavalerie arrivées à Mayence et venant de Béziers... Ils avaient eu beau me vanter de grandes vieilles cruches de vin de ce pays du vin par excellence! soigneusement apportées par eux dans leur chariot de guerre pour fêter leur bienvenue... j'étais resté impitoyable... Ils crurent alors me gagner en me parlant de deux chanteuses bohémiennes de Hongrie, Kidda et Flory... (Pardon ma mère de prononcer de pareils noms devant vous, mais la vérité m'y oblige.) Ces bohémiennes, disaient mes tentateurs, arrivées à Mayence depuis peu de temps, étaient belles comme des astres, lutines comme des démons, et chantaient comme des rossignols!

— Ah! je la vois... je la vois venir d'ici, cette peste de luxure, marchant sur ses pattes pelues, comme une tigresse sournoise et affamée!!! — s'écria Marion. — Que je voudrais donc faire danser ces effrontées diablesses de Bohême sur des plaques de fer rougies au feu... c'est alors qu'elles chanteraient d'une manière douce à mes oreilles...

— J'ai été encore plus sage que toi, brave Marion, — reprit Victorin; — je n'ai voulu les voir chanter et danser d'aucune façon... j'ai fui à grands pas mes tentateurs pour revenir ici...

— Tu auras eu beau fuir, cette damnée luxure a les jambes aussi longues que les bras et les dents! — dit le capitaine; — elle t'aura rattrapé, Victorin!...

— Daignez m'écouter, ma mère, — reprit Victorin, voyant ma sœur de lait faire un geste de dégoût et d'impatience. — Je n'étais plus qu'à deux cents pas du logis... la nuit était noire, une femme enveloppée d'une mante à capuchon m'aborde...

— Et de trois! — s'écria le bon capitaine en joignant les mains. — Voici les deux bohémiennes renforcées d'une femme à coqueluchon... Ah! malheureux Victorin! l'on ne sait pas les piéges diaboliques cachés sous ces coqueluchons... mon ami Eustache serait encoqueluchonné... que je le fuirais!...

» — Mon père est un vieux soldat, me dit cette femme, — reprit » Victorin; — une de ses blessures s'est rouverte, il se meurt. Il » vous a vu naître, Victorin... il ne veut pas mourir sans presser une » dernière fois la main de son jeune général; refuserez-vous cette » grâce à mon père expirant? » — Voilà ce que m'a dit cette inconnue d'une voix touchante; qu'aurais-tu fait, toi, Marion?

— Malgré mon épouvante des coqueluchons, je serais ma foi allé voir ce vieux homme, — répondit le capitaine; — certes j'y serais allé, puisque ma présence pouvait lui rendre la mort plus agréable...

— Je fais donc ce que tu aurais fait, Marion, je suis l'inconnue; nous arrivons à une maison obscure, la porte s'ouvre, ma conductrice me prend la main, je marche quelques pas dans les ténèbres; soudain, une vive lumière m'éblouit, je me vois entouré par les trois capitaines des légions de Béziers, et par d'autres officiers; la femme voilée laisse tomber sa mante, et je reconnais...

— Une de ces damnées bohêmes! — s'écria le capitaine. — Ah! je te le disais bien, Victorin, que les coqueluchons cachaient d'horribles choses!

— Horribles?... Hélas! non, Marion; et je n'ai pas eu le courage de fermer les yeux... Aussitôt je suis cerné de tous côtés; l'autre bohémienne accourt, les officiers m'entourent; les portes sont fermées, on m'entraîne à la place d'honneur. Kidda se met à ma droite, Flory à ma gauche; devant moi se dresse une de ces grosses vieilles cruches, remplie d'un divin nectar, disaient ces maudits; et...

— Et le jour vous surprend dans cette nouvelle orgie, — dit gravement Victoria en interrompant son fils. — Vous oubliez ainsi dans la débauche l'heure qui vous rappelait auprès de moi. Est-ce là une excuse?...

— Non, chère mère, c'est un aveu... car j'ai été faible... mais aussi vrai que la Gaule est libre, je revenais sagement près de vous sans la ruse qu'on a employée pour me retenir. Ne me serez-vous pas indulgente, cette fois encore? je vous en supplie! — ajouta Victorin en s'agenouillant de nouveau devant ma sœur de lait. — Ne soyez plus ainsi soucieuse et sévère; je sais mes torts! l'âge me guérira... Je suis trop jeune, j'ai le sang trop vif; l'ardeur du plaisir m'emporte souvent malgré moi... pourtant, vous le savez, ma mère, je donnerais ma vie pour vous...

— Je le crois; mais vous ne me feriez pas le sacrifice de vos folles et mauvaises passions...

— A voir Victorin ainsi respectueux et repentant aux genoux de sa mère, — ai-je dit tout bas à Marion, — penserait-on que c'est là ce général illustre et redouté des ennemis de la Gaule, qui, à vingt-deux ans, a déjà gagné cinq grandes batailles?

— Victoria, — reprit Tétrik de sa voix insinuante et douce, — je suis père aussi et enclin à l'indulgence... De plus, dans mes délassements, je suis poëte, et j'ai écrit une ode *à la jeunesse*. Comment serais-je sévère?... J'aime tant les vaillantes qualités de notre cher Victorin, que le blâme m'est difficile! Serez-vous donc insensible aux tendres paroles de votre fils?... Sa jeunesse est son seulcrime... il vous l'a dit, l'âge le guérira... et son affection pour vous, sa déférence à vos volontés hâteront la guérison...

Au moment où le gouverneur de Gascogne parlait ainsi, un grand tumulte se fit au dehors de la demeure de Victoria; et bientôt on entendit ce cri :

— *Aux armes! aux armes!*

Victorin et sa mère, près de laquelle il s'était tenu agenouillé, se levèrent brusquement.

— On crie aux armes! — dit vivement le capitaine Marion en prêtant l'oreille.

— Les Franks auront rompu la trêve, — m'écriai-je à mon tour; — hier un de leurs chefs m'avait menacé d'une prochaine attaque contre le camp; je n'avais pas cru à une si prompte résolution.

— On ne rompt jamais une trêve avant son terme, sans notifier cette rupture, — dit Tétrik.

— Les Franks sont des barbares capables de toutes les trahisons, — s'écria Victorin en courant vers la porte.

Elle s'ouvrit devant un officier couvert de poussière, et si haletant qu'il put d'abord à peine parler.

— Vous êtes du poste de l'avant-garde du camp, à quatre lieues d'ici? — dit le jeune général au nouveau venu, car Victorin connaissait tous les officiers de l'armée, — que se passe-t-il?

— Une innombrable quantité de radeaux, chargés de troupes et remorqués par des barques commençaient à paraître vers le milieu du Rhin, lorsque, d'après l'ordre du commandant du poste, je l'ai quitté pour accourir à toute bride vous annoncer cette nouvelle, Victorin... Les hordes franques doivent à cette heure avoir débarqué... Le poste que je quitte, trop faible pour résister à une armée, s'est sans doute replié sur le camp; en le traversant j'ai crié aux armes! Les légions et les cohortes se forment à la hâte.

— C'est la réponse de ces barbares à notre message porté par Scanvoch, — dit la mère des camps à Victorin.

— Que t'ont répondu les Franks? — me demanda le jeune général.

—Néroweg, un des principaux rois de leur armée, a repoussé toute idée de paix, — ai-je dit à Victorin; — ces barbares veulent envahir la Gaule, s'y établir et nous asservir... J'ai menacé leur chef d'une guerre d'extermination; il m'a répondu que le soleil ne se lèverait pas six fois avant qu'il fût venu ici dans notre camp, enlever *Victoria la Grande*...

— S'ils marchent sur nous, il n'y a pas un instant à perdre! — s'écria Tétrik effrayé en s'adressant au jeune général qui, calme, pensif, les bras croisés sur sa poitrine, réfléchissait en silence, — il faut agir, et promptement agir!

— Avant d'agir, — répondit Victorin toujours méditatif, — il faut penser.

— Mais, — reprit le gouverneur, — si les Franks s'avancent rapidement vers le camp?

— Tant mieux, — dit Victorin avec impatience, — tant mieux, laissons-les s'approcher...

La réponse de Victorin surprit Tétrik, et je l'avoue, j'aurais été moi-même étonné, presque inquiet d'entendre le jeune général parler de temporisation en présence d'une attaque imminente, si je n'avais eu de nombreuses preuves de la sûreté de jugement de Victorin; sa mère fit signe au gouverneur de le laisser réfléchir à son plan de bataille, qu'il méditait sans doute, et dit à Marion:

— Vous arrivez ce matin de votre voyage au milieu des peuplades de l'autre côté du Rhin, si souvent pillées par ces barbares? Quelles sont les dispositions de ces tribus?

— Trop faibles pour agir seules, elles se joindront à nous au premier appel... Des feux allumés par nous, ou le jour ou la nuit, sur la colline de Bérak, leur donneront le signal; des veilleurs l'attendent; aussitôt qu'ils l'apercevront, ils se tiendront prêts à marcher; un de nos meilleurs capitaines, après le signal donné, fera embarquer quelques troupes d'élite, traversera le Rhin et opérera sa jonction avec ces tribus, pendant que le gros de notre armée agira d'un autre côté.

— Votre projet est excellent, capitaine Marion, — dit Victoria; —

en ce moment surtout une pareille alliance nous est d'un grand secours... Vous avez, comme d'habitude, vu juste et loin...

— Quand on a de bons yeux, il faut tâcher de s'en servir de son mieux, — répondit avec bonhomie le capitaine, — aussi ai-je dit à mon ami Eustache...

— Quel ami? — demanda Victoria; — de qui parlez-vous, capitaine?

— D'un soldat... mon ancien camarade d'enclume : je l'avais emmené avec moi dans le voyage d'où j'arrive; or, au lieu de ruminer en moi-même mes petits projets, je les dis tout haut à mon ami Eustache; il est discret, point sot du tout, bourru en diable, et souvent il me grommelle des observations dont je profite.

— Je sais votre amitié pour ce soldat, — reprit Victoria, — elle vous honore.

— C'est chose simple que d'aimer un vieil ami; je lui ai donc dit : Vois-tu, Eustache, un jour ou l'autre ces écorcheurs franks tenteront une attaque décisive contre nous; ils laisseront, pour assurer leur retraite, une réserve à la garde de leur camp et de leurs chariots de guerre; cette réserve ne sera pas un morceau trop gros à avaler pour nos tribus alliées, renforcées d'une bonne légion d'élite commandée par un de nos capitaines... de sorte que si ces écorcheurs sont battus de ce côté-ci du Rhin, toute retraite leur sera coupée sur l'autre rive. Ce que je prévoyais arrive aujourd'hui; les Franks nous attaquent, il faudrait donc, je crois, envoyer sur l'heure aux tribus alliées quelques troupes d'élite, commandées par un capitaine énergique, prudent et bien avisé.

— Ce capitaine... ce sera vous, Marion, — dit Victoria.

— Moi, soit... Je connais le pays... mon projet est fort simple... Pendant que les Franks viennent nous attaquer je traverse le Rhin, afin de brûler leur camp, leurs chariots et d'exterminer leur réserve... Que Victorin les batte sur notre rive, ils voudront repasser le fleuve et me trouveront sur l'autre bord avec mon ami Eustache, prêt à leur tendre autre chose que la main pour les aider à aborder. Grande vanité d'ailleurs pour eux d'aborder en ce lieu, puisqu'ils n'y trouveraient plus ni réserve, ni camp, ni chariots.

— Marion, — reprit ma sœur de lait après avoir attentivement écouté le capitaine, — le gain de la bataille est certain, si vous exécutez ce plan avec votre bravoure et votre sang-froid ordinaires.

— J'ai bon espoir, car mon ami Eustache m'a dit d'un ton encore plus hargneux que d'habitude : « Il n'est point déjà si sot, ton projet, il n'est point déjà si sot. » Or, l'approbation d'Eustache m'a toujours porté bonheur.

— Victoria, — dit à demi-voix Tétrik, ne pouvant contraindre davantage son anxiété, — je ne suis pas homme de guerre... j'ai une confiance entière dans le génie militaire de votre fils ; mais de moment en moment un ennemi qui nous est deux ou trois fois supérieur en nombre s'avance contre nous... et Victorin ne décide rien, n'ordonne rien !

— Il vous l'a dit avec raison : Avant d'agir il faut penser, — répondit Victoria. — Ce calme réfléchi... au moment du péril, est d'un homme sage... N'est-il pas insensé de courir en aveugle au-devant du danger ?

Soudain Victorin frappa dans ses mains, sauta au cou de sa mère qu'il embrassa, en s'écriant :

— Ma mère... Hésus m'inspire... Pas un de ces barbares n'échappera, et pour longtemps la paix de la Gaule sera du moins assurée... Ton projet est excellent, Marion... il se lie à mon plan de bataille, comme si nous l'avions conçu à nous deux.

— Quoi ! tu m'as entendu ? — dit le capitaine étonné, — moi qui te croyais absorbé dans tes réflexions !

— Un amant, si absorbé qu'il paraisse, entend toujours ce qu'on dit de sa maîtresse, mon brave Marion, — répondit gaiement Victorin ; — et ma souveraine maîtresse, à moi... c'est la guerre !

— Encore cette peste de luxure ! — me dit à demi-voix le capitaine. — Hélas ! elle le poursuit partout, jusque dans ses idées de bataille !

— Marion, — reprit Victorin, — nous avons ici, sur le Rhin, deux cents barques de guerre à six rames ?

— Tout autant et bien équipées.

— Cinquante de ces barques te suffiront pour transporter le renfort de troupes d'élite, que tu vas conduire à nos alliés de l'autre côté du fleuve ?

— Cinquante me suffiront.

— Les cent cinquante autres, montées chacune par dix rameurs-soldats armés de haches, et par vingt archers choisis, se tiendront prêtes à descendre le Rhin jusqu'au promontoire d'Herfel, où elles attendront de nouvelles instructions; donne cet ordre au capitaine de la flottille en t'embarquant.

— Ce sera fait...

— Exécute ton plan de point en point, brave Marion... Extermine la réserve des Franks, incendie leur camp, leurs chariots... la journée est à nous si je force ces écorcheurs à la retraite.

— Et tu les y forceras, Victorin... c'est chez toi vieille habitude, quoique ta barbe soit naissante. Je cours chercher mon bon ami Eustache et exécuter tes ordres...

Avant de sortir, le capitaine Marion tira son épée, la présenta par la poignée à la mère des camps, et lui dit :

— Touchez, s'il vous plaît, cette épée de votre main, Victoria... ce sera d'un bon augure pour la journée...

— Va, brave et bon Marion, — répondit la mère des camps en rendant l'arme, après en avoir serré virilement la poignée dans sa belle et blanche main, — va, Hésus est pour la Gaule, qui veut vivre libre et prospère.

— Notre cri de guerre sera : Victoria la Grande ! et on l'entendra d'un bord à l'autre du Rhin, — dit Marion avec exaltation; puis il ajouta en sortant précipitamment : — Je cours chercher mon ami Eustache, et à nos barques ! à nos barques !

Au moment où Marion sortait, plusieurs chefs de légions et de cohortes, instruits du débarquement des Franks par l'officier qui, porteur de cette nouvelle, avait sur son passage répandu l'alarme dans le camp, accoururent prendre les ordres du jeune général.

— Mettez-vous à la tête de vos troupes, — leur dit-il. — Rendez-vous avec elles au champ d'exercice. Là, j'irai vous rejoindre, et je vous assignerai votre marche de bataille ; je veux auparavant en conférer avec ma mère.

— Nous connaissons ta vaillance et ton génie militaire, — répondit le plus âgé de ces chefs des cohortes, robuste vieillard à barbe blanche. — Ta mère, l'ange de la Gaule, veille à tes côtés... Nous attendrons tes ordres avec confiance.

— Ma mère, — dit le jeune général d'une voix touchante, — votre pardon, à la face de tous, et un baiser de vous, me donneraient bon courage pour cette grande journée de bataille ! ! !

— Les égarements de la jeunesse de mon fils ont souvent attristé mon cœur, ainsi que le vôtre, à vous, qui l'avez vu naître, — dit Victoria aux chefs des cohortes ; — pardonnez-lui comme je lui pardonne...

Et elle serra passionnément son fils contre sa poitrine.

— D'infâmes calomnies ont couru dans l'armée contre Victorin, — reprit le vieux capitaine ; — nous n'y avons pas cru, nous autres ; mais moins éclairé que nous, le soldat est prompt au blâme comme à la louange... Suis donc les conseils de ton auguste mère, Victorin, ne donne plus prétexte aux calomnies... Nous te disons ceci comme à notre fils, à toi l'enfant des camps, dont Victoria la Grande est la mère : nous allons attendre tes ordres ; compte sur nous, nous comptons sur toi.

— Vous me parlez en père, — répondit Victorin, ému de ces simples et dignes paroles, — je vous écouterai en fils ; votre vieille expérience m'a guidé tout enfant sur les champs de bataille ; votre exemple a fait de moi le soldat que je suis ; je tâcherai, aujourd'hui encore, de me montrer digne de vous et de ma mère...

— C'est ton devoir, puisque nous nous glorifions en toi et en elle, — répondit le vieux capitaine ; puis, s'adressant à Victoria : — L'armée ne te verra-t-elle pas tout à l'heure avant de marcher au combat ? Pour nos soldats et pour nous, ta présence est toujours un bon présage...

— J'accompagnerai mon fils jusqu'au champ d'exercice, et puis bataille et triomphe !... Les aigles romaines planaient sur notre terre asservie ! le coq gaulois les en a chassées... et il ne chasserait pas cette nuée d'oiseaux de proie qui veulent s'abattre sur la Gaule ! — s'écria la mère des camps avec un élan si fier, si superbe, que je crus voir en elle la déesse de la patrie et de la liberté. — Par Hésus ! le Frank barbare nous conquérir ! Il ne resterait donc en Gaule ni une lance, ni une épée, ni une fourche, ni un bâton, ni une pierre !...

A ces mâles paroles, les chefs des légions, partageant l'exaltation de Victoria, tirèrent spontanément leurs épées, les choquèrent les unes contre les autres, et s'écrièrent à ce bruit guerrier :

— Par le fer de ces épées, Victoria, nous te le jurons, la Gaule restera libre ! ou tu ne nous reverras pas !...

— Oui... par ton nom auguste et cher, Victoria ! nous combattrons jusqu'à la dernière goutte de sang !...

Et tous sortirent en criant :

— Aux armes ! nos légions !...

— Aux armes ! nos cohortes !...

Durant toute cette scène, où s'étaient si puissamment révélés le génie militaire de Victorin, sa tendre déférence pour sa mère, l'imposante influence qu'elle et lui exerçaient sur les chefs de l'armée, j'avais souvent, à la dérobée, jeté les yeux sur le gouverneur de Gascogne, retiré dans un coin de la chambre ; était-ce sa peur de l'approche des Franks, était-ce sa secrète rage de reconnaître en ce moment la vanité de ses calomnies contre Victorin (car malgré la doucereuse habileté de sa défense, je soupçonnais toujours Tétrik)? je ne sais; mais sa figure livide, altérée, devenait de plus en plus méconnaissable... Sans doute de mauvaises passions, qu'il avait intérêt à cacher, l'animaient alors ; car, après le départ des chefs de légions, la mère des camps s'étant retournée vers le gouverneur, celui-ci tâcha de reprendre son masque de douceur habituelle, et dit à Victoria, en s'efforçant de sourire :

— Vous et votre fils, vous êtes doués de magie... Selon ma faible raison, rien n'est plus inquiétant que cette approche de l'armée franque, dont vous ne semblez pas vous soucier, délibérant aussi paisiblement ici que si le combat devait avoir lieu demain... Et pourtant votre tranquillité, en de pareilles circonstances, me donne une aveugle confiance...

— Rien de plus naturel que notre tranquillité, — reprit Victorin ; — j'ai calculé le temps nécessaire aux Franks pour achever de traverser le Rhin, de débarquer leurs troupes, de former leurs colonnes, et d'arriver à un passage qu'ils doivent forcément traverser... Hâter mes mouvements serait une faute, ma lenteur me sert.

Puis, s'adressant à moi, Victorin me dit :

— Scanvoch, va t'armer ; j'aurai des ordres à te donner après avoir conféré avec ma mère.

— Tu me rejoindras avant que d'aller retrouver mon fils sur le champ d'exercice, — me dit à son tour Victoria ; — j'ai aussi, moi, quelques recommandations à te faire.

— J'oubliais de te dire une chose importante peut-être en ce moment, — ai-je repris. — La sœur d'un des *rois* franks, craignant d'être mise à mort par son frère, est venue hier du camp des barbares avec moi.

— Cette femme pourra servir d'otage, — dit Tétrik, — il faut la garder étroitement comme prisonnière.

— Non, — ai-je répondu au gouverneur, — j'ai promis à cette

femme qu'elle serait libre ici, et je l'ai assurée de la protection de Victoria.

— Je tiendrai ta promesse, — reprit ma sœur de lait. — Où est cette femme ?

— Dans ma maison.

— Fais-la conduire ici après le départ des troupes, je la verrai.

Je sortais, ainsi que le gouverneur de Gascogne, afin de laisser Victorin seul avec sa mère, lorsque j'ai vu entrer chez elle plusieurs bardes et druides qui, selon notre antique usage, marchaient toujours à la tête de l'armée, afin de l'animer encore par leurs chants patriotiques et guerriers.

En quittant la demeure de Victoria, je courus chez moi pour m'armer et prendre mon cheval. De toutes parts les trompettes, les buccins, les clairons retentissaient au loin dans le camp; lorsque j'entrai dans ma maison, ma femme et Sampso, déjà prévenues par la rumeur publique du débarquement des Franks, préparaient mes armes ; Ellèn fourbissait de son mieux ma cuirasse d'acier, dont le poli avait été la veille altéré par le feu du brasier allumé sur mon armure par l'ordre de Néroweg, *l'Aigle terrible*, ce puissant ROI des Franks.

— Tu es bien la vraie femme d'un soldat, — dis-je à Ellèn, en souriant de la voir si contrariée de ne pouvoir rendre brillante la place ternie qui contrastait avec les autres parties de ma cuirasse. — L'éclat des armes de ton mari est ta plus belle parure.

— Si nous n'étions pas si pressées par le temps, — me dit Ellèn, nous serions parvenues à faire disparaître cette place noire ; car, depuis une heure, Sampso et moi, nous cherchons à deviner comment tu as pu noircir et ternir ainsi ta cuirasse.

— On dirait des traces de feu, — reprit Sampso, qui, de son côté, fourbissait activement mon casque avec un morceau de peau; — le feu seul peut ainsi ronger le poli de l'acier.

— Vous avez deviné, Sampso, — ai-je répondu en riant et allant prendre mon épée, ma hache d'armes et mon poignard, — il y avait grand feu au camp des Franks ; ces gens hospitaliers m'ont engagé à m'approcher du brasier; la soirée était fraîche, et je me suis placé un peu trop près du foyer.

— L'annonce du combat te rend joyeux, mon Scanvoch, — reprit ma femme, — c'est ton habitude, je le sais depuis longtemps.

— Et l'annonce du combat ne t'attriste pas, mon Ellèn, parce que tu as le cœur ferme.

— Je puise ma fermeté dans la foi de nos pères, mon Scanvoch ; elle m'a enseigné que nous allons revivre ailleurs avec ceux-là que nous avons aimés dans ce monde-ci, — me répondit doucement Ellèn, en m'aidant, ainsi que Sampso, à boucler ma cuirasse. — Voilà pourquoi je pratique cette maxime de nos mères. « La Gauloise ne » pâlit jamais lorsque son vaillant époux part pour le combat, et elle » rougit de bonheur à son retour ; » s'il ne revient plus, elle songe avec fierté qu'il est mort en brave, et chaque soir elle se dit : Encore un jour d'écoulé, encore un pas de fait vers ces mondes inconnus où l'on va retrouver ceux qui nous ont été chers.

— Ne parlons pas d'absence, mais de retour, — dit Sampso en me présentant mon casque si soigneusement fourbi de ses mains, qu'elle aurait pu mirer dans l'acier sa douce figure ; — vous avez été jusqu'ici heureux à la guerre, Scanvoch, le bonheur vous suivra, vous nous le ramènerez avec vous.

— J'en crois votre assurance, chère Sampso... Je pars, heureux de votre affection de sœur et de l'amour d'Ellèn ; heureux je reviendrai, surtout si j'ai pu marquer de nouveau à la face certain *roi* de ces écorcheurs franks, en reconnaissance de sa loyale hospitalité d'hier envers moi ; mais me voici armé... un baiser à mon petit Aëlguen, et à cheval !...

Au moment où je me dirigeais vers la chambre de ma femme, Sampso m'arrêtant :

— Mon frère... et cette étrangère ?

— Vous avez raison, Sampso, je l'oubliais.

J'avais, par prudence, enfermé Elwig; j'allai heurter à sa porte, et je lui dis :

— Veux-tu que j'entre chez toi?

Elle ne me répondit pas; inquiet de ce silence, j'ouvris la porte : je vis Elwig assise sur le bord de sa couche, son front entre ses mains. A mon aspect, elle jeta sur moi un regard farouche et resta muette. Je lui demandai :

— Le sommeil t'a-t-il calmée?

— Il n'est plus de sommeil pour moi... — m'a-t-elle brusquement répondu. — Riowag est mort!...

— Vers le milieu du jour, ma femme et ma sœur te conduiront auprès de Victoria la Grande; elle te traitera en amie... Je lui ai annoncé ton arrivée au camp.

La sœur de Néroweg, *l'Aigle terrible*, me répondit par un geste d'insouciance.

— As-tu besoin de quelque chose? — lui ai-je dit. — Veux-tu manger? veux-tu boire?...

— Je veux de l'eau... J'ai soif... je brûle!...

Sampso, malgré le refus de la prêtresse, alla chercher quelques provisions, une cruche d'eau, déposa le tout près d'Elwig, toujours sombre, immobile et muette; je fermai la porte, et remettant la clef à ma femme :

— Toi et Sampso, vous accompagnerez cette malheureuse créature chez Victoria vers le milieu du jour; mais veille à ce qu'elle ne puisse être seule avec notre enfant...

— Que crains-tu?

— Il y a tout à craindre de ces femmes barbares, aussi dissimulées que féroces... J'ai tué son amant en me défendant contre lui, elle serait peut-être capable par vengeance d'étrangler notre fils.

A ce moment je te vis accourir à moi, mon cher enfant. Entendant ma voix du fond de la chambre de ta mère, tu avais quitté ton lit, et tu venais demi-nu, les bras tendus vers moi, tout riant à la vue de mon armure, dont l'éclat réjouissait tes yeux. L'heure me pressait, je t'embrassai tendrement, ainsi que ta mère et sa sœur; puis j'allai seller mon cheval, mon brave et vigoureux *Tom-Bras*, à qui j'avais donné ce nom, en commémoration de notre aïeul JOEL, qui appelait aussi *Tom-Bras* le fougueux étalon qu'il montait à la bataille de Vannes. Sampso et ta mère, qui te tenait entre ses bras, m'accompagnèrent jusqu'à l'écurie; ta tante m'aidait à brider ma monture, et caressant sa nerveuse encolure, elle disait :

— *Tom-Bras*, ne laisse pas ton maître en péril, sauve-le par la vitesse, et au besoin défends-le comme ce vaillant Tom-Bras des temps passés, qui, monté par le brenn de la tribu de Karnak, attaquait les Romains à coups de pied et à coups de dents.

— Chère Sampso, — ai-je repris en riant et me mettant en selle, — ne donnez pas ainsi de mauvais conseils à Tom-Bras en l'engageant à me sauver par sa vitesse. Le bon cheval de guerre est rapide dans la poursuite, lent dans la fuite... Quant à jouer des dents et des sabots, il s'en acquitte au mieux, témoin ce cheval frank, ma capture, qu'il a mis, vous le savez, presque en lambeaux dans cette écurie... Tom-Bras est comme son maître, il abhorre la race franque... Adieu, chère Sampso!... adieu, mon Ellèn bien-aimée!... adieu, mon petit Aëlguen!..

Et après un dernier regard jeté sur ta mère, qui te tenait entre ses bras, je partis au galop, afin de rejoindre Victoria sur le champ d'exercice, où l'armée devait être réunie.

Le bruit lointain des clairons, les hennissements des chevaux auxquels il répondait, animèrent Tom-Bras; il bondissait avec vigueur... Je le calmai de la voix, je le caressai de la main, afin de l'assagir et de ménager ses forces pour cette rude journée. A peu de distance du champ d'exercice, j'ai vu à cent pas devant moi Victoria, escortée de quelques cavaliers. Je l'eus bientôt rejointe... Tétrik, monté sur une petite haquenée, se tenait à la gauche de la mère des camps, elle avait à sa droite un barde druide, nommé Rolla, qu'elle affectionnait pour sa bravoure, son noble caractère et son talent de poëte. Plusieurs autres druides étaient disséminés parmi les différents corps de l'armée, afin de marcher côte à côte des chefs à la tête des troupes.

Victoria, coiffée du léger casque d'airain de la Minerve antique, surmonté du coq gaulois en bronze doré, tenant sous ses pattes une alouette expirante, montait, avec sa fière aisance, son beau cheval blanc, dont la robe satinée brillait de reflets argentés; sa housse, écarlate comme sa bride, traînait presque à terre, à demi cachée sous les plis de la longue robe noire de la mère des camps, qui, assise de côté sur sa monture, chevauchait fièrement; son mâle et beau visage semblait animé d'une ardeur guerrière : une légère rougeur colorait ses joues; son sein palpitait, ses grands yeux bleus brillaient d'un incomparable éclat sous leurs sourcils noirs... Je me joignis, sans être aperçu d'elle, aux autres cavaliers de son escorte... Les cohortes, bannières déployées, clairons et buccins en tête, se rendant au champ d'exercice, passaient successivement à nos côtés d'un pas rapide : les officiers saluaient Victoria de l'épée, les bannières s'inclinaient devant elle, et soldats, capitaines, chefs de cohortes, tous enfin criaient d'une même voix avec enthousiasme :

— Salut à Victoria la Grande !...

— Salut à la mère des camps !...

Parmi les premiers soldats d'une des cohortes qui passèrent ainsi près de nous, j'ai reconnu Douarnek, un de mes quatre rameurs de la veille; malgré sa blessure récente, le courageux Breton marchait à son rang... Je m'approchai de lui au pas de mon cheval, et lui dis :

— Douarnek, les dieux envoient à Victorin une occasion propice de prouver à l'armée que malgré d'indignes calomnies il est toujours digne de la commander.

— Tu as raison, Scanvoch, — me répondit le Breton. — Que Victorin gagne cette bataille, comme il en a gagné d'autres, et le soldat, dans la joie du triomphe de son général, oubliera bien des choses...

Quelques légions romaines, alors nos alliées, partageaient l'enthousiasme de nos troupes ; en passant sous les yeux de Victoria, leurs acclamations la saluaient aussi... Toute l'armée, la cavalerie aux ailes, l'infanterie au centre, fut bientôt réunie dans le champ d'exercice, plaine immense, située en dehors du camp : elle avait pour limites, d'un côté, la rive du Rhin, de l'autre, le versant d'une colline élevée ; au loin on apercevait un grand chemin tournant et disparaissant derrière plusieurs rampes montueuses... Les casques, les cuirasses, les armes, les bannières, surmontées du coq gaulois en cuivre doré, étincelants aux rayons du soleil, offraient une sorte de fourmillement lumineux, admirable à l'œil du soldat... Victoria, dès qu'elle entra dans le champ de manœuvres, mit son cheval au galop, afin d'aller rejoindre son fils, placé au centre de cette plaine immense, et environné d'un groupe de chefs de légions et de cohortes, auxquels il donnait ses ordres. A peine la mère des camps, reconnaissable à tous les regards par son casque d'airain, sa robe noire et le cheval blanc qu'elle montait, eut-elle paru devant le front de l'armée, qu'un seul cri, immense, retentissant, partant de ces cinquante mille poitrines de soldats, salua Victoria la Grande !

— Que ce cri soit entendu de Hésus, — dit au barde druide ma sœur de lait d'une voix émue. — Que les dieux donnent à la Gaule une nouvelle victoire ! La justice et les droits sont pour nous... Ce n'est pas une conquête que nous cherchons, nous voulons défendre notre sol, notre foyer, nos familles et notre liberté !...

— Notre cause est sainte entre toutes les causes ! — répondit Rolla, le barde druide. — Hésus rendra nos armes invincibles !...

Nous nous sommes rapprochés de Victorin... Jamais, je crois, je ne l'avais vu plus beau, plus martial sous sa brillante armure d'acier, et sous son casque, orné, comme celui de sa mère, du coq gaulois et d'une alouette. Victoria elle-même, en s'approchant de son fils, ne put s'empêcher de se tourner vers moi, et de trahir, par un regard compris de moi seul peut-être, son orgueil maternel. Plusieurs officiers, porteurs des ordres du jeune général pour divers corps de l'armée, partirent au galop dans des directions différentes. Alors je m'approchai de ma sœur de lait, et je lui dis à demi-voix :

— Tu reprochais à ton fils de n'avoir plus cette froide bravoure qui doit distinguer le chef d'armée; vois, cependant, comme il est calme, pensif... Ne lis-tu pas sur son mâle visage la sage et prudente préoccupation du général qui ne veut pas aventurer follement la vie de ses soldats, la fortune de son pays?

— Tu dis vrai, Scanvoch; il était ainsi calme et pensif au moment de la grande bataille d'Offembach... une de ses plus belles... une de ses plus utiles victoires! puisqu'elle nous a rendu notre frontière du Rhin en refoulant ces Franks maudits de l'autre côté du fleuve!...

— Et cette journée complétera la victoire de ton fils, si, comme je l'espère, nous chassons pour toujours ces barbares de nos frontières!

— Mon frère, — me dit ma sœur de lait, — selon ton habitude, tu ne quitteras pas Victorin?

— Je te le promets...

— Il est calme à cette heure; mais, l'action engagée, je redoute l'ardeur de son sang, l'entraînement de la bataille... Tu le sais, Scanvoch, je ne crains pas le péril pour Victorin; je suis fille, femme et mère de soldat... mais je crains que par trop de fougue, et voulant, par seule outre-vaillance, payer de sa personne, il ne compromette par sa mort le succès de cette journée, qui peut décider du repos de la Gaule!...

— J'userai de tout mon pouvoir pour convaincre Victorin qu'un général doit se ménager pour son armée, dont il est la tête et la pensée...

— Scanvoch, — me dit ma sœur de lait d'une voix émue, — tu es toujours le meilleur des frères!

Puis, me montrant encore son fils du regard, et ne voulant pas, sans doute, laisser pénétrer à d'autres qu'à moi la lutte de ses anxiétés maternelles contre la fermeté de son caractère, elle ajouta tout bas :

— Tu veilleras sur lui?

— Comme sur mon fils...

Le jeune général, après avoir donné ses derniers ordres, descendit respectueusement de cheval à la vue de Victoria, s'approcha d'elle et lui dit :

— L'heure est venue, ma mère... J'ai arrêté avec les autres capitaines les dernières dispositions du plan de bataille, que je vous ai soumis et que vous approuvez... Je laisse dix mille hommes de réserve pour la garde du camp, sous le commandement de Robert, un de nos chefs les plus expérimentés... il prendra vos ordres... Que les dieux protégent encore cette fois nos armes... Adieu, ma mère... je vais faire de mon mieux...

Et il fléchit le genou.

— Adieu, mon fils, ne reviens pas ou reviens victorieux de ces barbares...

En disant ceci, la mère des camps se courba du haut de son cheval, et tendit sa main à Victorin, qui la baisa en se relevant.

— Bon courage, mon jeune César, — dit le gouverneur de Gascogne au fils de ma sœur de lait, — les destinées de la Gaule sont entre vos mains... et grâce aux dieux, vos mains sont vaillantes... Donnez-moi l'occasion d'écrire une belle ode sur cette nouvelle victoire.

Victorin remonta à cheval ; quelques instants après, notre armée se mettait en marche, les éclaireurs à cheval précédant l'avant-garde ; puis, derrière cette avant-garde, Victorin se tenait à la tête du corps d'armée. Nous laissions la rive du Rhin à notre droite ; quelques troupes légères d'archers et de cavaliers se dispersèrent en éclaireurs, afin de préserver notre flanc gauche de toute surprise. Victorin m'appela, je poussai mon cheval près du sien, dont il hâta un peu l'allure, de sorte que tous deux nous avons dépassé l'escorte dont le jeune général était entouré.

— Scanvoch, — me dit-il, — tu es un vieux et bon soldat ; je vais en deux mots te dire mon plan de bataille convenu avec ma mère... Ce plan, je l'ai confié au chef qui doit me remplacer au commandement si je suis tué... Je veux aussi t'instruire de mes projets; tu en rappellerais au besoin l'exécution.

— Je t'écoute.

— Il y a maintenant près de trois heures que les radeaux des Franks ont été vus vers le milieu du fleuve... Ces radeaux, chargés de troupes et remorqués par des barques naviguant lentement, ont dû employer plus d'une heure pour atteindre le rivage et débarquer...

— Ton calcul est juste; mais pourquoi n'as-tu pas hâté la marche de l'armée, afin de tâcher d'arriver sur le rivage avant le débarquement des Franks? Des troupes qui prennent terre sont toujours en désordre, ce désordre eût favorisé notre attaque.

— Deux raisons m'ont empêché d'agir ainsi; tu vas les savoir. Combien crois-tu qu'il ait fallu de temps à l'officier qui est venu annoncer le débarquement de l'ennemi pour se rendre à toute bride des avant-postes à Mayence?

— Une heure et demie... car de cet avant-poste au camp il y a presque cinq lieues.

— Et pour accomplir le même trajet, combien faut-il de temps à une armée, marchant en bon ordre, et d'un pas accéléré, point trop hâté cependant, afin de ne pas essouffler ni fatiguer les soldats avant la bataille?

— Il faut environ deux heures et demie.

— Tu le vois, Scanvoch, il nous était impossible d'arriver assez tôt pour attaquer les Franks au moment de leur débarquement... L'indiscipline de ces barbares est grande; ils auront mis quelque temps à se reformer en bataille, nous arriverons donc avant eux, et nous les attendrons aux défilés d'Armstrad, seule route militaire qu'ils puissent prendre pour venir attaquer notre camp, à moins qu'ils ne se jettent à travers des marais et des terrains boisés, où leur cavalerie, leur principale force, ne pourrait se développer.

— Ceci est juste.

— J'ai donc temporisé, afin de laisser les Franks s'approcher des défilés.

— S'ils s'engagent dans ce passage... ils sont perdus.

— Je l'espère, nous les poussons ensuite, l'épée dans les reins, vers le fleuve, nos cent cinquante barques bien armées, parties du port, selon mes ordres, en même temps que nous, couleront bas les radeaux de ces barbares, et leur couperont toute retraite... Le capitaine Marion a traversé le Rhin avec des troupes d'élite, il se joindra aux peuplades de l'autre côté du fleuve, marchera droit au camp des Franks, où ils ont dû laisser une forte réserve, et leurs chariots de guerre... tout sera détruit!

Victorin me développait ce plan de bataille habilement conçu, lorsque nous vîmes accourir à toute bride quelques cavaliers envoyés en avant pour éclairer notre marche. L'un d'eux, arrêtant son cheval blanc d'écume, dit à Victorin :

— L'armée des Franks s'avance; on l'aperçoit au loin du sommet des escarpements : leurs éclaireurs se sont approchés des abords du défilé, ils ont été tués à coups de flèches par les archers que nous avions emmenés en croupe, et qui s'étaient embusqués dans les buissons; pas un des cavaliers franks n'a échappé.

— Bien visé, — reprit Victorin ; — ces éclaireurs auraient pu rencontrer les nôtres et retourner avertir l'armée franque de notre approche; peut-être alors ne se serait-elle pas engagée dans les défilés. mais je veux aller moi-même juger de la position de l'ennemi... Suis-moi, Scanvoch.

Victorin met son cheval au galop, je l'imite; l'escorte nous suit, nous dépassons rapidement notre avant-garde, à qui Victorin donne l'ordre de s'arrêter. Les soldats saluèrent de leurs acclamations le jeune général, malgré les calomnies infâmes dont il avait été l'objet. Nous sommes arrivés à un endroit d'où l'on dominait les défilés d'Armstradt : cette route, fort large, s'encaissait à nos pieds entre deux escarpements ; celui de droite, coupé presque à pic, et surplombant la route, formait une sorte de promontoire du côté du Rhin ; l'escarpement de gauche, composé de plusieurs rampes rocheuses, servait pour ainsi dire de base aux immenses plateaux au milieu desquels avait été creusée cette route profonde, qui s'abaissait de plus en plus pour déboucher dans une vaste plaine, bornée à l'est et au nord par la courbe du fleuve, à l'ouest par des bois et des marais, et derrière nous par les plateaux élevés, où nos troupes faisaient halte. Bientôt nous avons distingué à une grande distance d'innombrables masses noires et confuses : c'était l'armée franque...

Victorin resta pendant quelques instants silencieux et pensif, observant attentivement la disposition des troupes de l'ennemi et le terrain qui s'étendait à nos pieds.

— Mes prévisions et mes calculs ne m'avaient pas trompé, — me dit-il. — L'armée des Franks est deux fois supérieure à la nôtre ; s'ils connaissaient une tactique moins sauvage, au lieu de s'engager dans ce défilé, ainsi qu'ils vont le faire, si j'en juge d'après leur marche, ils tenteraient, malgré la difficulté de cette sorte d'assaut, de gravir ces plateaux en plusieurs endroits à la fois, me forçant ainsi à diviser sur une foule de points mes forces si inférieures aux leurs... alors notre succès eût été douteux. Cependant, par prudence, et pour engager l'ennemi dans le défilé, j'userai d'une ruse de guerre... Retournons à l'avant-garde, Scanvoch, l'heure du combat a sonné !...

— Et cette heure, — lui dis-je, — est toujours solennelle...

— Oui, — me dit-il d'un ton mélancolique, — cette heure est toujours solennelle, surtout pour le général, qui joue à ce jeu sanglant des batailles la vie de ses soldats et les destinées de son pays. Allons, viens, Scanvoch... et que l'étoile de ma mère me protége !...

Je retournai vers nos troupes avec Victorin, me demandant par quelle contradiction étrange ce jeune homme, toujours si ferme, si réfléchi, lors des grandes circonstances de sa vie, se montrait d'une inconcevable faiblesse dans sa lutte contre ses passions.

Le jeune général eut bientôt rejoint l'avant-garde. Après une conférence de quelques instants avec les officiers, les troupes prennent leur poste de bataille : trois cohortes d'infanterie, chacune de mille hommes, reçoivent l'ordre de sortir du défilé et de déboucher dans la plaine, afin d'engager le combat avec l'avant-garde des Franks, et de tâcher d'attirer ainsi le gros de leur armée dans ce périlleux passage. Victorin, plusieurs officiers et moi, groupés sur la cime d'un des escarpements les plus élevés, nous dominions la plaine où allait se livrer cette escarmouche. Nous distinguions alors parfaitement l'innombrable armée des Franks : le gros de leurs troupes, massé en corps compact, se trouvait encore assez éloigné; une nuée de cavaliers le devançaient et s'étendaient sur les ailes. A peine nos trois cohortes furent-elles sorties du défilé, que ces milliers de cavaliers, épars comme une volée de frelons, accoururent de tous côtés pour envelopper nos cohortes, ne cherchant qu'à se devancer les uns les autres; ils s'élancèrent à toute bride et sans ordre sur nos troupes. A leur approche, elles firent halte et se formèrent en *coin* pour soutenir le premier choc de cette cavalerie; elles devaient ensuite feindre une retraite vers les défilés. Les cavaliers franks poussaient des hurlements si retentissants, que malgré la grande distance qui nous séparait de la plaine, et l'élévation des plateaux, leurs cris sauvages parvenaient jusqu'à nous comme une sourde rumeur mêlée au son lointain de nos clairons... Nos cohortes ne plièrent pas sous cette impétueuse attaque; bientôt, à travers un nuage de poussière, nous n'avons plus vu qu'une masse confuse, au milieu de laquelle nos soldats se distinguaient par le brillant éclat de leur armure. Déjà nos troupes opéraient leur mouvement de retraite vers le défilé, cédant pied à pied le terrain à ces nuées d'assaillants, de moment en moment augmentées par de nouvelles hordes de cavaliers, détachées de l'avant-garde de l'armée franque, dont le corps principal s'approchait à marche forcée.

— Par le ciel ! — s'écria Victorin, les yeux ardemment fixés sur le champ de bataille, — le brave Firmian, qui commande ces trois cohortes, oublie, dans son ardeur, qu'il doit toujours se replier pas à pas sur le défilé, afin d'y attirer l'ennemi. Firmian ne continue pas sa retraite, il s'arrête et ne rompt plus maintenant d'une semelle... il va faire inutilement écharper ses troupes...

Puis, s'adressant à un officier :

— Courez dire à Ruper d'aller au pas de course, avec ses trois vieilles cohortes, soutenir la retraite de Firmian... Cette retraite, Ruper la fera exécuter sur l'heure, et rapidement... Le gros de l'armée franque n'est plus qu'à cent portées de trait de l'entrée des défilés.

L'officier partit à toute bride ; bientôt, selon l'ordre du général, trois vieilles cohortes sortirent du défilé au pas de course ; elles allèrent rejoindre et soutenir nos autres troupes. Peu de temps après, la feinte retraite s'effectua en bon ordre. Les Franks, voyant les Gaulois lâcher pied, poussèrent des cris de joie sauvage, et leur avant-garde s'approcha de plus en plus des défilés. Tout à coup Victorin pâlit : l'anxiété se peignit sur son visage, et il s'écria :

— Par l'épée de mon père ! me serais-je trompé sur les dispositions de ces barbares... vois-tu leur mouvement?...

— Oui, — lui dis-je ; — au lieu de suivre l'avant-garde et de s'engager comme elle dans le défilé, l'armée franque s'arrête, se forme en nombreuses colonnes d'attaque et se dirige vers les plateaux... Courroux du ciel ! ils font cette habile manœuvre que tu redoutais... Ah ! nous avons appris la guerre à ces barbares...

Victorin ne me répondit pas ; il me parut nombrer les colonnes d'attaque de l'ennemi ; puis, rejoignant au galop notre front de bataille, il s'écria :

— Enfants ! ce n'est plus dans les défilés que nous devons attendre ces barbares... il faut les combattre en rase campagne... Élançons-nous sur eux du haut de ces plateaux qu'ils veulent gravir... refoulons ces hordes dans le Rhin... Ils sont deux ou trois contre un...

tant mieux... ce soir, de retour au camp, notre mère Victoria nous dira : Enfants, vous avez été vaillants!

— Marchons! — s'écrièrent tout d'une voix les troupes qui avaient entendu les paroles du jeune général, — marchons!

Alors le barde Rolla improvisa ce chant de guerre, qu'il entonna d'une voix éclatante :

« — Ce matin nous disons : — Combien sont-ils donc ces barbares,
» qui veulent nous voler notre terre, nos femmes et notre soleil?

» — Oui, combien sont-ils donc, ces Franks?

» — Ce soir nous dirons : Réponds, terre rougie du sang de l'é-
» tranger... Répondez, flots profonds du Rhin... Répondez, corbeaux
» de la grève!... Répondez... répondez...

» — Combien étaient-ils donc ces voleurs de terre, de femmes et
» de soleil?

» — Oui, combien étaient-ils donc, ces Franks?

Et les troupes se sont ébranlées en chantant le refrain de ce bardit, qui vola de bouche en bouche jusqu'aux derniers rangs.

Moi, ainsi que plusieurs officiers et cavaliers d'escorte, précédant les légions, nous avons suivi Victorin. Bientôt notre armée s'est développée sur la cime des plateaux dominant au loin la plaine immense, bornée à l'extrême horizon par une courbe du Rhin. Au lieu d'attendre l'attaque dans cette position avantageuse, Victorin voulut, à force d'audace, terrifier l'ennemi ; malgré notre infériorité numérique, il donna l'ordre de fondre de la crête de ces hauteurs sur les Franks. Au même instant, la colonne ennemie qui, attirée par une feinte retraite, s'était engagée dans les défilés, était refoulée dans la plaine par une partie de nos troupes ; reprenant l'offensive, notre armée descendit presque en même temps du sommet des plateaux. La bataille s'engagea, elle devint générale...

J'avais promis à Victoria de ne pas quitter son fils; mais au commencement de l'action, il s'élança si impétueusement sur l'ennemi à la tête d'une légion de cavalerie, que le flux et le reflux de la mêlée me sépara d'abord de lui. Nous combattions alors une troupe d'élite bien montée, bien armée; les soldats ne portaient ni casque ni cuirasse, mais leur double casaque de peaux de bêtes, recouverte de longs poils, et leurs bonnets de fourrure, intérieurement garnis de bandes de fer, valaient nos armures : ces Franks se battaient avec furie, souvent avec une férocité stupide... J'en ai vu se faire tuer comme des brutes, pendant qu'au fort de la mêlée ils s'acharnaient à trancher, à coups de hache, la tête d'un cadavre gaulois, afin de se faire un trophée de cette dépouille sanglante... Je me défendais contre deux de ces cavaliers, j'avais fort à faire; un autre de ces barbares, démonté et désarmé, s'était cramponné à ma jambe afin de me désarçonner; n'y pouvant parvenir, il me mordit avec tant de rage, que ses dents traversèrent le cuir de ma bottine, et ne s'arrêtèrent qu'à l'os de ma jambe. Tout en ripostant à mes deux adversaires, je trouvai le loisir d'asséner un coup de masse d'armes sur le crâne de ce Frank. Après m'être débarrassé de lui, je faisais de vains efforts pour rejoindre Victorin, lorsque, à quelques pas de moi, j'aperçois dans la mêlée qu'il dominait de sa taille gigantesque, Néroweg, *l'Aigle terrible*... A sa vue, au souvenir des outrages dont je m'étais à peine vengé la veille, en lui jetant une bûche à la tête, mon sang, qu'animait déjà l'ardeur de la bataille, bouillonna plus vivement encore... En dehors même de la colère que devait m'inspirer Néroweg pour ses lâches insultes, je ressentais contre lui je ne sais quelle haine profonde, mystérieuse, comme s'il eût personnifié cette race pillarde et féroce, qui voulait nous asservir... Il me semblait (chose étrange, inexplicable) que j'abhorrais Néroweg autant pour l'avenir que pour le présent... comme si cette haine devait non-seulement se perpétuer entre nos deux races franque et gauloise, mais entre nos deux familles... Que te dirai-je, mon enfant! j'oubliai même la promesse faite à ma sœur de lait de veiller sur son fils; au lieu de m'efforcer de rejoindre Victorin, je ne cherchai qu'à me rapprocher de Néroweg... Il me fallait la vie de ce Frank... lui seul parmi tant d'ennemis excitait personnellement en moi cette soif de sang... Je me trouvais alors entouré de quelques cavaliers de la légion à la tête de laquelle Victorin venait de charger si impétueusement l'armée franque... Nous devions, sur ce point, refouler l'ennemi vers le Rhin, car nous marchions toujours en avant... Deux de nos soldats, qui me précédaient, tombèrent eux et leurs chevaux sous la lourde francisque de l'*Aigle terrible*, et je l'aperçus à travers cette brèche humaine...

Néroweg, revêtu d'une armure gauloise, dépouille de quelqu'un des nôtres, tué dans l'une des batailles précédentes, portait un casque de bronze doré, dont la visière cachait à demi son visage tatoué de bleu et d'écarlate; sa longue barbe, d'un rouge de cuivre, tombait jusque sur le corselet de fer qu'il avait endossé par-dessus sa casaque de peau de bête; d'épaisses toisons de mouton, assujetties par des bandelettes croisées, couvraient ses cuisses et ses jambes; il montait un sauvage étalon des forêts de la Germanie, dont la robe, d'un fauve pâle, était çà et là pommelée de noir; les flots de son épaisse crinière noire tombaient plus bas que son large poitrail, sa longue queue flottante au vent fouettait ses jarrets nerveux lorsqu'il se cabrait, impatient de son mors à bossettes et à rênes d'argent terni, provenant aussi de quelque dépouille gauloise; un bouclier de bois, revêtu de lames de fer, grossièrement peint de bandes jaunes et rouges, couleurs de sa bannière, couvrait le bras gauche de Néroweg; de sa main droite il brandissait sa tranchante et lourde francisque, dégouttante de sang; à son côté pendait une espèce de grand couteau de boucher à manche de bois, et une magnifique épée romaine à poignée d'or ciselée, fruit de quelque autre rapine... Néroweg poussa un hurlement de rage en me reconnaissant et s'écria :

— L'homme au cheval gris !...

Frappant alors le flanc de son coursier du plat de sa hache, il lui fit franchir d'un bond énorme le corps et la monture d'un cavalier renversé qui nous séparaient. L'élan de Néroweg fut si violent, qu'en retombant à terre son cheval heurta le mien front contre front, poitrail contre poitrail; tous deux, à ce choc terrible, plièrent sur leurs jarrets, et se renversèrent avec nous... D'abord étourdi de ma chute, je me dégageai promptement; puis, raffermi sur mes jambes, je tirai mon épée, car ma masse d'armes s'était échappée de mes mains... Néroweg, un moment engagé comme moi sous son cheval, se releva et se précipita sur moi. La mentonnière de son casque s'étant brisée dans sa chute, il avait la tête nue, son épaisse chevelure rouge, relevée au sommet de sa tête, flottait sur ses épaules comme une crinière.

— Ah! cette fois, chien gaulois! — me cria-t-il en grinçant des dents et me portant un coup furieux que je parai, — j'aurai ta vie et ta peau!...

— Et moi, loup frank! je te marquerai mort ou vif cette fois encore à la face, pour que le diable te reconnaisse dans ce monde ou dans les autres!...

Et nous nous sommes pendant quelques instants battus avec acharnement, tout en échangeant des outrages qui redoublaient notre rage:

— Chien!... — me disait Néroweg, — tu m'as enlevé ma sœur Elwig!...

— Je l'ai enlevée à ton amour infâme! puisque dans sa bestialité ta race immonde s'accouple comme les animaux... frère et sœur!... fille et père!...

— Tu oses parler de ma race, dogue bâtard! moitié Romain, moitié Gaulois! notre race asservira la vôtre, fils d'esclaves révoltés; nous vous remettrons sous le joug... et nous vous prendrons vos biens, votre vin, votre terre et vos femmes!...

— Vois donc au loin ton armée en déroute, ô grand roi! vois donc tes bandes de loups franks, aussi lâches que féroces, fuir les crocs des braves chiens gaulois!...

C'est au milieu de ce torrent d'injures que nous combattions avec une rage croissante, sans nous être cependant jusqu'alors atteints. Plusieurs coups, rudement assénés, avaient glissé sur nos cuirasses, et nous nous servions de l'épée aussi habilement l'un que l'autre... Soudain, malgré l'acharnement de notre combat, un spectacle étrange nous a, malgré nous, un moment distraits : nos chevaux, après avoir roulé sous un choc commun, s'étaient relevés ; aussitôt, ainsi que cela arrive souvent entre étalons, ils s'étaient précipités l'un sur l'autre, en hennissant, pour s'entre-déchirer ; mon brave *Tom-Bras*, dressé sur ses jarrets, faisant ployer sous ses durs sabots les reins de l'autre coursier, le tenait par le milieu du cou et le mordait avec frénésie... Néroweg, irrité de voir son cheval sous les pieds du mien, s'écria, tout en continuant ainsi que moi de combattre :

— *Folg!* te laisseras-tu vaincre par ce pourceau gaulois? défends-toi des pieds et des dents... mets-le en pièces!...

— Hardi, *Tom-Bras!* — criai-je à mon tour, — tue le cheval, je vais tuer son maître... J'ai soif de son sang, comme si sa race devait poursuivre la mienne à travers les siècles!...

J'achevais à peine ces mots, que l'épée du Frank me traversait la cuisse entre chair et peau, cela au moment où je lui assénais sur la tête un coup qui devait être mortel... mais, à un mouvement en arrière que fit Néroweg en retirant son glaive de ma cuisse, mon arme dévia, ne l'atteignit qu'à l'œil, et, par un hasard singulier, lui laboura la face du côté opposé à celui où je l'avais déjà blessé...

— Je te l'ai dit, mort ou vivant je te marquerai encore à la face! — m'écriai-je au moment où Néroweg, dont l'œil était crevé, le visage inondé de sang, se précipitait sur moi en hurlant de douleur et de rage... M'opiniâtrant à le tuer, je restais sur la défensive, cherchant l'occasion de l'achever d'un coup sûr et mortel. Soudain, l'étalon de Néroweg, roulant sous les pieds de Tom-Bras, de plus en plus acharné contre lui, tomba presque sur nous, et faillit nous culbuter... Une légion de notre cavalerie de réserve, dont quelques moments auparavant j'avais entendu le piétinement sourd et lointain, arrivait alors, broyant sous les pieds des chevaux impétueusement lancés tout ce qu'elle rencontrait sur son passage... Cette légion, formée sur trois rangs, arrivait avec la rapidité d'un ouragan ; nous devions être, Néroweg et moi, mille fois écrasés, car elle présentait un front de bataille de deux cents pas d'étendue; eussé-je eu le temps de remonter à cheval, il m'aurait été presque impossible de gagner de vitesse ou la droite ou la gauche de cette longue ligne de cavalerie, et d'échapper ainsi à son terrible choc... J'essayai pourtant et malgré mon regret de n'avoir pu achever le *roi* frank, tant ma haine contre lui était féroce... Je profitai de l'accident qui, par la chute du cheval de Néroweg, avait interrompu un moment notre combat, pour sauter sur Tom-Bras alors à ma portée. Il me fallut user rudement du mors et du plat de mon épée pour faire lâcher prise à mon coursier, acharné sur le corps de l'autre étalon, qu'il dévorait en le frappant de ses pieds de devant. J'y parvins à l'instant où la longue ligne de cavalerie, m'enveloppant de toute part, n'était plus qu'à quelques pas de moi : la précédant alors, et hâtant encore de la voix et des talons le galop précipité de Tom-Bras, je m'élançai, devançant toujours la légion, et jetant derrière moi un dernier regard sur le *roi* frank; la figure ensanglantée, il me poursuivait éperdu en brandissant son épée... Soudain je le vis disparaître dans le nuage de poussière soulevé par le galop impétueux des cavaliers.

— Hésus m'a exaucé! — me suis-je écrié. — Néroweg doit être mort... cette légion vient de lui passer sur le corps...

Grâce à l'étonnante vitesse de Tom-Bras, j'eus bientôt assez d'avance sur la ligne de cavalerie dont j'étais suivi, pour donner à ma course une direction telle, qu'il me fût possible de prendre place à la droite du front de bataille de la légion. M'adressant alors à l'un des officiers, je lui demandai des nouvelles de Victorin et du combat; il me répondit :

— Victorin se bat en héros!... Un cavalier qui est venu donner ordre à notre réserve de s'avancer, nous a dit que jamais le général ne s'était montré plus habile dans ses manœuvres. Les Franks, deux fois nombreux comme nous, se battent avec acharnement, et surtout avec une science de la guerre qu'ils n'avaient pas montrée jusqu'ici : tout fait croire que nous gagnerons la victoire, mais elle sera chèrement payée...

Le cavalier disait vrai : Victorin s'est battu cette fois encore en soldat intrépide et en général consommé... Le cœur bien joyeux, je l'ai retrouvé au fort de la mêlée; il n'avait, par miracle, reçu qu'une légère blessure... Sa réserve, prudemment ménagée jusqu'alors, décida du succès de la bataille; elle a duré sept heures... Les Franks en déroute, menés battant pendant trois lieues, furent refoulés vers le Rhin, malgré la résistance opiniâtre de leur retraite. Après des pertes énormes, une partie de leurs hordes fut culbutée dans le fleuve, d'autres parvinrent à regagner en désordre les radeaux, et à s'éloigner du rivage remorqués par les barques; mais alors la flottille de cent cinquante grands bateaux, obéissant aux ordres de Victorin (il avait tout prévu), fit force de rames, doubla une pointe de terre, derrière laquelle elle s'était jusqu'alors tenue cachée, atteignit les radeaux... Et après les avoir criblés d'une grêle de traits, nos barques les abordèrent de tous côtés... Ce fut un dernier et terrible combat sur ces immenses ponts flottants : leurs bateaux remorqueurs furent coulés bas à coups de hache, le petit nombre de Franks échappés à cette lutte suprême, s'abandonnèrent au courant du fleuve, cramponnés aux débris des radeaux désemparés et entraînés par les eaux...

Notre armée, cruellement décimée, mais encore toute frémissante de la lutte, et massée sur les hauteurs du rivage, assistait à cette désastreuse déroute, éclairée par les derniers rayons du soleil couchant. Alors tous les soldats entonnèrent en chœur ces héroïques paroles des bardes qu'ils avaient chantées en commençant l'attaque :

« — Ce matin nous disions :

» — Combien sont-ils ces barbares, qui veulent nous voler notre » terre, nos femmes et notre soleil ?

» — Oui, combien sont-ils donc ces Franks ?

» — Ce soir nous disons :

» — Réponds, terre rougie du sang de l'étranger !... Répondez, flots profonds du Rhin !... Répondez, corbeaux de la grève... Répondez !... répondez !...

» — Combien étaient-ils, ces voleurs de terre, de femmes et de » soleil ?

» — Oui, combien étaient-ils donc ces Franks ? »

Nos soldats achevaient ce refrain des bardes, lorsque de l'autre côté du fleuve, si large en cet endroit que l'on ne pouvait distinguer la rive opposée, déjà voilée d'ailleurs par la brume du soir, j'ai remarqué dans cette direction une lueur qui, devenant bientôt immense, embrasa l'horizon comme les reflets d'un gigantesque incendie !... Victorin s'écria :

— Le brave Marion a exécuté son plan à la tête d'une troupe d'élite et des tribus alliées de l'autre côté du Rhin, il a marché sur le camp des Franks... Leur dernière réserve aura été exterminée, leurs huttes et leurs chariots de guerre livrés aux flammes ! Par Hésus ! la Gaule, enfin délivrée du voisinage de ces féroces pillards, va jouir des douceurs d'une paix féconde ! O ma mère !... ma mère... tes vœux sont exaucés !

Victorin, radieux, venait de prononcer ces paroles, lorsque je vis s'avancer lentement vers lui une troupe assez nombreuse de soldats appartenant à divers corps de cavalerie et d'infanterie de l'armée ; tous ces soldats étaient vieux ; à leur tête marchait Douarnek, l'un des quatre rameurs qui m'avaient accompagné la veille dans mon voyage au camp des Franks. Lorsque cette députation fut arrivée près du jeune général autour duquel nous étions tous rangés, Douarnek s'avançant seul de quelques pas, dit d'une voix grave et ferme :

— Écoute, Victorin ; chaque légion de cavalerie, chaque cohorte d'infanterie a choisi son plus ancien soldat; ce sont les camarades qui sont là m'accompagnant; ainsi que moi, ils t'ont vu naître, ainsi que moi, ils t'ont vu tout enfant, dans les bras de Victoria, la mère des camps, l'auguste mère des soldats. Nous t'avons, vois-tu, Victorin, longtemps aimé pour l'amour d'elle et de toi; tu méritais cela... Nous t'avons acclamé notre général et l'un des deux chefs de la Gaule... tu méritais cela... Nous t'avons aimé, nous vétérans, comme notre fils, en t'obéissant comme à notre père... tu as mérité cela. Puis est venu le jour où, t'obéissant toujours, à toi notre général, à toi, chef de la Gaule, nous t'avons moins aimé...

—Et pourquoi m'avez-vous moins aimé ? — reprit Victorin frappé de l'air presque solennel du vieux soldat; — oui, pourquoi m'avez-vous moins aimé ?

— Pourquoi? parce que nous t'avons moins estimé... tu méritais cela ; mais si tu as eu tes torts, nous avons eu les nôtres... la bataille d'aujourd'hui nous le prouve...

— Voyons, — reprit affectueusement Victorin, — voyons, mon vieux Douarnek, car je sais ton nom, puisque je sais le nom des plus braves soldats de l'armée! Voyons, mon vieux Douarnek, quels sont mes torts? quels sont les vôtres?

— Voici les tiens, Victorin : tu aimes trop... beaucoup trop le vin et le cotillon.

— Par toutes les maîtresses que tu as eues, par toutes les coupes que tu as vidées et que tu videras encore, vieux Douarnek, pourquoi ces paroles le soir d'une bataille gagnée? — répondit gaiement Victorin revenant peu à peu à son naturel, que les préoccupations du combat ne tempéraient plus. — Franchement, sont-ce là des reproches que l'on se fait entre soldats?

— Entre soldats! non, Victorin, — reprit sévèrement Douarnek;

— mais de soldat à général on se les fait, ces reproches... Nous t'avons librement choisi pour chef, nous devons te parler librement... Plus nous t'avons élevé... plus nous t'avons honoré, plus nous sommes en droit de te dire : Honore-toi...

— J'y tâche, brave Douarnek... j'y tâche en me battant de mon mieux.

— Tout n'est pas dit quand on a glorieusement bataillé... Tu n'es pas seulement capitaine, mais aussi chef de la Gaule.

— Soit; mais pourquoi diable t'imagines-tu, brave Douarnek, que comme général et chef de la Gaule je doive être plus insensible qu'un soldat à l'éclat de deux beaux yeux noirs ou bleus, au bouquet d'un vin vieux, blanc ou rouge?

— Moi, soldat, je te dis ceci, à toi général, à toi chef de la Gaule: L'homme élu chef par des hommes libres doit, même dans les choses de sa vie privée, garder une sage mesure, s'il veut être aimé, obéi, respecté; cette mesure, l'as-tu gardée? Non... Aussi comme nous t'avions vu avaler des pois, nous t'avons cru capable d'avaler un bœuf...

— Quoi! mes enfants, — reprit en riant le jeune général, — vous m'avez cru la bouche si grande?...

— Nous t'avions vu souvent en pointe de vin... nous te savions coureur de cotillons; on nous a dit qu'étant ivre, tu avais fait violence à une femme qui s'était tuée de désespoir... nous avons cru cela...

— Courroux du ciel! — s'écria Victorin avec une douloureuse indignation, — vous?... vous avez cru cela du fils de ma mère?

— Oui, — reprit le vétéran, — oui... là a été notre tort... Donc, nous avons eu nos torts, toi les tiens; nous venons te pardonner, pardonne-nous aussi, afin que nous t'aimions et que tu nous aimes comme par le passé... Est-ce dit, Victorin?

— Oui, — répondit Victorin ému de ces loyales et touchantes paroles, — c'est dit...

— Ta main, — reprit Douarnek, — au nom de mes camarades, ta main !...

— La voilà, — dit le jeune géneral en se penchant sur le cou de son cheval pour serrer cordialement la main du vétéran. — Merci de votre franchise, mes enfants... je serai à vous comme vous serez à moi, pour la gloire et le repos de la Gaule... Sans vous, je ne peux rien; car si le général porte la couronne triomphale, c'est la bravoure du soldat qui la tresse, cette couronne, et l'empourpre de son généreux sang!...

— Donc... c'est dit, Victorin, — reprit Douarnek, dont les yeux devinrent humides. — A toi notre sang... et à notre Gaule bien-aimée : à ta gloire!...

— Et à ma mère, qui m'a fait ce que je suis! — reprit Victorin avec une émotion croissante. — Et à ma mère, notre respect, notre amour, notre dévouement, mes enfants!...

— Vive la mère des camps! — s'écria Douarnek d'une voix sonore; — vive Victorin, son glorieux fils!

Les compagnons de Douarnek, les soldats, les officiers, nous tous enfin présents à cette scène, nous avons crié comme Douarnek :

— Vive la mère des camps! vive Victorin, son glorieux fils!...

Bientôt l'armée s'est mise en marche pour regagner le camp, pendant que, sous la protection d'une légion destinée à garder nos prisonniers, les druides médecins et leurs aides restaient sur le champ de bataille pour secourir également les blessés gaulois et franks.

L'armée reprit donc le chemin de Mayence, par une superbe nuit d'été, en faisant résonner les échos des bords du Rhin de ce chant des bardes :

« — Ce matin nous disions :

» — Combien sont-ils donc, ces barbares qui veulent nous voler » notre terre, nos femmes et notre soleil?

» — Oui, combien sont-ils donc, ces Franks?

» Ce soir nous disons :

» — Réponds, terre rougie du sang de l'étranger!... Répondez, » flots profonds du Rhin!... Répondez, corbeaux de la grève!... Ré- » pondez... répondez!...

» — Combien étaient-ils, ces voleurs de terre, de femmes et de » soleil?

» — Oui, combien donc étaient-ils ces Franks? »

Victorin, dans sa hâte d'aller instruire sa mère du gain de la bataille, remit le commandement des troupes à l'un des plus anciens capitaines ; nous laissâmes nos montures harassées à des cavaliers qui, d'habitude, conduisaient en main des chevaux frais pour le jeune général; lui et moi, nous nous sommes rapidement dirigés vers Mayence. La nuit était sereine, la lune resplendissait parmi des milliers d'étoiles, ces mondes inconnus où nous allons revivre en quittant ce monde-ci. Chose étrange... tout en songeant avec un bonheur ineffable au triomphe de notre armée, qui assurait la paix et la prospérité de la Gaule ; tout en songeant à mon prochain retour auprès de ta mère et de toi, mon enfant, après cette rude journée de bataille, j'ai soudain éprouvé un accès de mélancolie profonde...

J'avais, dans l'élan de ma reconnaissance, levé les yeux vers le ciel pour remercier les dieux de notre succès... La lune brillait d'un radieux éclat... Je ne sais pourquoi, à ce moment, je me suis rappelé avec une sorte de pieuse tristesse, en pensant à nos aïeux, tous les faits glorieux, touchants ou terribles accomplis par eux, et que l'astre sacré de la Gaule avait aussi éclairés de son éternelle lumière depuis tant de générations!... Le sacrifice d'Hêna, le voyage d'Albinik le marin et de sa femme Méroë vers le camp de César, à travers ces pays héroïquement incendiés par nos pères durant leur guerre contre les Romains... la marche nocturne de Sylvest l'esclave se rendant aux réunions secrètes des *Enfants du Gui* et au palais de Faustine... sa fuite du cirque d'Orange, où il avait failli être livré aux bêtes féroces; puis, enfin, ces vaillantes insurrections dont le cours ou le décours de la lune donnait le signal, fixé d'avance par nos druides vénérés... Tous ces faits, si lointains déjà, apparaissaient en ce moment à mon esprit comme les pâles fantômes du passé...

Je fus tiré de mes réflexions par la voix joyeuse de Victorin.

— A quoi rêves-tu, Scanvoch? Toi, l'un des vainqueurs de cette belle journée, te voilà muet comme un vaincu...

— Victorin, je pense aux temps qui ne sont plus...

— Quel songe-creux!... — reprit le jeune général dans l'entraînement de son impétueuse gaieté. — Laissons le passé avec les coupes vides et les anciennes maîtresses! Moi, je pense d'abord à la joie de ma mère en apprenant notre victoire; puis je pense, et beaucoup, aux brûlants yeux noirs de Kidda, la bohémienne, qui m'attend, car cette nuit, en la quittant à la fin du souper où elle m'avait attiré par ruse, elle m'a donné rendez-vous pour ce soir... Journée complète, Scanvoch! bataille gagnée le matin! et le soir, souper joyeux avec une belle maîtresse sur ses genoux! Ah! qu'il fait bon être soldat et avoir vingt ans!...

— Ecoute, Victorin. Tant qu'a duré chez toi la préoccupation du combat, je t'ai vu sage, grave, réfléchi, digne en tout de ta mère et de toi-même...

— Et par les beaux yeux de Kidda, ne suis-je pas toujours digne de moi-même en pensant à elle après la bataille?

— Sais-tu, Victorin, que c'est une grave démarche, que celle tentée auprès de toi par Douarnek, venant te parler au nom de l'armée? Sais-tu que cette démarche prouve la fière indépendance de nos soldats, dont la volonté seule t'a fait général? Sais-tu que de telles paroles, prononcées par de tels hommes, ne sont et ne seront pas vaines... et qu'il serait funeste de les oublier?...

— Bon! une boutade de vétéran, regrettant ses jeunes années... paroles de vieillard blâmant les plaisirs qu'il n'a plus...

— Victorin, tu affectes une indifférence éloignée de ton cœur... Je t'ai vu touché, profondément touché du langage de ce vieux soldat...

— L'on est si content le soir d'une bataille gagnée, que tout vous plaît... Et d'ailleurs, quoique assez bourrues, ces paroles ne prouvent-elles pas l'affection de l'armée pour moi?

— Ne t'y trompe pas, Victorin, l'affection de l'armée s'était retirée de toi... elle t'est revenue avec la victoire d'aujourd'hui; mais prends garde, de nouveaux excès commis par toi feraient naître de nouvelles calomnies de la part de ceux qui veulent te perdre...

— Quelles gens auraient intérêt à me perdre?

— Un chef a toujours des envieux, et pour confondre ces envieux tu n'auras pas chaque jour une bataille à gagner; car, grâce aux dieux! l'anéantissement de ces hordes barbares assure pour jamais la paix de la Gaule!...

— Tant mieux, Scanvoch, tant mieux! Alors, redevenu le plus obscur des citoyens, accrochant mon épée, désormais inutile, à côté de celle de mon père, je pourrai, sans contrainte, vider des coupes sans nombre et courtiser toutes les bohémiennes de l'univers!

— Victorin, prends garde! je te le répète... Souviens-toi des paroles du vieux soldat...

— Au diable le vieux soldat et ses paroles!... je ne me souviens à cette heure que de Kidda... Ah! Scanvoch, si tu la voyais danser avec son court jupon écarlate et son corset de toile d'argent!

— Prends garde, le camp et la ville ont les yeux fixés sur ces créatures; ta liaison avec elles fera scandale... Crois-moi, sois réservé dans ta conduite, recherche le secret et l'obscurité dans tes amours.

— L'obscurité! le secret! arrière l'hypocrisie! J'aime à montrer à tous les yeux les maîtresses dont je suis fier! et je serai plus fier de Kidda que de ma victoire d'aujourd'hui...

— Victorin, Victorin! cette femme te sera fatale!

— Tiens, Scanvoch, si tu entendais Kidda chanter tout en dansant et s'accompagnant d'un petit tambour à grelots... oui, si tu l'entendais, si tu la voyais, tu deviendrais comme moi fou de Kidda, la

Bohémienne... Mais, — ajouta le jeune général en s'interrompant et regardant au loin devant lui, — vois donc là-bas ces flambeaux... Bonheur du ciel ! c'est ma mère... Dans son inquiétude, elle aura voulu se rapprocher du champ de bataille pour savoir des nouvelles de la journée... Ah ! Scanvoch, je suis jeune, impétueux, ardent aux plaisirs, jamais ils ne me lassent, j'en jouis avec ivresse... Pourtant je t'en fais le serment par l'épée de mon père ! je donnerais toutes mes joies à venir pour ce que je vais éprouver dans quelques instants, lorsque ma mère me pressera sur sa poitrine !

Et en disant ceci, il s'élança à toute bride et sans m'attendre, vers Victoria, qui s'approchait en effet. Lorsque je les eu rejoints, ils étaient tous deux descendus de cheval, Victoria tenait Victorin étroitement embrassé, lui disant avec un accent impossible à rendre :

— Mon fils, je suis une heureuse mère !...

A la lueur des torches que portaient les cavaliers de l'escorte de Victoria, je remarquai seulement alors que sa main droite était enveloppée de linges. Victorin dit avec anxiété :

— Seriez-vous blessée, ma mère ?

— Légèrement, — répondit Victoria. Puis, s'adressant à moi, elle me tendit affectueusement la main :

— Frère, te voilà, mon cœur est joyeux...

— Mais, cette blessure, qui vous l'a faite ?

— La femme franque qu'Ellèn et Sampso ont conduite près de moi...

— Elwig ! — m'écriai-je avec horreur. — Oh ! la maudite !... elle s'est montrée digne de sa race maudite !...

— Scanvoch ! — me dit Victoria d'un air grave, — il ne faut pas maudire les morts... celle que tu appelles Elwig n'existe plus...

— Ma mère, — reprit Victorin avec une anxiété croissante, — ma chère mère, vous nous l'attestez, cette blessure est légère ?

— Tiens, mon fils, regarde.

Et pour rassurer Victorin, elle déroula la bande dont sa main droite était enveloppée.

— Tu le vois, — ajouta-t-elle, — je me suis seulement coupée à deux endroits la paume de la main en tâchant de désarmer cette femme...

En effet, les blessures de ma sœur de lait n'offraient aucune gravité.

— Elwig armée! — ai-je dit en tâchant de rappeler mes souvenirs de la veille. — Où a-t-elle trouvé une arme? A moins qu'hier soir, avant de nous rejoindre à la nage, elle ait ramassé son couteau sur la grève, et l'ait caché sous sa robe.

— Mais, cette femme, à quel moment a-t-elle voulu vous frapper, ma mère? Vous étiez donc seule avec elle?

— J'avais prié Scanvoch de faire conduire cette Elwig chez moi vers le milieu du jour, dans la pensée d'être secourable à cette femme. Ellèn et Sampso me l'ont amenée... Je m'entretenais avec Robert, chef de notre réserve, nous causions des dispositions à prendre pour défendre le camp et la ville en cas de défaite de notre armée. On fit entrer Elwig dans une pièce voisine, et la femme et la belle-sœur de Scanvoch laissèrent seule l'étrangère, pendant que j'envoyais chercher un interprète pour me faire entendre d'elle. Robert, notre entretien terminé, me demanda des secours pour la veuve d'un soldat, j'entrai dans la chambre où m'attendait Elwig: je voulais prendre quelque argent dans un coffre où se trouvaient aussi plusieurs bijoux gaulois, héritage de ma mère...

— Si le coffre était ouvert, — m'écriai-je, songeant à la sauvage cupidité de la sœur du *grand roi* Néroweg, — Elwig aura voulu, en vraie fille de race pillarde, s'emparer de quelque objet précieux.

— Tu l'as dit, Scanvoch; au moment où j'entrais dans cette chambre, la femme franque tenait entre ses mains un collier d'or d'un travail précieux; elle le contemplait avidement. A ma vue, elle a laissé tomber le collier à ses pieds; puis, croisant ses deux bras sur sa poitrine, elle m'a d'abord contemplée en silence d'un air farouche : son pâle visage s'est empourpré de honte ou de rage ; puis, me regardant d'un œil sombre, elle a prononcé mon nom ; j'ai cru qu'elle me demandait si j'étais Victoria, je lui fis un signe de tête affirmatif, en lui disant : « Oui, je suis Victoria. » A peine avais-je prononcé ces mots, qu'Elwig s'est jetée à mes pieds ; son front touchait presque le plancher, comme si elle eût humblement imploré ma protection... Sans doute cette femme a profité de ce moment pour tirer son couteau de dessous sa robe sans être vue de moi, car je me baissais pour la relever, lorsqu'elle s'est redressée, les yeux étincelants de férocité, en me portant un coup de couteau, et répétant avec un accent de haine : *Victoria ! Victoria !...*

A ces paroles de sa mère, quoique le danger fût passé, Victorin tressaillit, se rapprocha de ma sœur de lait, et prit entre ses deux mains sa main blessée qu'il baisa avec un redoublement de pieuse tendresse.

— Voyant le couteau d'Elwig levé sur moi, — ajouta Victoria, — mon premier mouvement fut de parer le coup et de tâcher de saisir la lame en m'écriant : « A moi, Robert ! » Celui-ci, au bruit de la lutte, accourut de la pièce voisine ; il me vit aux prises avec Elwig... Mon sang coulait... Robert me crut dangereusement blessée ; il tira son épée, saisit cette Elwig à la gorge, et la tua avant que j'aie pu m'opposer à cette inutile vengeance... Je regrette la mort de cette Franque, venue volontairement près de moi.

— Vous la plaignez, ma mère, — dit vivement Victorin, — cette créature pillarde et féroce, comme ceux de sa race ? Vous la plaignez ! et elle n'a sans doute suivi Scanvoch qu'afin de trouver l'occasion de s'introduire près de vous pour vous voler et vous égorger ensuite !

— Je la plains d'être née d'une telle race, — reprit tristement Victoria ; — je la plains d'avoir eu la pensée d'un meurtre !

— Croyez-moi, — ai-je dit à ma sœur de lait, — la mort de cette femme met un terme à une vie souillée de forfaits dont frémit la nature... Fassent les dieux que, comme Elwig, son frère, le *roi* Néroweg ait aujourd'hui perdu la vie, et que sa race soit éteinte en lui, sinon, je regretterais toujours de n'avoir pas achevé cet homme... Je ne sais pourquoi, il me semble que sa descendance sera funeste à la mienne...

Victoria me regardait, surprise de ces paroles, dont elle ne comprenait pas le sens, lorsque Victorin s'écria :

— Béni soit Hésus, ma mère ! c'est un jour heureux pour la Gaule que celui-ci !... Vous avez échappé à un grand danger, nos armes sont victorieuses, et les Franks sont chassés de nos frontières...

Puis, s'interrompant et prêtant au loin l'oreille, Victorin ajouta :

— Entendez-vous, ma mère ? entendez-vous ces chants que le vent nous apporte ?...

Tous nous avons fait silence, et ces refrains lointains, répétés en chœur par des milliers de voix, vibrantes de la joie du triomphe, sont venus jusqu'à nous à travers la sonorité de la nuit :

» — Ce soir nous disons : Combien étaient-ils donc ces barbares ?

» — Ce soir nous disons, combien étaient-ils donc ces Franks ?... »

CHAPITRE IV.

Scanvoch est établi en Bretagne dans les champs de ses pères, près de la forêt de Karnak. — Suite du récit. — Victorin et Kidda la Bohémienne. — Le voyage. — Le cavalier mystérieux. — Retour de Scanvoch à Mayence. — Le soulèvement. — Victorin et Victorinin. — Tétrik. — Le capitaine Marion et son ami Eustache.

Plusieurs années se sont passées depuis que j'ai écrit pour toi, mon enfant, le récit de la grande bataille du Rhin.

L'extermination des hordes franques et de leurs établissements sur l'autre rive du fleuve, a délivré la Gaule des craintes que lui inspirait cette invasion barbare toujours menaçante. Les Franks, retirés maintenant au fond des forêts de la Germanie, attendent peut-être une occasion favorable pour fondre de nouveau sur la Gaule. Je reprends donc ce récit d'autrefois après des années de douleur amère... De grands malheurs ont pesé sur ma vie; j'ai vu se dérouler une épouvantable trame d'hypocrisie et de haine, cette trame, dont j'avais eu soupçon dès le récit précédent, a enveloppé ce que j'avais de plus cher au monde... Depuis lors, une tristesse incurable s'est emparée de mon âme... J'ai quitté les bords du Rhin pour la Bretagne, je suis établi avec ta seconde mère et toi, mon enfant, aux mêmes lieux où fut jadis le berceau de notre famille, près des pierres sacrées de la forêt de Karnak, témoins du sacrifice héroïque de notre aïeule Hêna...

Hier encore, en revenant des champs avec toi, puisque de soldat je suis devenu laboureur comme nos pères, au temps de leur indépendance... hier encore je t'ai montré au bord d'un ruisseau deux saules creux, si vieux... si vieux... (ils ont plus de trois cents ans!) qu'ils ne végètent presque plus... Tu me priais d'attacher une corde de l'un à l'autre de ces deux arbres pour te balancer... Tu m'as vu avec étonnement m'attrister à ta demande, et soudain rester pensif.

Je songeais que, par un rapprochement étrange, notre aïeul Sylvest, dont tu liras l'histoire, et sa sœur Siomara avaient, comme toi, voulu, il y a près de trois siècles, attacher à ces deux saules une corde pour servir à leurs jeux enfantins... Et ces souvenirs, hélas! n'étaient pas les seuls que ces troncs séculaires éveillaient dans ma pensée; car je t'ai dit :

— Regarde ces deux arbres avec tristesse et vénération, mon enfant : un de nos aïeux, *Guilhern*, fils de *Joel*, le brenn de la tribu de Karnak, est mort dans un supplice atroce, garrotté à l'un de ces saules; le fils de Guilhern, un adolescent un peu plus âgé que toi, nommé Sylvest (c'est de lui que je te parlais tout à l'heure), fut attaché à l'autre saule pour mourir du même supplice que son père... un hasard inespéré l'a arraché à cette torture.

— Et quel était donc leur crime? — m'as-tu demandé.

— Le crime du père et de son fils était d'avoir voulu échapper à l'esclavage, afin de ne plus cultiver sous le fouet, le carcan au cou, la chaîne aux pieds, les champs paternels au profit des Romains, qui les en avaient dépouillés par violence ensuite de la bataille de Vannes...

Ma réponse t'a surpris, mon enfant, toi, qui as toujours vécu heureux et libre, toi, qui jusqu'ici n'as connu d'autre douleur que le regret d'avoir perdu ta mère bien-aimée, dont tu n'as conservé qu'un vague souvenir; car tu étais âgé de quatre ans et deux mois à peine, lorsque peu de temps après la victoire remportée sur les Franks des bords du Rhin. . . . .

J'ai interrompu mon récit, cher enfant; ma main s'est arrêtée, inondée des pleurs qui coulaient de mes yeux; puis je suis tombé dans l'un de ces accès de morne tristesse que je ne peux vaincre... lorsque je me rappelle les terribles événements domestiques qui se sont passés après notre victoire sur le Rhin; mais j'ai repris courage en songeant au devoir que je dois accomplir, afin d'obéir aux derniers vœux de notre aïeul Joel, qui vivait il y a près de trois siècles dans ces mêmes lieux où nous sommes aujourd'hui revenus, après les vicissitudes sans nombre de notre famille.

Lorsque tu auras lu ces pages, mon enfant, tu comprendras la cause des accès de tristesse mortelle où tu me vois souvent plongé, malgré ta tendresse et celle de ta seconde mère, que je ne saurais jamais trop chérir... Oui, lorsque tu auras lu les dernières et solennelles paroles de Victoria, *la mère des camps*, paroles effrayantes... tu comprendras que si douloureux que soit pour moi le passé, en ce qui touche ma famille, ce n'est pas seulement le passé qui m'attriste jusqu'à la mort, mais les prévisions de l'avenir réservé peut-être à la Gaule par la mystérieuse volonté de Hésus... O mon enfant! ces appréhensions pleines d'angoisses, tu les partageras en lisant cette réflexion sage et profonde de notre aïeul Sylvest :

— *Hélas! à chaque blessure de la patrie, la famille saigne...*

Oui, car si elles se réalisent jamais, les redoutables prophéties de Victoria, douée peut-être comme tant d'autres de nos druidesses vénérées de la science de l'avenir... si elles se réalisent, ces redoutables prophéties, malheur à la Gaule! Malheur à notre race! malheur à notre famille! elle aura plus longtemps et plus cruellement à souffrir de l'oppression de la *Rome des évêques*, qu'elle n'a souffert de l'oppression de la *Rome des Césars et des empereurs!...*

. . . .

Je reprends donc ce récit, mon enfant, au point où je l'ai laissé, il y a plusieurs années. Sans doute, je l'interromprai plus d'une fois encore...

Victorin, le soir de la bataille du Rhin, regagna Mayence avec sa mère, après l'avoir longuement entretenue du résultat de la journée; il prétexta d'une grande fatigue et de sa légère blessure pour se retirer. Rentré chez lui, il se désarma, se mit au bain, puis, enveloppé d'un manteau, il se rendit chez les Bohémiennes vers le milieu de la nuit...

— *Cette femme te sera fatale!* — avais-je dit au jeune général... Hélas! ma prévision devait s'accomplir. A propos de ces créatures, rappelle-toi, mon enfant, cette circonstance, que j'ai connue depuis, et tu apprécieras plus tard l'importance de ce souvenir :

« Ces Bohémiennes, arrivées à Mayence la surveille du jour où Tétrik était arrivé lui-même dans cette ville, venaient de Gascogne, » pays qu'il gouvernait. »

Cette révélation, et bien d'autres, amenées par la suite des temps, m'ont donné une connaissance si exacte de certains faits, que je pourrai te les raconter comme si j'en avais été spectateur. Victorin quitta donc son logis au milieu de la nuit pour aller au rendez-vous où l'attendait Kidda, la Bohémienne; il la connaissait seulement depuis la veille. Elle avait fait sur ses sens une vive impression : il était jeune, beau, spirituel, généreux; il venait de gagner le jour même une glorieuse bataille; il savait la facilité de mœurs de ces chanteuses vagabondes, il se croyait certain de posséder l'objet de son caprice; quelle fut sa surprise, son dépit, lorsque Kidda lui dit avec un apparent mélange de fermeté, de tristesse et de passion contenue :

« — Je ne vous parlerai pas, Victorin, de ma vertu, vous ririez de » la vertu d'une chanteuse bohémienne; mais vous me croirez si je » vous dis que longtemps avant de vous voir, votre glorieux nom était » venu jusqu'à moi; votre renommée de courage et de bonté avait » fait battre mon cœur, ce cœur indigne de vous, puisque je suis » une pauvre créature dégradée... Voyez-vous, Victorin, — ajouta- » t-elle les larmes aux yeux, — si j'étais pure, vous auriez mon » amour et ma vie; mais je suis flétrie, je ne mérite pas vos regards;

» je vous aime trop passionnément, je vous honore trop pour jamais » vous offrir les restes d'une existence avilie par des hommes si peu » dignes de vous être comparés... »

Cet hypocrite langage, loin de refroidir l'ardeur de Victorin, l'excita davantage; son caprice sensuel pour cette femme, irrité pas ses refus, se changea bientôt en une passion dévorante, insensée. Malgré ses protestations de tendresse, malgré ses prières, malgré ses larmes, car il pleurait aux pieds de cette misérable, la Bohémienne resta inexorable dans sa résolution. Le caractère de Victorin, jusqu'alors joyeux, avenant et ouvert, s'aigrit; il devint sombre, taciturne. Sa mère et moi, nous ignorions alors les causes de ce changement; à nos pressantes questions, le jeune général répondait que, frappé des symptômes de désaffection manifestés par l'armée à son égard, il ne voulait plus s'exposer à une pareille défaveur, et que désormais sa vie serait austère et retirée. Sauf pendant quelques heures consacrées chaque jour à sa mère, Victorin ne sortait plus de chez lui, fuyant la société de ses anciens compagnons de plaisir. Les soldats, frappés de ce brusque revirement dans sa conduite, virent dans cette réforme salutaire le résultat de leurs observations, présentées en leur nom au jeune général par Douarnek avec une amicale franchise; ils s'affectionnèrent à lui plus que jamais. J'ai su plus tard que ce malheureux, dans sa solitude volontaire, buvait jusqu'à l'ivresse pour oublier sa fatale passion, allant cependant chaque soir chez la bohémienne, et la trouvant toujours impitoyable.

Un mois environ se passa de la sorte: Tétrik était resté à Mayence afin de tâcher de vaincre la répugnance de Victoria à faire acclamer son petit-fils comme héritier du pouvoir de son père; mais Victoria répondait au gouverneur d'Aquitaine:

« — Ritha-Gaür, qui s'est fait une saie de la barbe des rois qu'il » a rasés, a renversé, il y a dix siècles, la royauté en Gaule, les » peuples étant las d'être transmis, eux et leur descendance, par droit » d'héritage, à des rois rarement bons, presque toujours mauvais. Les

» Gaulois, de plus en plus éclairés par nos druides vénérés, ont sa-
» gement préféré choisir librement le chef qu'ils croyaient le plus
» digne de les gouverner; ils se sont ainsi constitués en république.
» Mon petit-fils est un enfant au berceau, nul ne sait s'il aura un
» jour les qualités nécessaires au gouvernement d'un grand peuple
» comme le nôtre. Reconnaître aujourd'hui cet enfant comme héri-
» tier du pouvoir de son père, ce serait rétablir une sorte de royauté.
» Or, ainsi que Ritha-Gaür, moi, Victoria, je hais les royautés. »

Tétrik, espérant vaincre par sa persistance la résolution de la mère des camps, restait dans la ville (j'ai du moins longtemps cru que tel était le seul but de son séjour à Mayence), et s'étonnait non moins que nous de la transformation du caractère de Victorin. Celui-ci, quoique plongé dans une morne tristesse, s'était toujours montré affectueux pour moi; plusieurs fois même je le vis sur le point de m'ouvrir son cœur et de me confier ce qu'il cachait à tous; craignant sans doute mes reproches, il retint ses aveux. Plus tard, ne venant plus chez moi, comme par le passé, il évita même les occasions de me rencontrer; ses traits, naguère si beaux, si ouverts, n'étaient plus reconnaissables; pâlis par la souffrance, creusés par les excès de l'ivresse solitaire à laquelle il se livrait, leur expression semblait de plus en plus sinistre; parfois une sorte d'égarement se trahissait dans la sombre fixité de son regard.

Environ cinq semaines après la grande victoire du Rhin, Victorin redevint assidu chez moi; seulement il choisit pour ses visites à ma femme et à Sampso les heures où d'habitude j'allais chez Victoria pour écrire les lettres qu'elle me dictait. Ellèn accueillit le fils de ma sœur de lait avec son affabilité accoutumée. Je crus d'abord que, regrettant de s'être éloigné de moi sans motif et par caprice, il cherchait à amener entre nous un rapprochement par l'intermédiaire de ma femme; car, malgré sa persistance à éviter ma rencontre, il ne parlait de moi à Ellèn qu'avec affection. Sampso assistait aux entretiens de sa sœur et de Victorin. Une seule fois elle les laissa seuls; en rentrant, elle fut frappée de l'expression douloureuse de la physionomie de ma femme et de l'embarras de Victorin, qui sortit aussitôt.

— Qu'as-tu, Ellèn? — lui dit Sampso.

— Ma sœur, je t'en conjure, désormais ne me laisse pas seule avec le fils de Victoria...

— Quelle est la cause de ton trouble?

— Fassent les dieux que je me sois trompée; mais à certains demi-mots de Victorin, à l'expression de son regard, j'ai cru deviner qu'il ressent pour moi un coupable amour... et pourtant il sait ma tendresse, mon dévouement pour Scanvoch!

— Ma sœur, — reprit Sampso, — les excès de Victorin m'ont toujours révoltée; mais depuis quelque temps il semble s'amender. Le sacrifice de ses goûts désordonnés lui coûte sans doute beaucoup, car chacun, tout en louant le changement de conduite du jeune général, remarque sa profonde tristesse... Je ne peux donc le croire capable de songer à déshonorer ton mari, lui qui aime Victorin comme son fils, lui qui à la guerre lui a sauvé la vie... tu es dans l'erreur, Ellèn... non, une pareille indignité est impossible...

— Puisses-tu dire vrai, Sampso; mais, je t'en conjure, si Victorin revient à la maison, ne me laisse pas seule avec lui, et quoi qu'il en soit, je veux tout dire à Scanvoch.

— Prends garde, Ellèn... Si, comme je le crois, tu te trompes, c'est jeter un soupçon affreux dans l'esprit de ton mari; tu sais son attachement pour Victoria et pour son fils, juge du désespoir de Scanvoch à une telle révélation... Ellèn, suis mon conseil, reçois une fois encore Victorin seule à seul, et si tu acquiers la certitude de ce que tu redoutes, alors, n'hésite plus... révèle tout à Scanvoch, car s'il est imprudent à toi d'éveiller dans son esprit des soupçons peut-être mal fondés, tu dois démasquer un infâme hypocrite, lorsque tu n'as plus de doute sur ses projets.

Ellèn promit à sa sœur d'écouter ses avis; mais de ce jour Victorin ne revint plus... Je n'ai connu ces détails que plus tard. Ceci s'était passé durant les cinq ou six premières semaines qui suivirent la grande bataille du Rhin, et huit jours avant les terribles événements qu'il me faut, hélas! mon enfant, te raconter...

Ce jour-là j'avais passé la première partie de la soirée auprès de Victoria, conférant avec elle d'une mission très-urgente pour laquelle je devais partir le soir même, et qui me pouvait retenir plusieurs jours. Victorin, quoiqu'il l'eût promis à sa mère, ne se rendit pas à cet entretien, dont il savait l'objet. Je ne m'étonnai pas de son absence; je te l'ai dit, depuis quelque temps, et sans qu'il m'eût été possible de pénétrer la cause de cette bizarrerie, il évitait les occasions de se rencontrer avec moi. Victoria me dit d'une voix émue au moment où je la quittais, à l'heure accoutumée :

— Les affections privées doivent se taire devant les intérêts de l'État; j'ai longuement parlé avec toi de la mission dont tu te charges, Scanvoch; maintenant, la mère te dira ses douleurs. Ce matin encore j'ai eu un triste entretien avec mon fils; en vain je l'ai supplié de me confier la cause du chagrin secret qui le dévore; il m'a répondu avec un sourire navrant :

« — Autrefois, ma mère, vous me reprochiez ma légèreté, mon » goût trop ardent pour les plaisirs... ces temps sont loin déjà... je » vis dans la retraite et la méditation. Ma demeure, où retentissait » jadis, pendant la nuit, le joyeux tumulte des chants et des festins » aux flambeaux, est aujourd'hui solitaire, silencieuse et sombre... » sombre comme moi-même... Nos scrupuleux soldats, édifiés de ma » conversion, ne me reprochent plus, je crois, aujourd'hui d'aimer » trop la joie, le vin et les maîtresses? Que vous faut-il de plus, ma » mère?...

» — Il me faut de plus que tu paraisses heureux comme par le passé, » — lui ai-je répondu sans pouvoir retenir mes larmes; — car tu » souffres, tu souffres d'une peine que j'ignore. La conscience d'une » vie sage et réfléchie, comme doit l'être celle du chef d'un grand » peuple, donne au visage une expression grave, mais sereine, tandis

» que ton visage est pâle, sinistre, sardonique comme celui d'un » désespéré... »

— Que vous a répondu Victorin?

— Rien ; il est retombé dans ce morne silence où je le vois si souvent plongé, et dont il ne sort que pour jeter autour de lui des regards presque égarés... Alors je lui ai présenté son enfant, que je tenais entre mes bras ; il l'a pris et l'a embrassé plusieurs fois avec tendresse ; puis il l'a replacé dans son berceau, et s'est retiré brusquement sans prononcer une parole, sans doute pour me cacher ses larmes ; car j'ai vu qu'il pleurait... Ah ! Scanvoch, mon cœur se brise en songeant à l'avenir que je voyais si beau pour la Gaule, pour mon fils et pour moi...

J'ai tâché de consoler Victoria en cherchant inutilement avec elle la cause du mystérieux chagrin de son fils ; puis, l'heure me pressant, car je devais voyager la nuit, afin d'accomplir ma mission le plus promptement possible, j'ai quitté ma sœur de lait pour rentrer chez moi et embrasser ta mère et toi, mon enfant, avant de me mettre en route. J'ai trouvé Ellèn et sa sœur assises auprès de ton berceau... En me voyant, Sampso s'écria :

— Vous arrivez à propos, Scanvoch, pour m'aider à convaincre Ellèn que sa faiblesse est sans excuse... voyez ses larmes...

— Qu'as-tu, mon Ellèn? — lui dis-je avec inquiétude, — d'où vient ton chagrin ?

Elle baissa la tête, ne me répondit pas, et continua de pleurer.

— Elle n'ose vous avouer la cause de son chagrin, Scanvoch ; mais savez-vous pourquoi ma sœur se désole ainsi? c'est parce que vous partez...

— Quoi ? — dis-je à Ellèn d'un ton de tendre reproche, — toi toujours si courageuse quand je partais pour la bataille, te voici craintive, éplorée, alors que je m'éloigne pour un voyage de quelques jours au plus, entrepris au milieu de la Gaule, en pleine paix !... Ellèn... tes inquiétudes n'ont pas de motif.

— Voilà ce que je ne cesse de répéter à ma sœur, — reprit Sampso. — Votre voyage ne vous expose à aucun danger, et si vous partez cette nuit, c'est que votre missiôn est urgente.

— Sans doute, et n'est-ce pas d'ailleurs un véritable plaisir que de voyager, ainsi que je vais le faire, par une douce nuit d'été au milieu de notre beau pays, si tranquille aujourd'hui ?

— Je sais tout cela, — reprit Ellèn d'une voix altérée, — ma faiblesse est insensée ; mais, malgré moi, ce voyage m'épouvante...

Puis, tendant vers moi ses mains suppliantes :

— Scanvoch, mon époux bien-aimé ! ne pars pas, je t'en conjure, ne pars pas...

— Ellèn, — lui dis-je tristement, — pour la première fois de ma vie, je suis obligé de répondre à ton désir par un refus...

— Je t'en supplie... reste près de moi.

— Je te sacrifierai tout, hormis mon devoir... La mission dont m'a chargé Victoria est importante... j'ai promis de la remplir, je tiendrai ma promesse...

— Pars donc, — me dit ma femme en sanglotant avec désespoir, — pars donc, et que ma destinée s'accomplisse ! tu l'auras voulu...

— Sampso, — ai-je dit le cœur navré, — de quelle destinée parle-t-elle ?

— Hélas ! ma sœur est accablée depuis ce matin de noirs pressentiments ; ils lui paraissent, ainsi qu'à moi, inexplicables, pourtant elle ne peut les vaincre ; elle se persuade qu'elle ne vous verra plus... ou qu'un grand malheur vous menace pendant votre voyage.

— Ellèn, ma femme bien-aimée, — lui ai-je dit en la serrant contre ma poitrine. — Ignores-tu que, si courte que doive être notre séparation, il m'en coûte toujours de m'éloigner d'ici ?... Veux-tu joindre à ce chagrin celui que j'aurai en te laissant ainsi désolée ?

— Pardonne-moi, — me dit Ellèn en faisant un violent effort sur elle-même ; — tu dis vrai, ma faiblesse est indigne de la femme d'un soldat... Tiens, vois, je ne pleure plus, je suis calme... tes paroles me rassurent; j'ai honte de mes lâches terreurs... mais au nom de notre enfant qui dort là dans son berceau, ne t'en va pas irrité contre moi; que tes adieux soient bons et tendres comme toujours... j'ai besoin de cela, vois-tu... oui, j'ai besoin de cela pour retrouver le courage dont je manque aujourd'hui sans savoir pourquoi.

Ma femme, malgré son apparente résignation, semblait tant souffrir de la contrainte qu'elle s'imposait, qu'un moment, afin de rester auprès d'Ellèn, je songeai à prier Victoria de donner au capitaine Marion la mission dont je m'étais chargé; une réflexion me retint : le temps pressait, puisque je partais de nuit, il faudrait employer plusieurs heures à mettre le capitaine Marion au courant d'une affaire à laquelle il était resté jusqu'alors complétement étranger, et qui, pour réussir, devait être traitée avec une extrême célérité. Obéissant à mon devoir, et, il faut le dire aussi, convaincu de la vanité des craintes d'Ellèn, je ne cédai pas à son désir; je la serrai tendrement entre mes bras, et, la recommandant à l'excellente affection de Sampso, je suis parti à cheval.

Il était alors environ dix heures du soir; un cavalier devait me servir d'escorte et de messager pour le cas où j'aurais à écrire à Victoria pendant la route; choisi par le capitaine Marion, à qui j'avais demandé un homme sûr et discret, ce cavalier m'attendait à l'une des portes de Mayence; je l'ai bientôt rejoint; quoique la lune se levât tard, la nuit était pourtant assez claire, grâce au rayonnement des étoiles; j'ai remarqué, sans attacher d'importance à cette circonstance, que, malgré la douceur de la saison, mon compagnon de voyage portait une grosse casaque dont le capuchon se rabattait sur son casque, de sorte qu'en plein jour j'aurais eu même quelque difficulté à distinguer les traits de cet homme. Simple soldat comme moi, au lieu de chevaucher à mes côtés, il me laissa le dépasser sans m'adresser une parole; puis il me suivit. En toute autre occasion, et enclin, comme tout Gaulois, à la causerie, je n'aurais pas accepté cette marque de déférence exagérée, qui m'eût privé de l'entretien d'un compagnon pendant un long trajet; mais, attristé par les adieux de ma femme, et songeant, malgré moi, à mesure que je m'éloignais, aux sinistres pressentiments dont elle avait été agitée, je ne fus pas fâché de rester seul avec mes réflexions durant une partie de la nuit; je m'éloignai donc de la ville suivi du cavalier, non moins silencieux que moi...

Nous avions, sans échanger une parole, chevauché environ deux heures, car la lune, qui devait se lever vers minuit, commençait de poindre derrière une colline bornant l'horizon. Nous nous trouvions à un carrefour où se croisaient trois grandes routes tracées et exécutées par les Romains. J'avais ralenti l'allure de *Tom-Bras*, afin de reconnaître le chemin que je devais suivre, lorsque soudain mon compagnon de voyage, élevant la voix derrière moi, m'a crié :

— Scanvoch ! reviens à toute bride sur tes pas... un grand crime se commet à cette heure dans ta maison !...

A ces mots je me retournai vivement sur ma selle, et grâce à la demi-obscurité de la nuit je vis le cavalier, faisant faire à son cheval un bond énorme, franchir le talus de la route et disparaître dans l'ombre d'un grand bois, dont nous longions la lisière depuis quelque temps... Frappé de stupeur, je restai quelques moments immobile, et lorsque, cédant à une curiosité pleine d'angoisse, je voulus m'élancer à la poursuite du cavalier, afin d'avoir l'explication de ses paroles, il était trop tard, la lune ne jetait pas encore assez de clarté pour qu'il me fût possible de m'aventurer à travers des bois que je ne connaissais pas, le cavalier avait d'ailleurs sur moi une avance qui s'augmentait à chaque instant; prêtant attentivement l'oreille, j'entendis, au milieu du profond silence de la nuit, le galop rapide et déjà lointain du cheval de cet homme ; il me parut reprendre par la forêt, et conséquemment par une voie plus courte, la direction de Mayence. Un moment j'hésitai dans ma résolution ; mais, me rappelant les inexplicables pressentiments de ma femme, et les rapprochant surtout des paroles du cavalier, je regagnai la ville à toute bride...

— Si, par un hasard inconcevable, — me disais-je, — l'avertissement auquel j'obéis est aussi mal fondé que les pressentiments d'Ellèn, avec lesquels il concorde pourtant d'une manière étrange, si mon alarme a été vaine, je prendrai au camp un cheval frais pour recommencer mon voyage, qui n'aura d'ailleurs subi qu'un retard de trois heures :

J'excitai donc des talons et de la voix la rapide allure de mon vigoureux *Tom-Bras*, et me dirigeai vers Mayence avec une folle vitesse. A mesure que je me rapprochais des lieux où j'avais laissé ma femme et mon enfant, les plus noires pensées venaient m'assaillir ; quel pouvait être ce crime qui se commettait dans ma maison? était-ce à un ami? était-ce à un ennemi que je devais cette révélation? Parfois il me semblait que la voix du cavalier ne m'était pas inconnue, sans qu'il me fût possible de me souvenir où je l'avais déjà entendue ; mais ce qui redoublait surtout mon anxiété, c'était ce mystérieux accord entre le malheur dont on venait de me menacer et les pressentiments d'Ellèn. La lune, s'étant levée, facilitait la précipitation de ma course en éclairant la route ; les arbres, les champs, les maisons, disparaissaient derrière moi avec une rapidité vertigineuse. Je mis moins d'une heure à parcourir cette même route, parcourue naguère par moi en deux heures ; j'atteignis enfin les portes de Mayence... Je sentais *Tom-Bras* faiblir entre mes jambes, non pas faute d'ardeur et de courage, mais parce que ses forces étaient à bout. Avisant un soldat en faction, je lui dis :

— As-tu vu un cavalier rentrer cette nuit dans la ville?

— Il y a un quart d'heure à peine, — me répondit le soldat, — un cavalier, vêtu d'une casaque à capuchon, a passé au galop devant cette porte ; il se dirigeait vers le camp.

— C'est lui, — ai-je pensé en reprenant ma course, au risque de voir Tom-Bras expirer sous moi. — Plus de doute, mon compagnon de voyage m'aura devancé par le chemin de la forêt ; mais pourquoi se rend-il au camp, au lieu d'entrer dans la ville? — Quelques instants après j'arrivais devant ma maison : je sautai à bas de mon cheval, qui hennit en reconnaissant notre logis. Je courus à la porte, j'y frappai à grands coups... personne ne vint m'ouvrir, mais j'entendis des cris étouffés ; je heurtai de nouveau, et tout aussi vainement, avec le pommeau de mon épée ; les cris redoublèrent ; il me sembla reconnaître la voix de Sampso... J'essayai de briser la porte... impossible... Soudain la fenêtre de la chambre de ma femme s'ouvre, j'y cours l'épée à la main. Au moment où j'arrive devant cette croisée, on poussait du dedans les volets qui la fermaient. Je m'élance à travers ce passage, je me trouve ainsi face à face avec un homme... L'obscurité ne me permit pas de reconnaître ses traits ; il fuyait de la chambre d'Ellèn, dont les cris déchirants parvinrent jusqu'à moi : saisir cet homme à la gorge au moment où il mettait le pied sur l'appui de la fenêtre pour s'échapper, le repousser dans la chambre pleine de ténèbres, où je me précipite avec lui, le frapper plusieurs fois de mon épée avec fureur, en criant : — Ellèn ! me voici... — Tout cela se passa avec la rapidité de la pensée ; je retirais mon épée du corps étendu à mes pieds pour l'y replonger encore, car j'étais fou de rage, lorsque deux bras m'étreignent avec une force convulsive... Je me crois attaqué par un autre adversaire : je traverse de mon épée ce corps, qui dans l'obscurité se suspendait à mon cou, et aussitôt j'entends ces paroles prononcées d'une voix expirante :

— Scanvoch... tu m'as tuée... merci, mon bien-aimé... il m'est doux de mourir de ta main... je n'aurais pu vivre avec ma honte...

C'était la voix d'Ellèn !...

Ma femme était accourue dans sa muette terreur pour se mettre sous ma protection : ses bras, qui m'avaient d'abord enserré se détachèrent brusquement de moi... je l'entendis tomber sur le plancher... Je restai foudroyé... mon épée s'échappa de mes mains, et pendant quelques instants un silence de mort se fit dans cette chambre complétement obscure, sauf une traînée de pâle lumière, jetée par la lune entre les deux volets à demi refermés par le vent... Soudain ils s'ouvrirent complétement du dehors, et à la clarté lunaire, je vis une femme svelte, grande, vêtue d'une jupe rouge et d'un corset de toile d'argent, montée au dehors sur l'appui de la fenêtre.

— Victorin, — dit-elle, — beau Tarquin d'une nouvelle Lucrèce, quitte cette maison, la nuit s'avance. Je t'ai vu à minuit, l'heure convenue, entrer par la porte en l'absence du mari... Tu vas sortir de chez ta belle par la fenêtre, chemin des amants... tu as accompli ta promesse... maintenant je suis à toi... Viens, mon char nous attend, fuyons...

— Victorin ! — m'écriai-je avec horreur, me croyant le jouet d'un rêve épouvantable, — c'était lui... je l'ai tué...

— Le mari ! — reprit Kidda, la Bohémienne, en sautant en arrière... — C'est le diable qui l'a ramené !...

Et elle disparut.

Quelques instants après, j'entendis le bruit des roues d'un char et le tintement du grelot de la mule qui l'entraînait rapidement, tandis que, au loin, du côté de la porte du camp, s'élevait une rumeur lointaine et toujours croissante, comme celle d'une foule qui s'approche en tumulte. A ma première stupeur succéda une angoisse terrible, mêlée d'une dernière espérance : Ellèn n'était peut-être pas morte... Je courus à la porte de la chambre, fermée en dedans, j'appelai Sampso à grands cris, sa voix me répondit d'une pièce voisine ; on l'y avait enfermée... Je la délivrai, m'écriant :

— J'ai frappé Ellèn dans l'obscurité... la blessure n'est peut-être pas mortelle ; courez chez *Omer*, le druide...

— J'y cours, — me répondit Sampso sans m'interroger davantage.

Elle se précipita vers la porte de la maison verrouillée à l'intérieur. Au moment où elle l'ouvrait, je vis s'avancer sur la place où était située ma maison, tout proche de la porte du camp, une foule de soldats : plusieurs portaient des torches, tous poussaient des cris menaçants au milieu desquels revenait sans cesse le nom de *Victorin*.

A la tête de ce rassemblement, j'ai reconnu le vétéran Douarnek, brandissant son épée.

— Scanvoch, — me dit-il, — le bruit vient de se répandre dans le camp qu'un crime affreux a été commis dans ta maison.

— Et le criminel est Victorin ! — crièrent plusieurs voix qui couvrirent la mienne. — A mort l'infâme !

— A mort l'infâme ! qui a fait violence à la chaste épouse de son ami...

— Comme il a fait violence à l'hôtesse de la taverne des bords du Rhin...

— Ce n'était pas une calomnie !

— Le lâche hypocrite avait feint de s'amender !

— Oui, pour commettre ce nouveau forfait.

— Déshonorer la femme d'un soldat ! d'un des nôtres ! de Scanvoch, qui aimait ce débauché comme son fils !

— Et qui à la guerre lui avait sauvé la vie.

— A mort ! à mort !...

Il m'avait été impossible de dominer de ma voix ces cris furieux... Sampso, désespérée, faisait de vains efforts pour traverser la foule exaspérée.

— Par pitié ! laissez-moi passer ! — criait Sampso d'une voix suppliante : — je vais chercher un druide médecin... Ellèn respire encore... sa blessure peut n'être pas mortelle... Du secours !... du secours !...

Ces mots redoublèrent l'indignation et la fureur des soldats. Au lieu d'ouvrir leurs rangs à la sœur de ma femme, ils la repoussèrent en se ruant vers la porte, bientôt ainsi encombrée d'une foule impénétrable, frémissante de colère, et d'où s'élevèrent de nouveaux cris...

— Malheur ! malheur à Victorin !...

— Ce monstre a égorgé la femme de Scanvoch après l'avoir violentée !...

— Elle meurt comme l'hôtesse de la taverne de l'île du Rhin.

— Victorin ! — s'écria Douarnek, — nous t'avions pardonné, nous avions cru à ta foi de soldat ; tu es l'un des chefs de la Gaule... tu es notre général... tu n'échapperas pas à la peine de tes crimes ! Plus nous t'avons aimé, plus nous t'abhorrons !...

— Nous serons tes bourreaux !

— Nous t'avons glorifié... nous te châtierons !

— Un général tel que toi déshonore la Gaule et l'armée !

— Il faut un exemple terrible !

— A mort Victorin ! à mort !...

— Impossible d'aller chercher du secours ; ma sœur est perdue, — me dit Sampso avec désespoir, pendant que je tâchais, mais toujours en vain, de me faire entendre de cette foule en délire, dont les mille cris couvraient ma voix.

— Je vais essayer de sortir par la fenêtre, — me dit Sampso.

Et elle s'élança vers la chambre mortuaire. Moi, faisant tous mes efforts pour empêcher les soldats furieux contre leur général d'envahir ma demeure, je criais :

— Retirez-vous... laissez-moi seul dans cette maison de deuil... justice est faite !... retirez-vous...

Le tumulte, toujours croissant, étouffa mes paroles, je vis revenir Sampso te portant dans ses bras, mon enfant ; elle me dit en sanglotant :

— Mon frère, plus d'espoir ! Ellèn est glacée... son cœur ne bat plus... elle est morte !...

— Morte ! morte !... Hésus, ayez pitié de moi ! — ai-je murmuré en m'appuyant contre la muraille du vestibule, car je me sentais défaillir. Mais soudain je revins à moi et tressaillis de tous mes membres, en entendant ces mots circuler parmi les soldats :

— Voici Victoria ! voici notre mère !...

Et la foule, dégageant les abords de ma maison, reflua vers le milieu de la place pour aller au-devant de ma sœur de lait. Tel était le respect que cette femme auguste inspirait à l'armée, que bientôt le silence succéda aux furieuses clameurs des soldats ; ils comprirent la terrible position de cette mère qui, attirée par des cris de justice et de vengeance proférés contre son fils accusé d'un crime horrible, s'approchait dans la majesté de sa douleur maternelle.

Mon cœur, à moi, se brisa... Victoria, ma sœur de lait... cette femme, pour qui ma vie n'avait été qu'un long jour de dévouement, Victoria allait trouver dans ma maison le cadavre de son fils tué par moi... qui l'avais vu naître... qui l'avais aimé comme mon enfant !... Je voulus fuir... je n'en eus pas la force... Je restai adossé à la muraille... regardant devant moi, incapable de faire un mouvement.

Soudain, la foule des soldats s'écarte, forme une sorte de haie de chaque côté d'un large passage, et je vois s'avancer lentement, à la clarté de la lune et des torches, Victoria, vêtue de sa longue robe noire, tenant son petit-fils entre ses bras (A)... Elle espérait sans doute apaiser l'exaspération des soldats en offrant à leurs yeux cette innocente créature. Tétrik, le capitaine Marion et plusieurs officiers, qui avaient prévenu Victoria du tumulte et de ses causes, la suivaient. Ils parvinrent à calmer l'effervescence des troupes : le silence devint solennel... La mère des camps n'était plus qu'à quelques pas de ma maison, lorsque Douarnek s'approcha d'elle, et lui dit en fléchissant le genou :

— Mère, ton fils a commis un grand crime... nous te plaignons... mais tu nous feras justice... nous voulons justice...

— Oui, oui, justice ! — s'écrièrent les soldats, dont l'irritation, muette depuis quelques instants, éclata de nouveau avec une violence croissante en mille cris divers : — Justice ! ou nous nous la ferons nous-mêmes...

— Mort à l'infâme !

— Mort à celui qui a déshonoré la femme de son ami !

— Victorin est notre chef... son crime sera-t-il impuni ?

— Si l'on nous refuse justice, nous nous la ferons nous-mêmes.

— Maudit soit le nom de Victorin !

— Oui, maudit... maudit... — répétèrent une foule de voix menaçantes. — Maudit soit à jamais son nom !

Victoria, pâle, calme et imposante, s'était un instant arrêtée devant Douarnek, qui fléchissait le genou en lui parlant... Mais lorsque les cris de : Mort à Victorin ! maudit soit son nom ! firent de nouveau explosion, ma sœur de lait, dont le mâle et beau visage trahissait une angoisse mortelle, étendit les bras en présentant par un geste touchant son petit-fils aux soldats, comme si l'enfant eût demandé grâce et pitié pour son père (B).

Ce fut alors qu'éclatèrent avec plus de violence ces cris :

— Mort à Victorin ! maudit soit son nom !...

A ce moment j'ai vu mon compagnon de route, reconnaissable à sa casaque, dont le capuchon était toujours rabaissé sur son visage, s'avancer d'un air menaçant vers Victoria en criant :

— Oui, maudit soit le nom de Victorin... périsse à jamais sa race !...

Et cet homme arracha violemment l'enfant des bras de Victoria, le prit par les deux pieds, puis il le lança avec furie sur les cailloux du chemin, où il lui brisa la tête (C). Cet acte de férocité fut si brusque, si rapide, que lorsque Douarnek et plusieurs soldats indignés se jetèrent sur l'homme au capuchon, pour sauver l'enfant, cette innocente créature gisait sur le sol, la tête fracassée... J'entendis un cri déchirant poussé par Victoria, mais je ne pus l'apercevoir pendant quelques instants, les soldats l'ayant entourée, la croyant menacée de quelque danger. J'appris ensuite qu'à la faveur du tumulte et de la nuit l'auteur de ce meurtre horrible avait échappé... Les rangs des soldats s'étant ouverts de nouveau au milieu d'un morne silence, j'ai revu, à quelques pas de ma maison, Victoria, le visage inondé de larmes, tenant entre ses bras le petit corps inanimé du fils de Victorin. Alors du seuil de ma porte, je dis à la foule muette et consternée :

— Vous demandez justice? justice est faite... Moi, Scanvoch, j'ai tué Victorin; il est innocent du meurtre de ma femme. Retirez-vous... laissez la mère des camps entrer dans ma maison pour y pleurer sur le corps de son fils et de son petit-fils...

Victoria me dit alors d'une voix ferme en s'arrêtant au seuil de mon logis :

— Tu as tué mon fils pour venger ton outrage?

— Oui, — ai-je répondu d'une voix étouffée; — oui, et dans l'obscurité j'ai aussi frappé ma femme...

— Viens, Scanvoch, viens fermer les paupières d'Ellèn et de Victorin.

Et là elle entra chez moi au milieu du religieux silence des soldats groupés au dehors; le capitaine Marion et Tétrik la suivirent; elle leur fit signe de demeurer à la porte de la chambre mortuaire, où elle voulut rester seule avec moi et Sampso.

A la vue de ma femme, étendue morte sur le plancher, je me suis jeté à genoux en sanglotant, j'ai relevé sa belle tête, alors pâle et froide, j'ai clos ses paupières; puis, enlevant le corps entre mes bras, je l'ai placé sur son lit; je me suis agenouillé, le front appuyé au chevet, et n'ai plus contenu mes gémissements... Je suis resté longtemps ainsi à pleurer, entendant les sanglots étouffés de Victoria. Enfin sa voix m'a rappelé à moi-même et à ce qu'elle devait aussi souffrir; je me suis retourné : je l'ai vue assise à terre auprès du cadavre de Victorin; sa tête reposait sur les genoux maternels.

— Scanvoch, — me dit ma sœur de lait en écartant les cheveux qui couvraient le front glacé de Victorin, — mon fils n'est plus... je peux pleurer sur lui, malgré son crime... Le voilà donc mort! mort... à vingt-deux ans à peine!...

— Mort... Tué par moi... qui l'aimais comme mon enfant!...

— Frère, tu as vengé ton honneur... je te pardonne et te plains...

— Hélas! j'ai frappé Victorin dans l'obscurité... je l'ai frappé en proie à un aveugle accès de rage... je l'ai frappé ignorant que ce fût lui ! Hésus m'en est témoin ! Si j'avais reconnu votre fils, ô ma sœur ! je l'aurais maudit, mais mon épée serait tombée à mes pieds...

Victoria m'a regardé silencieuse... mes paroles ont paru la soulager d'un grand poids en lui apprenant que j'avais tué son fils sans le reconnaître ; elle m'a tendu vivement la main, j'y ai porté mes lèvres avec respect... Pendant quelque temps nous sommes restés muets ; puis elle a dit à la sœur d'Ellèn :

— Sampso, vous étiez ici cette nuit? parlez, je vous prie... que s'est-il passé ?...

— Il était minuit, — répondit Sampso d'une voix oppressée, — depuis deux heures Scanvoch nous avait quittées pour se mettre en route ; je reposais ici auprès de ma sœur... j'ai entendu frapper à la porte de la maison... j'ai jeté un manteau sur mes épaules... je suis allée demander qui était là : une voix de femme, à l'accent étranger, m'a répondu...

— Une voix de femme ? — lui dis-je avec un accent de surprise que partageait Victoria, — une voix de femme vous a répondu, Sampso ?

— Oui, c'était un piége ; cette voix m'a dit : « Je viens de la part » de Victoria donner à Ellèn, femme de Scanvoch, parti depuis deux » heures, un avis très-important. »

Victoria et moi, à ces paroles de Sampso, nous avons échangé un regard d'étonnement croissant ; elle a continué :

— N'ayant aucune défiance contre la messagère de Victoria, je lui ai ouvert... Aussitôt, au lieu d'une femme, un homme s'est présenté devant moi, m'a repoussée violemment dans le couloir d'entrée, et a verrouillé la porte en dedans... A la clarté de la lampe, que j'avais déposée à terre, j'ai reconnu Victorin... Il était pâle, effrayant... il pouvait à peine se soutenir sur ses jambes, tant il était ivre...

— Oh ! le malheureux ! le malheureux ! — me suis-je écrié ; — il n'avait plus sa raison ! sans cela jamais... oh ! non, jamais... il n'eût commis pareil crime !...

— Continuez, Sampso, — lui dit Victoria, étouffant un soupir, — continuez...

— Sans m'adresser une parole, Victorin m'a montré l'entrée de la chambre que j'occupais, lorsque je ne partageais pas celle de ma sœur en l'absence de Scanvoch... Dans ma terreur j'ai tout deviné... j'ai crié à Ellèn : « Ma sœur, enferme-toi ! » Puis, de toutes mes forces, j'ai appelé au secours... mes cris ont exaspéré Victorin; il s'est précipité sur moi et m'a jetée dans ma chambre... Au moment où il m'y enfermait, j'ai vu accourir Ellèn dans le couloir, pâle, épouvantée, demi-nue... J'ai entendu le bruit d'une lutte, les cris déchirants de ma sœur appelant à son aide... et je n'ai plus rien entendu, plus rien... Je ne sais combien de temps s'était passé, lorsque l'on a frappé et appelé au dehors avec force... c'était Scanvoch... J'ai répondu à sa voix du fond de ma chambre, dont je ne pouvais sortir... Au bout de quelques instants ma porte s'est ouverte... et j'ai vu Scanvoch...

— Et toi, — me dit Victoria, — comment es-tu revenu si brusquement ici ?

— A quatre lieues de Mayence, l'on m'a averti qu'un crime se commettait dans ma maison.

— Cet avertissement, qui te l'a donné ?

— Un soldat, mon compagnon de voyage.

— Ce soldat, qui était-il ? — me dit Victoria. — Comment avait-il connaissance de ce crime ?

— Je l'ignore... il a disparu à travers la forêt, en me donnant ce sinistre avis... Ce soldat, revenu ici avant moi... ce soldat est le même qui, arrachant ton petit-fils d'entre tes bras, l'a tué à tes pieds...

— Scanvoch, — reprit Victoria en frémissant et portant ses deux mains à son front, — mon fils est mort... je ne veux ni l'accuser ni l'excuser... mais, crois-moi... ce crime cache quelque horrible mystère !...

— Écoutez, — lui dis-je, me rappelant plusieurs circonstances dont le souvenir m'avait échappé dans le premier égarement de ma douleur. — Arrivé devant la porte de ma maison, j'ai heurté; les cris lointains de Sampso m'ont seuls répondu... Peu d'instants après, la fenêtre basse de la chambre de ma femme s'est ouverte, j'y ai couru: les volets s'écartaient pour livrer passage à un homme, tandis que Ellèn criait au secours... J'ai repoussé l'homme dans la chambre, alors noire comme une tombe, et j'ai, dans l'ombre, frappé votre fils. Presque aussitôt deux bras m'ont étreint... je me suis cru attaqué par un nouvel assaillant... J'ai encore frappé dans l'ombre... c'était Ellèn que je tuais...

Et je n'ai pu contenir mes sanglots.

— Frère, frère... — m'a dit Victoria, — c'est une terrible et fatale nuit que celle-ci...

— Écoutez encore... et surtout écoutez ceci... — ai-je dit à ma sœur de lait, en surmontant mon émotion. — Au moment où je reconnaissais la voix expirante de ma femme, j'ai vu à la clarté lunaire une femme debout sur l'appui de la croisée...

— Une femme! — s'écria Victoria.

— Celle-là peut-être dont la voix m'avait trompée, — dit Sampso, — en m'annonçant un message de la mère des camps...

— Je le crois, — ai-je repris, — et cette femme, sans doute complice du crime de Victorin, l'a appelé, lui disant qu'il fallait fuir... qu'elle était à lui, puisqu'il avait tenu sa promesse.

— Sa promesse? — reprit Victoria, — quelle promesse?

— Le déshonneur d'Ellèn!...

Ma sœur de lait tressaillit et ajouta:

— Je te dis, Scanvoch, que ce crime est entouré d'un horrible mystère... Mais cette femme, qui était-elle?

— Une des deux Bohémiennes arrivées à Mayence depuis quelque temps... Ecoutez encore... La Bohémienne ne recevant pas de réponse de Victorin, et entendant au loin le tumulte des soldats accourant furieux, la Bohémienne a disparu; et bientôt après, le bruit de son chariot m'apprenait sa fuite... Dans mon désespoir je n'ai pas songé à la poursuivre... Je venais de tuer Ellèn à côté du berceau de mon fils... Ellèn, ma pauvre et bien-aimée femme!...

En disant ces mots, je n'ai pu m'empêcher de pleurer encore... Sampso et Victoria gardaient le silence.

— C'est un abîme! — reprit la mère des camps, — un abîme où ma raison se perd... Le crime de mon fils est grand... son ivresse, loin de l'excuser, le rend plus honteux encore... et cependant, Scanvoch, tu ne sais peut-être pas combien ce malheureux enfant t'aimait...

— Ne me dites pas cela, Victoria, — ai-je murmuré en cachant mon visage entre mes mains, — ne me dites pas cela... mon désespoir ne peut être plus affreux!...

— Ce n'est pas un reproche, mon frère, — a repris Victoria. — Moi, témoin du crime de mon fils, je l'aurais tué de ma main, pour qu'il ne déshonorât pas plus longtemps et sa mère et la Gaule qui l'a choisi pour chef... Je te rappelle l'affection de Victorin pour toi, parce que je crois que sans son ivresse, et je ne sais quelle machination ténébreuse, il n'eût pas commis ce forfait...

— Et moi, ma sœur, cette trame infernale, je crois la saisir...

— Toi?...

— Avant la grande bataille du Rhin une calomnie infâme a été répandue contre Victorin... L'armée s'éloignait de lui... est-ce vrai?

— C'est vrai...

— La victoire de ton fils lui avait ramené l'affection des soldats... Voici qu'aujourd'hui cette ancienne calomnie devient une terrible réalité... Le crime de Victorin lui coûte la vie... ainsi qu'à son fils: sa race est éteinte, un nouveau chef doit être donné à la Gaule, est-ce vrai?

— Oui.

— Ce soldat inconnu, mon compagnon de route, en me révélant

cette nuit qu'un crime se commettait dans ma maison, ne savait-il pas que si je n'arrivais pas à temps pour tuer Victorin dans le premier accès de ma rage, il serait massacré par les troupes soulevées contre lui à la nouvelle de ce forfait?

— Et ce forfait, — dit Sampso, — comment l'armée l'a-t-elle connu si tôt, puisque personne encore n'avait pu sortir de cette maison?...

La mère des camps, frappée de cette réflexion de Sampso, me regarda. Je continuai :

— Quel est l'homme, Victoria, qui, arrachant de vos bras votre petit-fils, l'a tué à vos pieds? encore ce soldat inconnu!

— C'est vrai... — répondit Victoria pensive, — c'est vrai...

— Ce soldat a-t-il cédé à un emportement de fureur aveugle contre cet innocent enfant? non... Il a donc été l'instrument d'une ambition aussi ténébreuse que féroce... Un seul homme avait intérêt au double meurtre qui vient d'éteindre votre race, ma sœur... car votre race éteinte, la Gaule doit choisir un nouveau chef... et l'homme que je soupçonne, l'homme que j'accuse veut depuis longtemps gouverner la Gaule!...

— Son nom! — s'écria Victoria en attachant sur moi un regard plein d'angoisse, — le nom de cet homme que tu soupçonnes, que tu accuses...

— Son nom est Tétrik, oui, Tétrik, gouverneur de Gascogne, et votre parent, ma sœur...

Pour la première fois, Victoria, depuis que je lui avais exprimé mes doutes sur son parent, sembla les partager; elle jeta les yeux sur son fils avec une expression de pitié douloureuse, baisa de nouveau et à plusieurs reprises son front glacé; puis, après quelques instants de réflexion profonde, elle prit une résolution suprême, se releva, et me dit d'une voix ferme :

— Où est Tétrik?

— Il attend au dehors avec le capitaine Marion.

— Qu'ils viennent tous deux.

— Quoi ! vous voulez ?...

— Je veux qu'ils viennent tous deux à l'instant.

— Ici... dans cette chambre mortuaire ?

— Ici, dans cette chambre mortuaire... Oui, ici, Scanvoch, devant les restes inanimés de ta femme, de mon fils et de son enfant. Si cet homme a noué cette ténébreuse et horrible trame, cet homme, fût-il un démon d'hypocrisie et de férocité, se trahira par son trouble à la vue de ses victimes... à la vue d'une mère entre les corps de son fils et de son petit-fils... à la vue d'un époux près du corps de sa femme ! Va, mon frère, qu'ils viennent... qu'ils viennent... Il faut aussi retrouver à tout prix ce soldat inconnu, ton compagnon de route.

— J'y songe... — ajoutai-je, frappé d'un souvenir soudain, — c'est le capitaine Marion qui a choisi ce cavalier dont j'étais escorté... il le connaît.

— Nous interrogerons le capitaine... Va, mon frère, qu'ils viennent... qu'ils viennent...

J'obéis à Victoria... J'appelai Tétrik et Marion ; ils accoururent.

J'eus le courage, malgré ma douleur, d'observer attentivement la physionomie du gouverneur de Gascogne... Dès qu'il entra, le premier objet qui parut frapper ses regards fut le cadavre de Victorin... Les traits de Tétrik prirent aussitôt une expression déchirante, ses larmes coulèrent à flots, et se jetant à genoux auprès du corps en joignant les mains, il s'écria d'une voix entrecoupée :

— Mort à la fleur de son âge... mort... lui si vaillant... si généreux ! lui, l'espoir, la forte épée de la Gaule... Ah ! j'oublie les égarements de cet infortuné devant l'affreux malheur qui frappe mon pays... Par ta mort ! Victorin... oh ! Victorin...

Tétrik ne put continuer, les sanglots étouffèrent sa voix. A genoux et affaissé sur lui-même, le visage caché entre ses deux mains, pleurant à chaudes larmes, il restait comme écrasé de douleur auprès du corps de Victorin.

Le capitaine Marion, debout et immobile au seuil de la porte, semblait en proie à une profonde émotion intérieure ; il n'éclatait pas en gémissements, il ne versait pas de larmes, mais il ne cessait de contempler avec une expression navrante le corps du petit-fils de Victorin, étendu sur le berceau de mon fils, à moi; puis j'entendis seulement Marion dire tout bas, en regardant tour à tour l'innocente victime et Victoria :

— Quel malheur!... Ah! le pauvre enfant!... ah! la pauvre mère!...

S'avançant ensuite de quelques pas, le capitaine ajouta d'une voix brève et entrecoupée :

— Victoria, vous êtes très à plaindre, et je vous plains... Victorin vous chérissait... c'était un digne fils! je l'aimais aussi. J'ai la barbe grise, et je me plaisais à servir sous ce jeune homme. Je le sentais mon général; c'était le premier capitaine de notre temps... aucun d'entre nous ne le remplacera ; il n'avait que deux vices : le goût du vin, et surtout sa peste de luxure; je l'ai souvent beaucoup querellé là-dessus... j'avais raison, vous le voyez... Enfin, il n'y a plus à le quereller maintenant... C'était au fond un brave cœur! oui, oh! oui, un brave cœur... Je ne peux vous en dire davantage, Victoria : d'ailleurs, à quoi bon? on ne console pas une mère... Ne me croyez pas insensible parce que je ne pleure point... on pleure quand on le peut; mais enfin je vous assure que je vous plains, que je vous plains du fond de mon âme... j'aurais perdu mon ami Eustache, que je ne serais ni plus affligé, ni plus abattu...

Et se reculant de quelques pas, Marion jeta de nouveau, et tour à tour, les yeux sur Victoria et sur le corps de son petit-fils en répétant :

— Ah! le pauvre enfant! ah! la pauvre mère!...

Tétrik, toujours agenouillé auprès de Victorin, ne cessait de sangloter, de gémir. Aussi expansive que celle du capitaine Marion était contenue, sa douleur semblait sincère. Cependant mes soupçons résistaient à cette épreuve, et ma sœur de lait partageait mes doutes. Elle fit de nouveau un violent effort sur elle-même, et dit :

— Tétrik, écoute-moi.

Le gouverneur de Gascogne ne parut pas entendre la voix de sa parente.

— Tétrik, — reprit Victoria en se baissant pour toucher son parent à l'épaule, — je vous parle, répondez-moi.

— Qui me parle? — s'écria le gouverneur d'un air égaré. — Que me veut-on? Où suis-je?...

Puis, levant les yeux sur ma sœur de lait, il s'écria :

— Vous ici... ici, Victoria?... Oui, tout à l'heure je vous accompagnais... je ne me le rappelais plus... Excusez-moi, j'ai la tête perdue... Hélas! je suis père... j'ai un fils presque de l'âge de cet infortuné; mieux que personne je compatis à votre désespoir, Victoria.

— Le temps presse et le moment est grave, — reprit ma sœur de lait d'une voix solennelle, en attachant sur Tétrik un regard pénétrant, afin de lire au plus profond de la pensée de cet homme. — La douleur privée doit se taire devant l'intérêt public... Il me reste toute ma vie pour pleurer mon fils et mon petit-fils... Nous n'avons que quelques heures pour songer au remplacement du chef de la Gaule et du général de son armée...

— Quoi!... — s'écria Tétrik, — dans un tel moment... vous voulez...

— Je veux qu'avant la fin de la nuit, moi, le capitaine Marion et vous, Tétrik, vous, mon parent, vous, l'un de mes plus fidèles amis, vous, si dévoué à la Gaule, vous, qui regrettez si amèrement, si sincèrement Victorin, nous cherchions tous trois, dans notre sagesse, quel homme nous devons proposer demain matin à l'armée comme successeur de mon fils.

— Victoria, vous êtes une femme héroïque! — s'écria Tétrik en joignant les mains avec admiration. — Vous égalez par votre courage, par votre patriotisme, les femmes les plus augustes dont s'honore l'histoire du monde!...

— Quel est votre avis, Tétrik, sur le successeur de Victorin?... Le capitaine Marion et moi, nous parlerons après vous, — reprit la mère des camps, sans paraître entendre les louanges du gouverneur de Gascogne. — Oui, quel homme croyez-vous capable de remplacer mon fils... à la gloire et à l'avantage de la Gaule?

— Comment pourrais-je vous donner mon avis? — reprit Tétrik avec accablement. — Moi, vous conseiller sur un sujet aussi grave, lorsque j'ai le cœur brisé, la raison troublée par la douleur... est-ce donc possible?

— Cela est possible, puisque me voici, moi... entre le corps de mon fils et celui de mon petit-fils, prête à donner mon avis...

— Vous l'exigez, Victoria... je parlerai, si je puis toutefois rassembler deux idées... Il faudrait, selon moi, pour gouverner la Gaule, un homme sage, ferme, éclairé, plus enclin à la paix qu'à la guerre... maintenant surtout que nous n'avons plus à redouter le voisinage des Franks, grâce à l'épée de ce jeune héros, que j'aimais et que je regretterai éternellement...

Le gouverneur s'interrompit pour donner de nouveau cours à ses larmes.

— Nous pleurerons plus tard... — reprit Victoria. — La vie est longue... mais cette nuit s'avance...

Tétrik continua en essuyant ses yeux :

— Il me semble donc que le successeur de notre Victorin doit être un homme surtout recommandable par son bon sens, sa ferme raison et par son dévouement longuement éprouvé au service de notre bien-aimée patrie... Or, si je ne me trompe, le seul qui réunisse ces excellentes qualités, c'est le capitaine Marion que voici...

— Moi! — s'écria le capitaine en levant au plafond ses deux mains énormes, — moi! chef de la Gaule... Le chagrin vous rend donc fou... Moi! chef de la Gaule!...

— Capitaine Marion, — reprit douloureusement Tétrik, — certes, la mort affreuse de Victorin et de son innocent enfant jette dans mon cœur le trouble et la désolation ; mais je crois parler en ce moment, non pas en fou, mais en sage... et Victoria partagera mon avis. Sans jouir de l'éclatante renommée militaire de notre Victorin, à jamais regretté... vous avez mérité, capitaine Marion, la confiance et l'affection des troupes par vos bons et nombreux services. Ancien ouvrier forgeron, vous avez quitté le marteau pour l'épée, les soldats verront en vous un de leurs égaux devenu leur chef par sa vaillance et leur libre choix ; ils s'affectionneront à vous davantage encore, sachant surtout que, parvenu aux grades éminents, vous n'avez jamais oublié votre amitié pour votre ancien camarade d'enclume.

— Oublier mon ami Eustache ! — dit Marion, — oh ! jamais !... non, jamais !...

— L'austérité de vos mœurs est connue, — reprit Tétrik, — votre excellent bon sens, votre droiture, votre froide raison, sont, selon mon pauvre jugement, un sûr garant de votre avenir... Vous mettez en pratique cette sage pensée de Victoria, qu'à cette heure le temps des guerres stériles est fini, et que le moment est venu de songer à la paix féconde... Un dernier mot, capitaine, — ajouta Tétrik, voyant que Marion allait l'interrompre. — J'en conviens, la tâche est lourde, elle doit effrayer votre modestie ; mais cette femme héroïque, qui, dans ce moment terrible, oublie son désespoir maternel pour ne songer qu'au salut de notre bien-aimée patrie, Victoria, j'en suis certain, en vous présentant aux soldats comme successeur de son fils, et certaine de vous faire accepter par eux, prendra l'engagement de vous aider de ses précieux conseils, de même qu'elle inspirait les meilleures résolutions de son valeureux fils... Et maintenant, capitaine Marion, si ma faible voix peut être écoutée de vous, je vous adjure... je vous supplie, au nom du salut de la Gaule, d'accepter le pouvoir. Victoria se joint à moi pour vous demander cette nouvelle preuve de dévouement à notre glorieux pays !

— Tétrik, — reprit Marion d'un ton grave, — vous avez supérieurement défini l'homme qu'il faudrait pour gouverner la Gaule ; il n'y a qu'une chose à changer dans cette peinture, c'est le nom du portrait... Au lieu de mon nom, mettez-y le vôtre... tout sera bien... et tout sera fait...

— Moi ! — s'écria Tétrik, — moi, chef de la Gaule ! moi, qui de ma vie n'ai tenu l'épée !

— Victoria l'a dit, — reprit Marion, — le temps de la guerre est fini, le temps de la paix est venu ; en temps de guerre, il faut des hommes de guerre... en temps de paix, des hommes de paix... Vous êtes de ceux-là, Tétrik... c'est à vous de gouverner... n'est-ce point votre avis, Victoria ?

— Tétrik, par la manière dont il a gouverné la Gascogne, a montré comment il gouvernerait la Gaule, — répondit ma sœur de lait ; — je me joins donc à vous, capitaine, pour prier... mon parent... mon ami... de remplacer mon fils...

— Que vous avais-je dit, Tétrik ? — reprit Marion en s'adressant au gouverneur. — Oserez-vous refuser maintenant ?

— Écoutez-moi, Victoria, écoutez-moi, capitaine, écoutez aussi, Scanvoch, — reprit le gouverneur en se tournant vers moi, — oui, vous aussi, écoutez-moi, Scanvoch, vous non moins malheureux en ce jour que la mère de Victorin... vous qui, dans l'ombrageuse défiance de votre amitié pour cette femme auguste, avez douté de moi, croyez tous à mes paroles... Je suis à jamais frappé... là, au cœur, par les événements de cette nuit terrible ; ils nous ont à la fois ravi, dans la personne de notre infortuné Victorin et de son innocent enfant, le présent et l'avenir de la Gaule... C'était pour assurer, pour affermir cet avenir, en engageant Victoria à proposer aux troupes son petit-fils comme futur héritier de Victorin, que j'étais, elle le sait, venu à Mayence... Mes espérances sont détruites... un deuil éternel les remplace...

Le gouverneur s'étant un moment interrompu pour donner cours à ses larmes intarissables, poursuivit ainsi :

— Ma résolution est prise... Non-seulement je refuse le pouvoir que l'on m'offre, mais je renonce au gouvernement de Gascogne... Le peu de jours que les dieux m'accordent encore à vivre s'écouleront désormais auprès de mon fils, dans la retraite et la douleur. En d'autres temps j'aurais pu rendre quelques services au pays, mais tout est fini pour moi... J'emporterai dans ma solitude de moins cruels regrets en sachant l'avenir de mon pays entre des mains aussi dignes que les vôtres, capitaine Marion... en sachant enfin que Victoria, le divin génie de la Gaule, veillera toujours sur elle... Maintenant, Scanvoch, — ajouta le gouverneur de Gascogne en se tournant vers moi, — ai-je détruit vos soupçons? me croyez-vous encore un ambitieux? Mon langage, mes actes, sont-ils ceux d'un perfide? d'un traître? Hélas! hélas! je ne pensais pas que les affreux malheurs de cette nuit me donneraient si tôt l'occasion de me justifier...

— Tétrik, — dit Victoria en tendant la main à son parent, — si j'avais pu douter de votre loyauté, je reconnaîtrais à cette heure combien mon erreur était grande...

— Je l'avoue, mes soupçons n'étaient pas fondés, — ai-je ajouté à mon tour; car après tout ce que je venais de voir et d'entendre, je fus convaincu, comme Victoria, de l'innocence de son parent... Cependant, songeant toujours au mystère dont les événements de la nuit restaient enveloppés, je dis à Marion, qui, muet et pensif, semblait consterné des offres qu'on lui faisait:

— Capitaine, hier, dans la journée, je vous ai demandé un homme discret et sûr pour me servir d'escorte.

— C'est vrai.

— Vous savez le nom du soldat désigné par vous pour ce service?

— Ce n'est pas moi qui l'ai choisi... j'ignore son nom.

— Qui donc a fait ce choix? — demanda Victoria.

— Mon ami Eustache connaît chaque soldat mieux que moi; je

l'ai chargé de me trouver un homme sûr, et de lui donner l'ordre de se rendre, la nuit venue, à la porte de la ville, où il attendrait le cavalier qu'il devait accompagner.

— Et depuis, — ai-je dit au capitaine, — vous n'avez pas revu votre ami Eustache?

— Non; il est de garde aux avant-postes du camp depuis hier soir, et il ne sera relevé de ce service que ce matin.

— On pourra du moins savoir par cet homme le nom du cavalier qui escortait Scanvoch, — reprit Victoria. — Je vous dirai plus tard, Tétrik, l'importance que j'attache à ce renseignement, et vous me conseillerez...

— Vous m'excuserez, Victoria, de ne pas me rendre à votre désir, — reprit le gouverneur en soupirant. — Dans une heure, au point du jour, j'aurai quitté Mayence... la vue de ces lieux m'est trop cruelle... Je possède une humble retraite en Gascogne, c'est là que je vais aller ensevelir ma vie, en compagnie de mon fils, car il est désormais la seule consolation qui me reste...

— Mon ami, — reprit Victoria d'un ton de douloureux reproche, — vous m'abandonnerez dans un pareil moment?... L'aspect de ces lieux vous est cruel, dites-vous, et à moi... ces lieux ne me rappelleront-ils pas chaque jour d'affreux souvenirs? pourtant je ne quitterai Mayence que lorsque le capitaine Marion n'aura plus besoin de mes conseils, s'il croit devoir m'en demander dans les premiers temps de son gouvernement.

— Victoria, — reprit Marion d'un accent résolu, — pendant cet entretien, où l'on a disposé de moi, je n'ai rien dit; je suis peu parleur, et cette nuit j'ai le cœur très-gros; j'ai donc peu parlé, mais j'ai beaucoup réfléchi... Mes réflexions les voici : J'aime le métier des armes, je sais exécuter les ordres d'un général, je ne suis pas malhabile à commander aux troupes qu'on me confie; je sais, au besoin, concevoir un plan d'attaque, comme celui qui a complété la grande victoire de Victorin, en détruisant le camp et la réserve des

Franks... C'est vous dire, Victoria, que je ne me crois pas plus sot qu'un autre... en raison de quoi, j'ai le bon sens de comprendre que je suis incapable de gouverner la Gaule...

— Cependant, capitaine Marion, — reprit Tétrik, — j'en atteste Victoria, cette tâche n'est pas au-dessus de vos forces, et je...

— Oh! quant à ma force, elle est connue, — reprit Marion en interrompant le gouverneur. — Amenez-moi un bœuf, je le porterai sur mon dos ou je l'assommerai d'un coup de poing; mais des épaules carrées ne vous font pas le chef d'un grand peuple... Non, non... je suis robuste, soit; mais le fardeau est trop lourd... Donc, Victoria, ne me chargez point d'un tel poids, je faiblirais dessous... et la Gaule faiblirait à son tour sous ma défaillance... Et puis, enfin, il faut tout dire, j'aime, après mon service, à rentrer chez moi pour vider un pot de cervoise en compagnie de mon ami Eustache, en causant de notre ancien métier de forgeron, ou en nous amusant à fourbir nos armes en fins armuriers... Tel je suis, Victoria, tel j'ai toujours été... tel je veux demeurer...

— Et ce sont là des hommes! ô Hésus!... — s'écria la mère des camps avec indignation. — Moi, femme... moi, mère... j'ai vu mourir cette nuit mon fils et mon petit-fils... j'ai le courage de contenir ma douleur... et ce soldat, à qui l'on offre le poste le plus glorieux qui puisse illustrer un homme, ose répondre par un refus, prétextant de son goût pour la cervoise et le fourbissement des armures!... Ah! malheur! malheur à la Gaule! si ceux-là qu'elle regarde comme ses plus valeureux enfants, l'abandonnent aussi lâchement!...

Les reproches de la mère des camps impressionnèrent le capitaine Marion; il baissa la tête d'un air confus, garda pendant quelques instants le silence; puis il reprit :

— Victoria, il n'y a ici qu'une âme forte; c'est la vôtre... Vous me donnez honte de moi-même... Allons, — ajouta-t-il avec un soupir, — allons... vous le voulez... j'accepte... Mais les dieux m'en sont témoins... j'accepte par devoir et à mon corps défendant; si je commets des âneries comme chef de la Gaule, on sera mal venu à me le reprocher... J'accepte donc, Victoria, sauf deux conditions sans lesquelles rien n'est fait.

— Quelles sont ces conditions? — demanda Tétrik.

— Voici la première, — reprit Marion : — la mère des camps continuera de rester à Mayence et me donnera ses conseils... Je suis aussi neuf à mon nouveau métier qu'un apprenti forgeron mettant pour la première fois le fer au brasier, et je crains de me brûler les doigts...

— Je vous l'ai promis, Marion, — reprit ma sœur de lait; — je resterai ici tant que ma présence et mes conseils vous seront nécessaires...

— Victoria, si votre esprit se retirait de moi, je serais un corps sans âme... Aussi, je vous remercie du fond du cœur. La promesse que vous me faites là doit vous coûter beaucoup, pauvre femme... Pourtant, — ajouta le capitaine avec sa bonhomie habituelle, — n'allez pas me croire assez sottement glorieux pour m'imaginer que c'est à ce bon gros taureau de guerre, nommé Marion, que Victoria la Grande fait ce sacrifice, d'oublier ses chagrins pour le guider... Non, non... c'est à notre vieille Gaule que Victoria le fait, ce sacrifice; et, en bon fils, je suis aussi reconnaissant du bien que l'on veut à ma vieille mère, que s'il s'agissait de moi-même...

— Noblement dit, noblement pensé, Marion, — reprit Victoria, touchée de ces paroles du capitaine; — mais votre droiture, votre bon sens, vous mettront bientôt à même de vous passer de mes conseils, et alors, — ajouta-t-elle avec un accent de douleur profonde et contenue, — je pourrai, comme vous, Tétrik, aller m'ensevelir dans quelque solitude avec mes regrets...

— Hélas! — reprit le gouverneur, — pleurer en paix est la seule consolation des pertes irréparables... Mais, — ajouta-t-il en s'adressant au capitaine, — vous aviez parlé de deux conditions; Victoria accepte la première, quelle est la seconde?

— Oh ! la seconde... — et le capitaine secoua la tête, — la seconde est pour moi aussi importante que la première...

— Enfin quelle est-elle ? — demanda ma sœur de lait. — Expliquez-vous, Marion.

— Je ne sais, — reprit le bon capitaine d'un air naïf et embarrassé, — je ne sais si je vous ai parlé de mon ami Eustache ?

— Oui, et plus d'une fois, — répondit Tétrik. — Mais qu'a de commun votre ami Eustache avec vos nouvelles fonctions ?

— Comment ! — s'écria Marion, — vous me demandez ce que mon ami Eustache a de commun avec moi... alors demandez ce que la garde de l'épée a de commun avec la lame, le marteau avec son manche, le soufflet avec la forge...

— Vous êtes enfin liés l'un à l'autre d'une ancienne et étroite amitié, nous le savons, — reprit Victoria. — Désirez-vous, capitaine, accorder quelque faveur à votre ami ?

— Je ne consentirais jamais à me séparer de lui ; il n'est pas gai, il est toujours maussade, et souvent hargneux ; mais il m'aime autant que je l'aime, et nous ne pouvons nous passer l'un de l'autre... Or, l'on trouvera peut-être surprenant que le chef de la Gaule ait pour ami intime, et pour commensal, un soldat, un ancien ouvrier forgeron... Mais, je vous l'ai dit, Victoria, s'il faut me séparer de mon ami Eustache, rien n'est fait... je refuse... Son amitié seule peut me rendre le fardeau supportable.

— Scanvoch, mon frère de lait, resté simple cavalier de l'armée, n'est-il pas mon ami ? — dit Victoria. — Personne ne s'étonne d'une amitié qui nous honore tous deux. Il en sera ainsi, capitaine Marion, de votre amitié pour votre ancien compagnon de forge.

— Et votre élévation, capitaine Marion, doublera votre mutuelle affection, — dit Tétrik ; — car dans son tendre attachement, votre ami jouira peut-être de votre élévation plus que vous-même.

— Je ne crois pas que mon ami Eustache se réjouisse fort de mon élévation, — reprit Marion ; — Eustache n'est point glorieux, tant s'en faut; il aime en moi son ancien camarade d'enclume, et non le capitaine; il se souciera peu de ma nouvelle dignité... Seulement, Victoria, rappelez-vous toujours ceci: De même que vous me dites aujourd'hui: « Marion, vous êtes nécessaire... » ne vous contraignez jamais, je vous en conjure, pour me dire: « Marion, allez-vous-en, » vous n'êtes plus bon à rien; un autre remplira mieux la place que » vous... » Je comprendrai à demi-mot, et bien allègrement je retournerai bras dessus bras dessous, avec mon ami Eustache, à notre pot de cervoise et à nos armures; mais tant que vous me direz: « Marion, on a besoin de vous, » je resterai chef de la Gaule, — et il étouffa un dernier soupir, — puisque chef je suis...

— Et chef vous resterez longtemps, à la gloire de la Gaule, — reprit Tétrik. — Croyez-moi, capitaine, vous vous ignorez vous-même; votre modestie vous aveugle; mais ce matin, lorsque Victoria va vous proposer aux soldats comme chef et général, les acclamations de toute l'armée vous apprendront enfin vos mérites.

— Le plus étonné de mes mérites ce sera moi, — reprit naïvement le bon capitaine. — Enfin, j'ai promis, c'est promis... comptez sur moi, Victoria, vous avez ma parole. Je me retire... je vais maintenant aller attendre mon ami Eustache... voici l'aube, il va revenir des avant-postes, où il est de garde depuis hier soir, et il serait inquiet de ne point me trouver ce matin.

— N'oubliez pas, capitaine, — lui ai-je dit, — de demander à votre ami le nom du soldat qu'il avait choisi pour m'accompagner.

— J'y songerai, Scanvoch.

— Et maintenant, adieu... — dit d'une voix étouffée le gouverneur à Victoria, — adieu... Le soleil va bientôt paraître... Chaque instant que je passe ici est pour moi un supplice...

— Ne resterez-vous pas du moins à Mayence jusqu'à ce que les cendres de mes deux enfants soient rendues à la terre? — dit Victoria au gouverneur. — N'accorderez-vous pas ce religieux hommage à la mémoire de ceux-là qui viennent de nous aller précéder dans ces mondes inconnus, où nous irons les retrouver un jour... Fasse Hésus que ce jour arrive bientôt pour moi.

— Ah ! notre foi druidique sera toujours la consolation des fortes âmes et le soutien des faibles, — reprit Tétrik. — Hélas ! sans la certitude de rejoindre un jour ceux que nous avons aimés, combien leur mort nous serait plus affreuse !... Croyez-moi, Victoria, je reverrai avant vous ceux-là que nous pleurons ; et, selon votre désir, je leur rendrai aujourd'hui, avant mon départ, un dernier et religieux hommage.

Tétrik et le capitaine Marion nous laissèrent seuls, Victoria, Sampso et moi.

Ne contraignant plus nos larmes, nous avons, dans un pieux et muet recueillement, paré Ellèn de ses habits de mariage, pendant que, cédant au sommeil, tu dormais dans ton berceau, mon enfant.

Victoria, pour s'occuper des plus grands intérêts de la Gaule, avait héroïquement contenu sa douleur ; elle lui donna un libre cours après le départ de Tétrik et de Marion ; elle voulut laver elle-même les blessures de son fils et de son petit-fils ; et de ses mains maternelles, elle les ensevelit dans un même linceul. Deux bûchers furent dressés sur les bords du Rhin : l'un destiné à Victorin et son enfant, et l'autre à ma femme Ellèn.

Vers le milieu du jour, deux chariots de guerre, couverts de feuillage, et accompagnés de plusieurs de nos druides et de nos druidesses vénérées, se rendirent à ma maison. Le corps de ma femme Ellèn fut déposé dans l'un des chariots, et dans l'autre furent placés les restes de Victorin et de son fils.

— Scanvoch, — me dit Victoria, — je suivrai à pied le char où repose ta bien-aimée femme. Sois miséricordieux, mon frère... suis le char où sont déposés les restes de mon fils et de mon petit-fils. Aux yeux de tous, toi, l'époux outragé, tu pardonneras ainsi à la mémoire de Victorin... Et moi aussi, aux yeux de tous, je te pardonnerai, comme mère, la mort, hélas ! trop méritée de mon fils...

J'ai compris ce qu'il y avait de touchant dans cette mutuelle pensée de miséricorde et de pardon. Le vœu de ma sœur de lait a été accompli. Une députation des cohortes et des légions accompagna ce deuil... Je le suivis avec Victoria, Sampso, Tétrik et Marion. Les premiers officiers du camp se joignirent à nous. Nous marchions au milieu d'un morne silence. La première exaltation contre Victorin passée, l'armée se souvint de sa bravoure, de sa bonté, de sa franchise ; tous, me voyant, moi, victime d'un outrage qui me coûtait la vie d'Ellèn, donner un tel gage de pardon à Victorin, en suivant le char où il reposait; tous, voyant sa mère suivre le char où reposait Ellèn, tous n'eurent plus que des paroles de pardon et de pitié pour la mémoire du jeune général.

Le convoi funèbre approchait des bords du fleuve, où se dressaient les deux bûchers, lorsque Douarnek, qui marchait à la tête d'une députation des cohortes, profita d'un moment de halte, s'approcha de moi, et me dit tristement :

— Scanvoch, je te plains... Donne l'assurance à Victoria, ta sœur, que nous autres soldats, nous ne nous souvenons plus que de la vaillance de son glorieux fils... Il a été si longtemps aussi notre fils bien-aimé à nous... Pourquoi faut-il qu'il ait méprisé les franches et sages paroles que je lui ai portées au nom de notre armée, le soir de la grande bataille du Rhin... Si Victorin, suivant nos conseils, s'était amendé, tant de malheurs ne seraient pas arrivés...

— Ce que tu me dis consolera Victoria dans sa douleur, — ai-je répondu à Douarnek. — Mais sais-tu ce qu'est devenu ce soldat, vêtu d'une casaque à capuchon, qui a eu la barbarie de tuer le petit-fils de Victoria?

— Ni moi, ni ceux qui m'entouraient au moment où cet abominable crime a été commis, nous n'avons pu rejoindre ce scélérat, que ne désavoueraient pas les écorcheurs franks ; il nous a échappé à la faveur du tumulte et de l'obscurité. Il se sera sauvé du côté des avant-postes du camp, où il a, grâce aux dieux, reçu le prix de son forfait.

— Il est mort !...

— Tu connais peut-être Eustache, cet ancien ouvrier forgeron, l'ami du brave capitaine Marion ?

— Oui.

— Il était de garde cette nuit aux avant-postes... Il paraît que Eustache a quelque amourette en ville... Excuse-moi, Scanvoch, de t'entretenir de telles choses en un moment si triste, mais tu m'interroges, je te réponds...

— Poursuis, ami Douarnek.

— Eustache, donc, au lieu de rester à son poste, a, malgré la consigne, passé une partie de la nuit à Mayence... Il s'en revenait, une heure avant l'aube, espérant, m'a-t-il dit, que son absence n'aurait pas été remarquée, lorsqu'il a rencontré, non loin des postes, sur les bords du Rhin, l'homme à la casaque haletant et fuyant : — Où cours-tu ainsi ? — lui dit-il. — Ces brutes me poursuivent, — reprit-il, — parce que j'ai brisé la tête du petit-fils de Victoria sur les cailloux, ils veulent me tuer. — C'est justice, car tu mérites la mort, — a répondu Eustache indigné, en perçant de son épée cet infâme meurtrier. De sorte que l'on a retrouvé ce matin, sur la grève, son cadavre couvert de sa casaque.

La mort de ce soldat détruisait mon dernier espoir de découvrir le mystère dont était enveloppée cette funeste nuit.

Les restes d'Ellèn, de Victorin et de son fils furent déposés sur les bûchers, au bruit des chants des bardes et des druides... La flamme immense s'éleva vers le ciel, et lorsque les chants cessèrent, l'on ne vit plus rien qu'un peu de poussière...

La cendre du bûcher de Victorin et de son fils fut pieusement recueillie par Victoria dans une urne d'airain ; elle fut placée sous un marbre tumulaire avec cette simple et touchante inscription :

Ici reposent les deux Victorin ! (D)

Le soir de ce jour, où les deux Bohémiennes de Hongrie avaient disparu, Tétrik quitta Mayence après avoir échangé avec Victoria les plus touchants adieux. Le capitaine Marion, présenté aux troupes par la mère des camps, fut acclamé chef de la Gaule et général de l'armée. Ce choix n'avait rien de surprenant, et d'ailleurs, proposé par Victoria, dont l'influence avait pour ainsi dire encore augmenté depuis la mort de son fils et de son petit-fils, il devait être accepté. La bravoure, le bon sens, la sagesse de Marion, étaient d'ailleurs depuis longtemps connus et aimés des soldats. Le nouveau général, après son acclamation, prononça ces paroles que j'ai vues plus tard reproduites par un historien contemporain (E) :

« — Camarades, je sais que l'on peut m'objecter le métier que j'ai
» fait dans ma jeunesse : me blâme qui voudra ; oui, qu'on me re-
» proche tant qu'on voudra d'avoir été forgeron, pourvu que l'en-
» nemi reconnaisse que j'ai forgé pour sa ruine ; mais, à votre tour,
» mes bons camarades, n'oubliez jamais que le chef que vous venez
» de choisir n'a su et ne saura jamais tenir que l'épée. »

. . . .

Marion, doué d'un rare bon sens, d'un esprit droit et ferme, recherchant sans cesse les conseils de Victoria, gouverna sagement, et s'attacha l'armée, jusqu'au jour où, deux mois après son acclamation, il fut victime d'un crime horrible. Les circonstances de ce crime, il me faut te les raconter, mon enfant, car elles se rattachent à la trame sanglante qui devait un jour envelopper presque tous ceux que j'aimais et que je vénérais.

Deux mois s'étaient donc écoulés depuis la funeste nuit où ma femme Ellèn, Victorin et son fils, avaient perdu la vie. Le séjour de ma maison m'était devenu insupportable ; de trop cruels souvenirs s'y rattachaient. Victoria me demanda de venir demeurer chez elle avec Sampso, qui te servait de mère.

— Me voici maintenant seule au monde, et séparée de mon fils et de mon petit-fils jusqu'à la fin de mes jours... — me dit ma sœur de lait. — Tu le sais, Scanvoch, toutes les affections de ma vie se concentraient sur ces deux êtres si chers à mon cœur; ne me laisse pas seule... toi, ton fils et Sampso, venez habiter avec moi; vous m'aiderez à porter le poids de mes chagrins...

J'hésitai d'abord à accepter l'offre de Victoria... Par une fatalité terrible, j'avais tué son fils; elle savait, il est vrai, que malgré la grandeur de l'outrage de Victorin, j'aurais épargné sa vie, si je l'avais reconnu; elle savait, elle voyait les regrets que me causait ce meurtre involontaire et cependant légitime... mais enfin, affreux souvenir pour elle, j'avais tué son fils... et je craignais que malgré son vœu de m'avoir près d'elle, que malgré la force et l'équité de son âme, ma présence désirée dans le premier moment de sa douleur ne lui devînt bientôt cruelle et à charge; mais je dus céder aux instances de Victoria; et plus tard, Sampso me disait souvent:

— Hélas! Scanvoch, en vous entendant sans cesse parler si tendrement de Victorin avec sa mère, qui à son tour vous parle d'Ellèn, ma pauvre sœur, en termes si touchants, je comprends et j'admire, ainsi que tous ceux qui vous connaissent, ce qui d'abord m'avait semblé impossible, votre rapprochement à vous, les deux survivants de ces victimes de la fatalité...

Lorsque Victoria surmontait sa douleur pour s'entretenir avec moi des intérêts du pays, elle s'applaudissait d'avoir pu décider le capitaine Marion à accepter le poste éminent dont il se montrait de plus en plus digne; elle écrivit plusieurs fois en ce sens à Tétrik. Il avait quitté le gouvernement de la province de Gascogne pour se retirer avec son fils, alors âgé de vingt ans environ, dans une maison qu'il possédait près de Bordeaux, cherchant, disait-il, dans la poésie une sorte de distraction aux chagrins que lui causait la mort de Victorin et de son fils. Il avait composé des vers sur ces cruels événements; rien de plus touchant en effet qu'une ode écrite par Tétrik à ce sujet sous ce titre : *les Deux Victorin*, et envoyée par lui à Victoria. Les lettres qu'il lui adressa pendant les deux premiers mois du gouvernement de Marion furent aussi empreintes d'une profonde tristesse;

elles exprimaient d'une façon à la fois si simple, si délicate, si attendrissante, son affection et ses regrets, que l'attachement de ma sœur de lait pour son parent s'augmenta de jour en jour. Moi-même je partageai la confiance aveugle qu'elle ressentait pour lui, oubliant ainsi mes soupçons par deux fois éveillés contre Tétrik, et d'ailleurs ces soupçons avaient dû tomber devant la réponse d'Eustache, interrogé par moi sur ce soldat, mon mystérieux compagnon de voyage, et l'auteur du meurtre du petit-fils de Victoria.

— Chargé par le capitaine Marion de lui désigner, pour votre escorte, un homme sûr, — m'avait répondu Eustache, — je choisis un cavalier nommé Bertal ; il reçut l'ordre d'aller vous attendre à la porte de Mayence. La nuit venue, je quittai, malgré la consigne, l'avant-poste du camp pour me rendre secrètement à la ville. Je me dirigeais de ce côté, lorsque sur les bords du fleuve j'ai rencontré ce soldat à cheval ; il allait vous rejoindre ; je lui ai demandé de garder le silence sur notre rencontre, s'il trouvait en chemin quelque camarade ; il a promis de se taire : je l'ai quitté. Le lendemain, longeant le fleuve, je revenais de Mayence, où j'avais passé une partie de la nuit, j'ai vu Bertal accourir à moi ; il était à pied, il fuyait éperdu la juste fureur de nos camarades. Apprenant par lui-même l'horrible crime dont il osait se glorifier, je l'ai tué... Voilà tout ce que je sais de ce misérable...

Loin de s'éclaircir, le mystère qui enveloppait cette nuit sinistre s'obscurcit encore. Les Bohémiennes avaient disparu, et tous les renseignements pris sur Bertal, mon compagnon de route, et plus tard l'auteur d'un crime horrible, le meurtre d'un enfant, s'accordèrent cependant à représenter cet homme comme un brave et honnête soldat, incapable de l'acte affreux dont on l'accusait, et que l'on ne peut expliquer que par l'ivresse ou une folie furieuse.

Ainsi donc, mon enfant, je te l'ai dit, Marion gouvernait depuis deux mois la Gaule à la satisfaction de tous. Un soir, peu de temps avant le coucher du soleil, espérant trouver quelques distractions à mes chagrins, j'étais allé me promener dans un bois, à peu de distance de Mayence. Je marchais depuis longtemps machinalement devant moi, cherchant le silence et l'obscurité, m'enfonçant de plus en plus dans ce bois, lorsque mes pas heurtant un objet que je n'avais pas aperçu, je trébuchai, et fus ainsi tiré de ma triste rêverie... Je vis à mes pieds un casque dont la visière et le garde-cou étaient également relevés ; je reconnus aussitôt le casque de Marion, le sien seul ayant cette forme particulière. J'examinai plus attentivement le terrain à la clarté des derniers rayons du soleil qui traversaient difficilement la feuillée des arbres, je remarquai sur l'herbe des traces de sang, je les suivis ; elles me conduisirent à un épais fourré où j'entrai.

Là, étendu sur des branches d'arbre, pliées ou brisées par sa chute, je vis Marion, tête nue et baigné dans son sang. Je le croyais évanoui, inanimé, je me trompais... car en me baissant vers lui pour le relever et essayer de le secourir, je rencontrai son regard fixe, encore assez clair, quoique déjà un peu terni par les approches de la mort.

— Va-t'en ! — me dit Marion avec colère et d'une voix oppressée. — Je me traîne ici pour mourir tranquille... et je suis relancé jusque dans ce taillis... Va-t'en, Scanvoch, laisse-moi...

— Te laisser ! — m'écriai-je en le regardant avec stupeur et voyant sa saie rougie de sang, sur laquelle il tenait ses deux mains croisées et appuyées un peu au-dessous du cœur, — te laisser... lorsque ton sang inonde tes habits, et que ta blessure est mortelle peut-être...

— Oh ! peut-être... — reprit Marion avec un sourire sardonique ; — elle est bel et bien mortelle, grâce aux dieux !

— Je cours à la ville, — m'écriai-je, sans me rendre compte de la distance que je venais de parcourir, absorbé dans mon chagrin. — Je retourne chercher du secours...

— Ah ! ah ! ah !... courir à la ville, et nous en sommes à deux lieues, — reprit Marion avec un nouvel éclat de rire douloureux. — Je ne crains pas tes secours, Scanvoch... je serai mort avant un quart d'heure... Mais, au nom du ciel ! qui t'a amené ? va-t'en...

— Tu veux mourir... tu t'es donc frappé toi-même de ton épée?

— Tu l'as dit.

— Non, tu me trompes... ton épée est à ton côté... dans son fourreau...

— Que t'importe? va-t'en...

— Tu as été frappé par un meurtrier, — ai-je repris en courant ramasser une épée sanglante encore, que je venais d'apercevoir à peu de distance. — Voici l'arme dont on s'est servi contre toi.

— Je me suis battu en loyal combat... laisse-moi...

— Tu ne t'es pas battu, tu ne t'es pas frappé toi-même. Ton épée, je le répète, est à ton côté, dans son fourreau... Non, non, tu es tombé sous les coups d'un lâche meurtrier... Marion, laisse-moi visiter ta plaie; tout soldat est un peu médecin... il suffirait peut-être d'arrêter le sang...

— Arrêter le sang! — cria Marion en me jetant un regard furieux. — Viens un peu essayer d'arrêter mon sang, et tu verras comme je te recevrai...

— Je tenterai de te sauver, — lui dis-je, — et malgré toi, s'il le faut...

En parlant ainsi, je m'étais approché de Marion, toujours étendu sur le dos; mais au moment où je me baissais vers lui, il replia ses deux genoux sur son ventre, puis il me lança si violemment ses deux pieds dans la poitrine, que je fus renversé sur l'herbe, tant était grande encore la force de cet Hercule expirant.

— Voudras-tu encore me secourir malgré moi? — me dit Marion pendant que je me relevais, non pas irrité, mais désolé de sa brutalité; car aurais-je eu le dessus dans cette triste lutte, il me fallait renoncer à venir en aide à Marion.

— Meurs donc, — lui ai-je dit, — puisque tu le veux... meurs donc, puisque tu oublies que la Gaule a besoin de tes services; mais ta mort sera vengée... l'on découvrira le nom de ton meurtrier...

— Il n'y a pas eu de meurtrier... je me suis frappé moi-même...

— Cette épée appartient à quelqu'un, — ai-je dit en ramassant l'arme et en l'examinant plus attentivement ; je crus voir à travers le sang dont elle était couverte quelques caractères gravés sur la lame ; pour m'en assurer, je l'essuyai avec des feuilles d'arbres pendant que Marion s'écriait :

— Laisseras-tu cette épée... ne frotte pas ainsi la lame de cette épée... Oh ! les forces me manquent pour me lever et aller t'arracher cette arme des mains... Malédiction sur toi, qui viens ainsi troubler mes derniers moments... Ah ! c'est le diable qui t'envoie !...

— Ce sont les dieux qui m'envoient ! — me suis-je écrié frappé d'horreur. — C'est Hésus qui m'envoie pour la punition du plus affreux des crimes... Un ami ! tuer son ami !...

— Tu mens... tu mens...

— C'est Eustache qui t'a frappé !

— Tu mens !... Oh ! pouquoi faut-il que je sois si défaillant... j'étoufferais ces paroles dans ta gorge maudite !...

— Tu as été frappé par cette épée, don de ton amitié à cet infâme meurtrier...

— C'est faux !...

— *Marion a forgé cette épée pour son cher ami Eustache...* Tels sont les mots gravés sur la lame de cette arme, — lui ai-je dit en lui montrant du doigt cette inscription creusée dans l'acier.

— Cette inscription ne prouve rien... — reprit Marion avec angoisse. — Celui qui m'a frappé avait dérobé l'épée de mon ami Eustache, voilà tout...

— Tu excuses encore cet homme... Oh ! il n'y aura pas de supplice assez cruel pour ce meurtrier !...

— Écoute, Scanvoch, — reprit Marion d'une voix affaiblie et suppliante, — je vais mourir... l'on ne refuse rien à la prière d'un mourant...

— Oh ! parle, parle, bon et brave soldat... Puisque, pour le malheur de la Gaule, la fatalité m'empêche de te secourir, parle, j'exécuterai tes dernières volontés...

— Scanvoch, le serment que l'on se fait entre soldats, au moment de la mort... est sacré, n'est-ce pas?...

— Oui...

— Jure-moi... de ne dire à personne que tu as trouvé ici l'épée de mon ami Eustache...

— Toi, sa victime... tu veux le sauver?...

— Promets-moi ce que je te demande...

— Arracher ce monstre à un supplice mérité... jamais...

— Scanvoch... je t'en supplie...

— Jamais...

— Sois donc maudit! toi, qui dis: Non, à la prière d'un mourant, à la prière d'un vieux soldat... qui pleure... car tu le vois... est-ce agonie, faiblesse... je ne sais; mais je pleure...

Et de grosses larmes coulaient sur son visage déjà livide.

— Bon Marion! ta mensuétude me navre... toi, implorer la grâce de ton meurtrier!...

— Qui s'intéresserait maintenant... à ce malheureux... si ce n'est moi, — me répondit-il avec une expression d'ineffable miséricorde.

— Oh! Marion, ces paroles sont dignes du jeune homme de Nazareth que mon aïeule Geneviève a vu mourir à Jérusalem!

— Ami Scanvoch... merci... tu ne diras rien... je compte sur ta promesse...

— Non! non! ta céleste commisération rend le crime plus horrible encore... Pas de pitié pour le monstre qui a tué son ami... un ami tel que toi!

— Va-t'en! — murmura Marion en sanglotant; — c'est toi qui rends mes derniers moments affreux! Eustache n'a tué que mon corps... toi, sans pitié pour mon agonie, tu tortures mon âme. Va-t'en!...

— Ton désespoir me navre... et pourtant, écoute-moi... Tout me dit que ce n'est pas seulement l'ami, le vieil ami que ce meurtrier a frappé en toi...

— Depuis vingt-trois ans... nous ne nous étions pas quittés, Eustache et moi... — reprit le bon Marion en gémissant. — Amis depuis vingt-trois ans !...

— Non, ce n'est pas seulement l'ami que ce monstre a frappé en toi, c'est aussi, c'est surtout peut-être le chef de la Gaule, le général de l'armée... La cause mystérieuse de ce crime intéresse peut-être l'avenir du pays... Il faut qu'elle soit recherchée, découverte...

— Scanvoch, tu ne connais pas Eustache... il se souciait bien, ma foi, que je sois ou non chef de la Gaule et général... Et puis, qu'est-ce que cela me fait... à cette heure où je vais aller vivre ailleurs... Seulement, accorde-moi cette dernière demande... ne dénonce pas mon ami Eustache...

— Soit... je te garderai le secret, mais à une condition.

— Dis-la vite...

— Tu m'apprendras comment ce crime s'est commis...

— As-tu bien le cœur de marchander ainsi... le repos à... un mourant...

— Il y va peut-être du salut de la Gaule, te dis-je ! Tout me donne à penser que ta mort se rattache à une trame infernale, dont les premières victimes ont été Victorin et son fils... Voilà pourquoi les détails que je te demande sont si importants...

— Scanvoch... tout à l'heure je distinguais ta figure... la couleur de tes vêtements... maintenant, je ne vois plus devant moi qu'une forme... vague... Hâte-toi... hâte-toi...

— Réponds... Comment le crime s'est-il commis ? et par Hésus ! je te jure de garder le secret... sinon... non...

— Scanvoch...

— Un mot encore... Eustache connaissait-il Tétrik ?

— Jamais Eustache ne lui a seulement adressé... la parole...

— En es-tu certain?

— Eustache me l'a dit... il éprouvait même... sans savoir pourquoi, de l'éloignement pour le gouverneur... Cela ne m'a pas surpris... Eustache... n'aimait que moi...

— Lui... et il t'a tué!... parle, et je te le jure par Hésus! je te garde le secret... sinon, non...

— Je parlerai... mais ton silence sur cette chose ne me suffit pas. Vingt fois j'ai proposé à mon ami Eustache de partager ma bourse avec lui... il a répondu à mes offres par des injures... Ah! ce n'est pas une âme vénale... que la sienne... il n'a pas d'argent... comment pourra-t-il fuir?...

— Je favoriserai sa fuite... j'aurai hâte de délivrer le camp et la ville de la présence d'un pareil monstre!

— Un monstre! — murmura Marion d'un ton de douloureux reproche. — Tu n'as que ce mot-là à la bouche... un monstre!...

— Comment, et à propos de quoi t'a-t-il frappé?

— Depuis mon acclamation comme chef... nous...

Mais, s'interrompant, Marion ajouta :

— Tu me jures de favoriser la fuite d'Eustache?

— Par Hésus, je te le jure! mais achève...

— Depuis mon acclamation comme chef de la Gaule... et général (ah! combien j'avais donc raison... de refuser cette peste d'élévation... c'était sûrement un pressentiment...) mon ami Eustache était devenu encore plus hargneux, plus bourru... que d'habitude... il craignait, la pauvre âme... que mon élévation ne me rendît fier... moi, fier...

Puis, s'interrompant encore, Marion ajouta en agitant çà et là ses mains autour de lui...

— Scanvoch, où es-tu?

— Là, — lui ai-je dit en pressant entre les miennes sa main déjà froide. — Je suis là, près de toi...

— Je ne te vois plus... — Et sa voix s'affaiblissait de moment en moment. — Soulève-moi... appuie-moi le dos contre un arbre... le cœur me tourne... j'étouffe...

J'ai fait, non sans peine, ce que me demandait Marion, tant son corps d'Hercule était pesant; je suis parvenu à l'adosser à un arbre. Il a ainsi continué d'une voix de plus en plus défaillante :

— A mesure que la chagrine humeur de mon ami Eustache augmentait... je tâchais de lui être encore plus amical qu'autrefois... Je comprenais sa défiance... déjà, lorsque j'étais capitaine, il ne pouvait s'accoutumer à me traiter en ancien camarade d'enclume... Général et chef de la Gaule, il me crut un potentat... il se montrait donc de plus en plus hargneux et sombre... Moi, toujours certain de ne pas le désaimer, au contraire... je riais à cœur joie de ces hargneries... je riais... c'était à tort, il souffrait... Enfin, aujourd'hui, il m'a dit : « Marion, il y a longtemps que nous ne nous sommes promenés ensemble... viens-tu dans le bois hors de la ville. » J'avais à conférer avec Victoria; mais dans la crainte de fâcher mon ami Eustache, j'écris à la mère des camps... afin de m'excuser... puis lui et moi nous partons bras dessus bras dessous pour la promenade... Cela me rappelait nos courses d'apprentis forgerons dans la forêt de Chartres... où nous allions dénicher des pies-grièches... J'étais tout content, et malgré ma barbe grise, et comme personne ne nous voyait, je m'évertuais à des singeries pour dérider Eustache : j'imitais, comme dans notre jeune temps, le cri des pies-grièches en soufflant dans une feuille d'arbre placée entre mes lèvres, et d'autres singeries encore... car... voilà qui est singulier, jamais je n'avais été plus gai qu'aujourd'hui... Eustache, au contraire, ne se déridait point... Nous étions à quelques pas d'ici, lui derrière moi... il m'appelle... je me retourne... et tu vas voir, Scanvoch, qu'il n'y a pas eu de sa part méchanceté, mais folie... pure folie... Au moment où je me retourne, il se jette sur moi l'épée à la main, me la plonge dans le côté en me disant : « *La reconnais-tu cette épée? toi qui l'as forgée!* (F) » Très-surpris, je l'avoue, je tombe sur le coup... en disant à mon ami

Eustache : « A qui en as-tu?... au moins on s'explique... t'ai-je cha- » griné sans le vouloir?... » Mais je parlais aux arbres... le pauvre fou avait disparu... laissant son épée près de moi, autre signe de folie... puisque cette arme, remarque ceci... Scanvoch, puisque... cette arme... portait sur sa lame : *Cette épée a été forgée par Marion... pour... son cher ami... Eustache...*

Telles ont été les dernières paroles intelligibles de ce bon et brave soldat. Quelques instants après, il expirait en prononçant des mots incohérents, parmi lesquels revenaient souvent ceux-ci :

— *Eustache... fuite... sauve-le...*

Lorsque Marion eut rendu le dernier soupir, j'ai, en hâte, regagné Mayence pour tout raconter à Victoria, sans lui cacher que je soupçonnais de nouveau Tétrik de n'être pas étranger à cette trame, qui, ayant déjà enveloppé Victorin, son fils et Marion, laissait vacant le gouvernement de la Gaule. Ma sœur de lait, quoique désolée de la mort de Marion, combattit mes défiances au sujet de Tétrik; elle me rappela que moi-même, plus de trois mois avant ce meurtre, frappé de l'expression de haine et d'envie qui se trahissait sur la physionomie et dans les paroles de l'ancien compagnon de forge du capitaine, je lui avais dit à elle, Victoria, devant Tétrik : — que Marion de- » vait être bien aveuglé par l'affection pour ne pas reconnaître que » son ami était dévoré d'une implacable jalousie. » En un mot, Victoria partageait cette croyance du bon Marion : que le crime dont il venait d'être victime n'avait d'autre cause que la haineuse envie d'Eustache, poussée jusqu'au délire par la récente élévation de son ami ; puis enfin, singulier hasard, ma sœur de lait recevait ce jour-là même de Tétrik, alors en route pour l'Italie, une lettre dans laquelle il lui apprenait que sa santé dépérissant de plus en plus, les médecins n'avaient vu pour lui qu'une chance de salut : un voyage dans un pays méridional; il se rendait donc à Rome avec son fils.

Ces faits, la conduite de Tétrik depuis la mort de Victorin, ses lettres touchantes et les raisons irréfutables, je l'avoue, que me donnait Victoria, détruisirent encore une fois ma défiance à l'égard de l'ancien gouverneur de Gascogne; je me persuadai aussi, chose d'ailleurs rigoureusement croyable, d'après les antécédents d'Eustache, que l'horrible meurtre dont il s'était rendu coupable n'avait eu d'autre motif qu'une jalousie féroce, exaltée jusqu'à la folie furieuse par la récente et haute fortune de son ami.

J'ai tenu la promesse faite au bon et brave Marion à sa dernière heure. Sa mort a été attribuée à un meurtrier inconnu, mais non pas à Eustache. J'avais rapporté son épée à Victoria, aucun soupçon ne plana donc sur ce scélérat, qui ne reparut jamais ni à Mayence ni au camp. Les restes de Marion, pleuré par l'armée entière, reçurent les pompeux honneurs militaires dus au général et au chef de la Gaule.

CHAPITRE V.

La ville de Trêves. — Sampso, seconde femme de Scanvoch. — Mora, la servante, ou Kidda, la bohémienne. — Entretien mystérieux. — Tétrik. — Projets du pape de Rome. — Le traître démasqué. — Sa vengeance. — Dernières prophéties de Victoria la Grande. — L'alouette du casque.

Le jour le plus néfaste de ma vie, après celui où j'ai accompagné jusqu'aux bûchers, qui les a réduits en cendres, les restes de Victorin, de son fils et de ma bien-aimée femme Ellèn, a été le jour où sont arrivés les événements suivants. Ce récit, mon enfant, se passe deux cent soixante ans après que notre aïeule Geneviève a vu mourir sur la croix le jeune homme de Nazareth, cinq ans après le meurtre de Marion, successeur de Victorin au gouvernement de la Gaule. Victoria n'habite plus Mayence, mais *Trêves*, grande et splendide ville gauloise de ce côté-ci du Rhin. Je continue de demeurer avec ma sœur de lait; Sampso, qui t'a servi de mère depuis la mort de mon Ellèn toujours regrettée, Sampso est devenue ma femme... Le soir de notre mariage elle m'a avoué ce dont je ne m'étais jamais douté : qu'ayant toujours ressenti pour moi un secret penchant, elle avait d'abord résolu de ne pas se marier et de partager sa vie entre Ellèn, moi et toi, mon enfant.

La mort de ma femme, l'affection, la profonde estime que m'inspirait Sampso, ses vertus, les soins dont elle te comblait, ta tendresse pour elle, car tu la chérissais comme ta mère qu'elle remplaçait, les nécessités de ton éducation, enfin les instances de Victoria, qui, appréciant les excellentes qualités de Sampso, désirait vivement cette union; tout m'engageait à proposer ma main à ta tante. Elle accepta; sans le souvenir de la mort de Victorin et de celle d'Ellèn, dont nous parlions chaque jour avec Sampso, les larmes aux yeux, sans la douleur incurable de Victoria, songeant toujours à son fils et à son petit-fils, j'aurais retrouvé le bonheur après tant de chagrins.

J'habitais donc la maison de Victoria dans la ville de Trêves : le jour venait de se lever, je m'occupais de quelques écritures pour la mère des camps, car j'avais conservé mes fonctions près d'elle, j'ai vu entrer chez moi sa servante de confiance, nommée *Mora;* elle était née, disait-elle, en Mauritanie, d'où lui venait son nom de Mora; elle avait, ainsi que les habitants de ce pays, le teint bronzé, presque noir, comme celui des nègres; cependant, malgré la sombre couleur de ses traits, elle était belle et jeune encore. Depuis quatre ans (remarque cette date, mon enfant), depuis quatre ans que Mora servait ma sœur de lait, elle avait gagné son affection par son zèle, sa réserve et son dévouement qui semblait à toute épreuve : parfois Victoria, cherchant quelque distraction à ses chagrins, demandait à Mora de chanter, car sa voix était remarquablement pure; elle savait des airs d'une mélancolie douce et étrange. Un des officiers de l'armée était allé jusqu'au Danube, il nous dit un jour en écoutant Mora, qu'il avait déjà entendu ces chants singuliers dans les montagnes de Hongrie. Mora parut fort surprise, et répondit qu'elle avait appris tout enfant, dans son pays de Mauritanie, les mélodies qu'elle nous répétait.

— Scanvoch, — me dit Mora en entrant chez moi, — ma maîtresse désire vous parler.

— Je te suis, Mora.

— Un mot auparavant, je vous prie.

— Que veux-tu?

— Vous êtes l'ami, le frère de lait de ma maîtresse... ce qui la touche vous touche...

— Sans doute... qui y a-t-il?

— Hier, vous avez quitté ma maîtresse après avoir passé la soirée près d'elle avec votre femme et votre enfant...

— Oui... et Victoria s'est retirée pour se reposer...

— Non... car peu de temps après votre départ j'ai introduit près d'elle un homme enveloppé d'un manteau; après un entretien, qui a duré presque la moitié de la nuit, avec cet inconnu, ma maîtresse, au lieu de se coucher, a été si agitée, qu'elle s'est promenée dans sa chambre jusqu'au jour.

— Quel est cet homme? — me suis-je dit tout haut dans le premier moment de ma surprise; car Victoria n'avait pas d'habitude de secrets pour moi. — Quel mystère?...

Mora, croyant que je l'interrogeais, indiscrétion dont je me serais gardé, par respect pour Victoria, me répondit:

— Après votre départ, Scanvoch, ma maîtresse m'a dit: « Sors » par le jardin; tu attendras à la petite porte... on y frappera d'ici à » peu de temps; un homme en manteau se présentera... tu l'intro- » duiras ici... et pas un mot de cette entrevue à qui que ce soit... »

— Ce secret, Mora, tu aurais dû me le taire...

— Peut être ai-je tort de ne pas garder le silence, même envers vous, Scanvoch, l'ami dévoué, le frère de ma maîtresse; mais elle m'a paru si agitée après le départ de ce mystérieux personnage, que j'ai cru devoir tout vous dire... Puis, enfin, autre chose encore m'a décidée à m'adresser à vous...

— Achève...

— Cet homme, je l'ai reconduit à la porte du jardin... Je marchais à quelques pas devant lui... sa colère était si grande, que je l'ai entendu murmurer de menaçantes paroles contre ma maîtresse; cela surtout m'a déterminée à lui désobéir au sujet du secret qu'elle m'avait recommandé...

— As-tu dit à Victoria que cet homme l'avait menacée?

— Non... car à peine j'étais de retour auprès d'elle, qu'elle m'a ordonné d'un ton brusque... elle, toujours si douce pour moi, de la laisser seule... Je me suis retirée dans une chambre voisine... et jusqu'à l'aube, où ma maîtresse s'est jetée toute vêtue sur son lit, je l'ai entendue marcher avec agitation... J'ai cependant longtemps hésité avant de me décider à ces révélations, Scanvoch; mais lorsque tout à l'heure ma maîtresse m'a appelée pour m'ordonner de vous aller quérir, je n'ai pas regretté ce que j'ai fait... Ah! si vous l'aviez vue!! comme elle était pâle et sombre!...

Je me rendis chez Victoria très-inquiet... Je fus douloureusement frappé de l'expression de ses traits... Mora ne m'avait pas trompé.

Avant de continuer ce récit, et pour t'aider à le comprendre, mon enfant, il me faut te donner quelques détails sur une disposition particulière de la chambre de Victoria... Au fond de cette vaste pièce se trouvait une sorte de cellule fermée par d'épais rideaux d'étoffe; dans cette cellule où ma sœur de lait se retirait souvent pour regretter ceux qu'elle avait tant aimés, se trouvaient, au-dessus des symboles sacrés de notre foi druidique, les casques et les épées de son père, de son époux et de Victorin; là aussi se trouvait, chère et précieuse relique... le berceau du petit-fils de cette femme si éprouvée par le malheur...

Victoria vint à moi, et me dit d'une voix altérée :

— Frère... pour la première fois de ma vie j'ai eu un secret pour toi... frère... pour la première fois de ma vie je vais user de ruse et de dissimulation...

Puis me prenant la main, la sienne était brûlante, fiévreuse, elle me conduisit vers la cellule, écarta les rideaux épais qui la fermaient, et ajouta :

— Les moments sont précieux; entre dans ce réduit, restes-y muet, immobile... et ne perds pas un mot de ce que tu vas entendre tout à l'heure... Je te cache là d'avance pour éloigner tout soupçon...

Les rideaux de la cellule se refermèrent sur moi, je restai dans l'obscurité pendant quelque temps, je n'entendis que le pas de Victoria sur le plancher, elle marchait avec agitation ; j'étais dans cette cachette depuis une demi-heure, peut-être, lorsque la porte de la chambre de Victoria s'ouvrit, se referma, et une voix dit ces mots :

— Salut à Victoria la Grande.

C'était la voix de Tétrik, toujours mielleuse et insinuante. L'entretien suivant s'engagea entre lui et Victoria ; ainsi qu'elle me l'avait recommandé, je n'en ai pas oublié une parole, car dans la journée même je l'ai transcrit de souvenir, et parce que je sentais toute la gravité de cette conversation, et parce que cette mesure m'était commandée par une circonstance que tu apprendras bientôt.

— Salut à Victoria la Grande, — avait dit l'ancien gouverneur de Gascogne.

— Salut à vous, Tétrik.

— La nuit vous a-t-elle, Victoria, porté conseil ?

— Tétrik, — répondit Victoria d'un ton parfaitement calme et qui contrastait avec l'agitation où je venais de la voir plongée, — Tétrik, vous êtes poëte ?

— A quel propos, je vous prie, cette question ?

— Enfin... vous faites des vers ?

— Il est vrai... je cherche parfois dans la culture des lettres quelque distraction aux soucis des affaires d'État... et surtout aux regrets éternels que m'a laissés la mort de notre glorieux et infortuné Victorin... auquel je survis contre mon attente... Je vous l'ai souvent répété, Victoria... en nous entretenant de ce jeune héros... que j'aimais aussi paternellement que s'il eût été mon enfant... J'avais deux fils, il ne m'en reste qu'un... je suis poëte, dites-vous ? hélas !... je voudrais être l'un de ces génies qui donnent l'immortalité à ceux qu'ils chantent... Victorin vivrait dans la postérité comme il vit dans le cœur de ceux qui le regrettent ! Mais à quoi bon me parler de mes vers... à propos de l'important sujet qui me ramène auprès de vous ?

— Comme tous les poëtes... vous relisez plusieurs fois vos vers afin de les corriger?

— Sans doute... mais...

— Vous les oubliez, si cela se peut dire, à cette fin qu'en les lisant de nouveau vous soyez frappé davantage de ce qui pourrait blesser votre esprit et votre oreille.

— Certes, après avoir d'inspiration écrit quelque ode, il m'est parfois arrivé de laisser, ainsi que l'on dit, *dormir ces vers* pendant plusieurs mois, puis les relisant j'étais choqué de choses qui m'avaient d'abord échappé. Mais encore une fois, Victoria, il n'est pas question de poésie...

— Il y a un grand avantage en effet à laisser ainsi dormir des idées et à les reprendre ensuite, — répondit ma sœur de lait avec un sang-froid dont j'étais de plus en plus étonné, — Oui, cette méthode est bonne; ce qui, sous le feu de l'inspiration, ne nous avait pas d'abord blessé... nous blesse parfois, alors que l'inspiration s'est refroidie... si cette épreuve est utile pour un frivole jeu d'esprit, ne doit-elle pas être plus utile encore lorsqu'il s'agit des circonstances graves de la vie?...

— Victoria... je ne vous comprends pas.

— Hier, dans la journée, j'ai reçu de vous une lettre conçue en ces termes : « Ce soir, je serai à Trêves à l'insu de tous; je vous adjure au nom des plus grands intérêts de notre chère patrie, de me recevoir en secret, et de ne parler à personne, pas même à votre ami et frère Scanvoch; j'attendrai vers minuit votre réponse à la porte du jardin de votre maison. »

— Et cette entrevue... vous me l'avez accordée, Victoria... Malheureusement pour moi, elle n'a pas été décisive, et au lieu de retourner à Mayence, sans que ma venue ait été connue dans cette ville, j'ai été forcé de rester aujourd'hui, puisque vous avez remis à ce matin la réponse et la résolution que j'attends de vous.

— Cette résolution, je ne saurais vous la faire connaître avant d'avoir soumis votre proposition à l'épreuve dont nous parlions tout à l'heure.

— Quelle épreuve?

— Tétrik, j'ai laissé dormir... ou plutôt j'ai dormi avec vos offres, faites-les-moi de nouveau... peut-être alors ce qui m'avait blessée... ne me blessera plus... peut-être ce qui ne m'avait pas choquée, me choquera-t-il...

— Victoria, vous, si sérieuse? plaisanter en un pareil moment...

— Celle-là, qui avant d'avoir à pleurer son père et son époux, son fils et son petit-fils, souriait rarement... celle-là ne choisit pas le temps d'un deuil éternel pour plaisanter... Croyez-moi, Tétrik...

— Cependant...

— Je vous le répète, vos propositions d'hier m'ont paru si extraordinaires... elles ont soulevé dans mon esprit tant d'indécision, tant d'étranges pensées, qu'au lieu de me prononcer sous le coup de ma première impression... je veux tout oublier et vous entendre encore, comme si pour la première fois vous me parliez de ces choses.

— Victoria, votre haute raison, votre esprit d'une décision toujours si prompte, si sûre, ne m'avaient pas habitué, je l'avoue, à ces tempéraments.

— C'est que jamais, dans ma vie, déjà longue, je n'ai eu à me décider sur des questions de cette gravité.

— De grâce, rappelez-vous qu'hier...

— Je ne veux rien me rappeler... Pour moi, notre entretien d'hier n'a pas eu lieu... Il est minuit, Mora vient d'aller vous quérir à la porte du jardin; elle vous a introduit près de moi : vous parlez, je vous écoute...

— Victoria...

— Prenez garde... si vous me refusez, je vous répondrai peut-être selon ma première impression d'hier... et, vous le savez, Tétrik, lorsque je me prononce... c'est toujours d'une manière irrévocable...

— Votre première impression m'est donc défavorable? — s'écria-t-il avec un accent rempli d'anxiété. — Oh ! ce serait un grand malheur !

— Parlez donc de nouveau, si vous voulez que ce malheur soit réparable...

— Qu'il en soit ainsi que vous le désirez, Victoria... bien qu'une pareille singularité de votre part me confonde... Vous le voulez? soit... notre entretien d'hier n'a pas eu lieu... je vous revois en ce moment pour la première fois après une assez longue absence, quoiqu'une fréquente correspondance ait toujours eu lieu entre nous, et je vous dis ceci : Il y a cinq ans, frappé au cœur par la mort de Victorin... mort à jamais funeste, qui emportait avec elle mes espérances pour le glorieux avenir de la Gaule !... j'étais mourant en Italie, à Rome, où mon fils m'avait accompagné... Ce voyage, selon les médecins, devait rétablir me santé ; ils se trompaient : mes maux empiraient... Dieu voulut qu'un prêtre chrétien me fût secrètement amené par un de mes amis récemment converti... la foi m'éclaira, et en m'éclairant, elle fit un miracle de plus, elle me sauva de la mort... Je revins à une vie pour ainsi dire nouvelle, avec une religion nouvelle... Mon fils abjura comme moi, mais en secret, les faux dieux que nous avions jusqu'alors adorés... A cette époque, je reçus une lettre de vous, Victoria ; vous m'appreniez le meurtre de Marion : guidé par vous, et selon mes prévisions, il avait sagement gouverné la Gaule... Je restai anéanti à cette nouvelle, aussi désespérante qu'inattendue ; vous me conjuriez, au nom des intérêts les plus sacrés du pays, de revenir en Gaule : personne, disiez-vous, n'était capable, sinon moi, de remplacer Marion... Vous alliez plus loin : moi seul, dans l'ère nouvelle et pacifique qui s'ouvrait pour notre pays, je pouvais, en le gouvernant, combler sa prospérité ; vous faisiez un véhément appel à ma vieille amitié pour vous, à mon dévouement à notre patrie... Je quittai Rome avec mon fils ; un mois après j'étais auprès de vous, à Mayence ; vous me promettiez votre tout-puissant appui auprès de l'armée, car vous étiez ce que vous êtes encore aujourd'hui, *la mère des camps*... Présenté par vous à l'armée, je fus acclamé par elle... Oui, grâce à vous seule, moi, gouverneur civil, moi, qui de ma vie n'avais touché l'épée, je fus, chose unique jusqu'alors, acclamé chef unique de la Gaule, puisque vous déclariez fièrement de ce jour à l'empereur, que la Gaule désormais indépendante n'obéirait qu'à un seul chef gaulois librement élu... L'empereur, engagé dans sa désastreuse guerre d'Orient contre la reine Zénobie, votre héroïque émule, l'empereur céda... Seul, je gouvernai notre pays. Ruper, vieux général éprouvé dans les guerres du Rhin, fut chargé du commandement des troupes; l'armée, dans sa constante idolâtrie pour vous, voulut vous conserver au milieu d'elle... Moi, je m'occupai de développer en Gaule les bienfaits de la paix... Toujours secrètement fidèle à la foi chrétienne, je ne crus pas politique de la confesser publiquement; je vous ai donc caché à vous-même, Victoria, jusqu'à aujourd'hui, ma conversion à la religion dont le pape est à Rome. Depuis cinq ans la Gaule prospère au dedans, est respectée au dehors; j'ai établi le siége de mon gouvernement et du sénat à Bordeaux, tandis que vous restiez au milieu de l'armée qui couvre nos frontières, prête à repousser, soit de nouvelles invasions des Franks, soit les Romains, s'ils voulaient maintenant attenter à notre complète indépendance si chèrement reconquise... Vous le savez, Victoria, je me suis toujours inspiré de votre haute sagesse, soit en venant souvent vous visiter à Trèves, depuis que vous avez quitté Mayence, soit en correspondant journellement avec vous sur les affaires du pays; mais je ne m'abuse pas, Victoria, et je suis fier de reconnaître cette vérité : votre main toute-puissante m'a seule élevé au pouvoir, seule elle m'y soutient... Oui, du fond de sa modeste maison de Trèves, la mère des camps est de fait impératrice de la Gaule... et moi, malgré le pouvoir dont je jouis, je suis, et je m'en honore, Victoria, je suis votre premier sujet... Ce rapide regard sur le passé était indispensable pour établir nettement la position présente... Ainsi que je vous l'ai dit hier, veuillez vous le rappeler...

— Je ne me souviens plus d'hier... Poursuivez, Tétrik...

— La déplorable mort de Victorin et de son fils, le meurtre de Marion vous prouvent la funeste fragilité des pouvoirs électifs... Cette idée n'est pas, vous le savez, nouvelle chez moi... J'étais autrefois venu à Mayence afin de vous engager à faire acclamer l'enfant de Victorin l'héritier de son père... Dieu a voulu qu'un crime affreux ruinât ce projet auquel vous eussiez peut-être consenti plus tard... malgré votre aversion pour les royautés...

— Continuez...

— La Gaule est maintenant en paix, sa valeureuse armée vous est dévouée plus qu'elle ne l'a jamais été à aucun général, elle impose à nos ennemis; notre beau pays, pour atteindre à son plus haut point de prospérité, n'a plus besoin que d'une chose, la stabilité; en un mot, il lui faut une autorité qui ne soit plus livrée au caprice d'une élection intelligente aujourd'hui, stupide demain; et à ce propos je vous citerai tout à l'heure un sage et excellent exemple donné par les évêques chrétiens, élus d'abord, eux aussi, par l'universalité des fidèles; il nous faut donc un gouvernement qui ne soit plus personnifié dans un homme toujours à la merci du soulèvement militaire de ceux qui l'ont élu, ou du poignard d'un assassin. L'institution monarchique, basée non sur un homme, mais sur un principe, existait en Gaule il y a des siècles; elle peut seule aujourd'hui donner à notre pays la force, la prospérité, qui lui manquent... La monarchie, vous disais-je hier, Victoria, — seule, vous pouvez la rétablir en Gaule : —[1] je viens vous en offrir les moyens, guidé par mon fervent amour pour mon pays...

— C'est cette offre que je veux vous entendre me proposer de nouveau, Tétrik...

— Ainsi, vous exigez...

— Rien n'a été dit hier... parlez...

— Victoria, vous disposez de l'armée... moi, je gouverne le pays; vous m'avez fait ce que je suis... j'ai plaisir à vous le répéter... vous êtes au vrai l'impératrice de la Gaule, et moi, votre premier sujet...

Unissons-nous dans un but commun pour assurer à jamais l'avenir de notre glorieuse patrie, unissons, non pas nos corps, je suis vieux... vous êtes belle et jeune encore, Victoria... mais unissons nos âmes devant un prêtre de la religion nouvelle, dont le pape est à Rome... Embrassez le christianisme, devenez mon épouse devant Dieu... et proclamez-nous, vous, impératrice, moi, empereur des Gaules... L'armée n'aura qu'une voix pour vous élever au trône... vous régnerez seule et sans partage... Quant à moi, vous le savez, je n'ai aucune ambition, et, malgré mon vain titre d'empereur, je continuerai d'être votre premier sujet... Seulement, il sera, je crois, très-politique d'adopter mon fils comme successeur au trône; il est en âge d'être marié; nous choisirons pour lui une alliance souveraine... j'ai déjà mes vues... et la monarchie des Gaules est à jamais fondée... Voilà, Victoria, ce que je vous proposais hier... voilà ce que je vous propose aujourd'hui... Je vous ai, selon votre désir, exposé de nouveau mes projets pour le bien du pays; adoptez ce plan, fruit de longues années de méditation, d'expérience... et la Gaule marche à la tête des nations du monde...

Un assez long silence de ma sœur de lait suivit ces paroles de son parent... Elle reprit, toujours calme :

— J'ai été sagement inspirée en voulant vous entendre une seconde fois, Tétrik... Et d'abord, dites-moi, vous avez abjuré pour la religion nouvelle l'antique foi de nos pères? la Gaule, presque tout entière, est cependant restée fidèle à la foi druidique.

— Aussi ai-je tenu, par politique, mon abjuration secrète, d'accord en cela avec le pape de Rome; mais si, acceptant mon offre, vous abjuriez aussi votre idolâtrie lors de notre mariage, je confesserais très-haut ma nouvelle croyance; et, selon la profonde prévision des évêques, votre conversion, à vous, Victoria, l'idole de notre peuple, entraînerait la conversion des trois quarts du pays; le reste suivra bientôt, car j'ai la promesse des évêques qu'ils vous glorifieront comme une sainte au milieu des pompes splendides de la nouvelle Église ; et, croyez-moi, Victoria, un pouvoir consacré au nom de Dieu par les prélats gaulois et par le pape qui siége à Rome, aura sur les peuples une autorité presque divine...

— Dites-moi, Tétrik, vous avez abjuré la croyance de nos pères pour la foi nouvelle, pour l'Évangile prêché par ce jeune homme de Nazareth, crucifié à Jérusalem il y a plus de deux siècles... A cette foi nouvelle, vous croyez sans doute?

— L'aurais-je embrassée sans cela?

— Cet Évangile, je l'ai lu... une aïeule de Scanvoch a assisté aux derniers jours de Jésus, l'ami des esclaves et des affligés... Or, dans les tendres et divines paroles du jeune maître de Nazareth, je n'ai trouvé que des exhortations au renoncement des richesses, à l'humilité, à l'égalité parmi les hommes... et voici que, fervent et nouveau converti, vous rêvez la royauté...

— Un mot, Victoria...

— Écoutez encore, Tétrik... Le jeune homme de Nazareth, si doux, si aimant pour les souffrants, les coupables et les opprimés, parfois éclatait pourtant en de terribles menaces contre les riches, les puissants, les heureux du monde... et surtout, et toujours... il tonnait contre *les princes des prêtres*, qu'il traitait d'infâmes hypocrites. Or, voici que vous, fervent et nouveau converti, vous voulez mettre cette royauté, que vous rêvez, sous la consécration des évêques dont le chef siége à Rome... et je m'inquiète en songeant que le premier de ces *princes des prêtres* a été ce disciple de Jesus, ce PIERRE, qui, par une indigne lâcheté, a renié trois fois son doux maître la nuit de sa mort!

— Victoria, rien de plus facile à vous expliquer que ma conduite.

— Écoutez encore, Tétrik... Le jeune homme de Nazareth disait à ses disciples : « Enfermez-vous pour prier seul et en secret, sous » l'œil de Dieu ; fuyez, dans vos dévotions, le regard des hommes. » Et voici que vous, fervent et nouveau converti, vous me parlez de rendre notre abjuration et nos prières publiques pompeuses, solennelles... puisque les évêques doivent glorifier ma conversion à la face de l'univers... Vraiment, ma faible intelligence, encore fermée à la lumière de la foi nouvelle, ne peut, je vous l'avoue, Tétrik, comprendre ces contradictions étranges.

— Rien de plus simple cependant.

— A mon tour, je vous écoute.

— L'Évangile du *Seigneur*...

— De quel Seigneur parlez-vous, Tétrik?

— De *notre Seigneur Jésus-Christ*, le fils de Dieu, ou plutôt Dieu lui-même en personne.

— Que les temps sont changés!... Durant sa vie, le jeune homme de Nazareth ne s'appelait pas SEIGNEUR... loin de là, il disait : « Le » maître n'est pas plus que le disciple... l'esclave est autant que son » seigneur... » Il se disait fils de Dieu, de même que notre foi druidique nous apprend que nous sommes tous fils d'un même Dieu...

— Les temps sont changés... vous avez raison, Victoria... Pris en un sens absolu, l'Évangile de notre Seigneur Jésus-Christ ne serait, vous l'avouerez, qu'une machine d'éternelle rébellion du pauvre contre le riche, du serviteur contre son maître, du peuple contre ses chefs, la négation enfin de toute autorité; tandis que les religions, au contraire, n'ont d'autre but que de rendre l'autorité plus puissante, plus redoutable...

— Je sais cela... Nos druides, au temps de leur barbarie primitive, et avant de devenir les plus sublimes des hommes, se sont aussi rendus redoutables aux peuples ignorants, alors qu'ils les frappaient de terreur et les écrasaient sous leur pouvoir; mais le jeune homme de Nazareth a flétri ces fourberies atroces, en disant avec indignation aux princes des prêtres: « Vous voulez faire porter aux » hommes des fardeaux écrasants, que vous ne touchez pas, vous, » prêtres, du bout du doigt... »

— Encore une fois, Victoria, là n'est point du tout le bon côté de l'Évangile de notre Seigneur.

— Si pourtant il est Dieu, tout ce qu'il a dit et prêché doit être divin... Tenez, Tétrik, vous parlez à peu près de même façon que ces pharisiens d'autrefois, qui ont fait crucifier le jeune homme de Nazareth...

— Ce sont là des susceptibilités... les esprits élevés comme le vôtre, Victoria, comprendront ceci : les critiques amères, les attaques violentes de notre Seigneur contre les riches, les puissants et les prêtres de son temps; ses prédications en faveur de la communauté des biens, sa miséricorde exagérée pour les femmes de mauvaise vie, les débauchés, les prodigues, les vagabonds, enfin sa prédilection pour la lie de la populace dont il s'entourait, ne sont point des moyens de gouvernement et d'autorité... Savez-vous ce qu'il y a de vraiment utile ou plutôt de divin dans la doctrine de notre Seigneur? cela se résume en peu de mots que voici : « Bien heureux les pauvres d'es- » prit!... Bien heureux ceux qui souffrent!... » Pénétrez les peuples de ces deux maximes : « *L'ignorance est sainte... la douleur est » sainte...* » La conséquence va de soi-même : plus les peuples seront ignorants et malheureux en ce monde, plus ils croiront devoir être heureux dans l'adversité... Qu'arrivera-t-il de ces croyances qui font la force et la beauté de la religion catholique? C'est que les nations nous seront plus aveuglément soumises qu'elles ne l'ont jamais été... Nous n'aurons plus besoin de soldats pour les contenir : hébêtés par l'ignorance, énervés par la misère, ignorance et misère qu'ils béniront loin de la maudire, les peuples ne seront plus qu'un troupeau docile dont nous autres rois seront les pasteurs...

— Nous autres rois, Tétrik... déjà?

— Je dis cela en supposant que vous adoptiez mes projets. Or, avouez-le, la foi nouvelle, ainsi envisagée, n'est-elle pas un puissant moyen de gouvernement? cela est si vrai, que plusieurs empereurs romains, éclairés sur leurs propres intérêts par les évêques intelligents, les ont comblés de richesses, ont élevé de superbes églises, et se sont faits chrétiens, foulant ainsi aux pieds un paganisme aussi absurde que dangereux pour les puissants et pour les heureux de ce monde ; car enfin, en divinisant le vin par Bacchus, la volupté par Vénus, la richesse par Mercure, ce paganisme invitait religieusement tous les hommes à jouir de ce qui ne sera jamais que le privilége du petit nombre... Or, pour jouir de ces délices, il fallait de l'argent, et quand l'impôt vous le prenait, cet argent, des révoltes sans nombre éclataient, et le gouvernement des hommes devenait d'une difficulté extrême... Lorsqu'au contraire, je vous le répète, Victoria, un peuple se persuade que plus il est malheureux et ignorant, plus il sera heureux dans l'éternité, il devient d'une commodité extrême à gouverner.

— Il est facile, en effet, de combler les vœux d'un peuple qui n'a d'autre désir que l'ignorance et la misère...

— Eh ! certainement ! à chaque impôt, à chaque misère nouvelle, ce bienheureux peuple se dit : « Tant mieux... Allez, riches et puis» sants du monde, allez, jouissez... allez, écrasez-moi... vous ne me » rendrez jamais à mon gré assez malheureux ici-bas... »

— Je l'avoue, Tétrik, la doctrine du jeune homme de Nazareth, ainsi transformée, peut devenir un redoutable moyen de gouvernement.

— Oui, mais les prêtres et les évêques de la foi nouvelle peuvent seuls, peu à peu par leurs prédications, habilement détourner ce dangereux courant d'idées d'égalité parmi les hommes, de haine contre les puissants, de revendication contre les riches, de communauté de biens, de tolérance pour les coupables, courant funeste, qui prend sa source dans certains passages de l'Évangile.

— Et c'est pourtant au nom de ces idées généreuses que sont morts et que meurent tant de martyrs !...

— Hélas ! oui... Jésus, notre Seigneur, est toujours pour eux l'ouvrier charpentier de Nazareth, mis à mort pour avoir défendu les pauvres, les esclaves, les opprimés, les coupables, contre les heureux du jour, promettant leurs biens à la populace, en lui disant *qu'un jour les derniers seraient les premiers*... Aussi ces martyrs confessentils avec un indomptable héroïsme la doctrine de Jésus, selon eux l'ami des pauvres, l'ennemi des puissants.

— Et croyez-vous, Tétrik, que des prédications qui, laissant de côté ces divins préceptes de l'Évangile : la fraternité, l'égalité parmi les hommes, le pardon des fautes, la revendication contre les riches, la communauté des biens, le droit sacré de l'opprimé contre l'oppresseur, ne prêcheront au peuple que l'ignorance, le malheur et la désespérance ici-bas, exciteront chez lui le même héroïque enthousiasme ?... dites ? la confiance de la multitude ne se retirera-t-elle pas de ces prêtres, qui dénaturent ainsi les divins principes du jeune homme de Nazareth ?...

— Victoria, cette crainte est vaine... le peuple a vu plusieurs prêtres et prélats partager son martyre ; l'habitude est prise de les vénérer, de les écouter... ce ne sera donc plus pour les évêques qu'une question de temps et d'habileté... et ils ont, voyez-vous, une patience redoutable et une profonde habileté ; fiez-vous donc à eux ; ils sauront transformer, ainsi qu'il le faut, ce fâcheux esprit de revendication et d'égalité, qui a fait les premiers martyrs... Tenez, Victoria, une comparaison vous rendra ma pensée : Un chariot chemine du côté droit d'une large route, le conducteur du chariot veut traverser cette route pour gagner le côté opposé, sans que les voyageurs, qui voient en lui un guide sûr, s'aperçoivent de cette déviation ; va-t-il sottement passer soudain de droite à gauche ?... non... il s'y prend de loin et de biais, de sorte que peu à peu, par une ligne insensiblement oblique, il arrive à son but.

— Vous supposez des voyageurs aveugles... ou bien vous supposez que la nuit est venue.

— Et il faut, en effet, Victoria, que la nuit épaisse et profonde de l'ignorance s'étende peu à peu sur le monde et le couvre de ténèbres ; alors le voyageur, entouré d'une obscurité redoutable, n'aura plus, dans son effroi, d'autre guide que la voix de celui qui le conduit... alors nous conduirons ainsi les peuples où nous voudrons, comme nous voudrons, en un mot... A la multitude l'aveuglement, à ses chefs seuls la lumière... et tout ira bien, et nous ne serons plus, nous autres chefs, soumis aux caprices de cette brutale élection populaire qui vous élève aujourd'hui sur le pavois et vous brise demain...

— Cependant les chrétiens choisissent les évêques comme nous, Gaulois, nous élisons notre chef?

— Je vous disais justement tout à l'heure à ce sujet, Victoria, que le pape et les évêques, dans leur habileté profonde, avaient déjà prévu combien seraient gros de dangers pour l'avenir ces choix populaires, laissés à la discrétion de la vile multitude, et ils l'écartent maintenant des élections. Les clercs et les notables des villes sont seuls convoqués aux élections.

— Tétrik, vous fervent et nouveau converti, comment oubliez-vous que le principe fondamental de la religion des chrétiens est l'égalité absolue des hommes entre eux?... Encore une fois, Jésus n'a-t-il pas dit : « Le maître n'est pas plus que son disciple... le seigneur n'est pas plus que son serviteur... » N'est-ce pas renier l'Évangile que de retirer, à ce que vous appelez *la vile multitude*, le droit d'élire ses évêques (G)?

— Ce sont encore là des susceptibilités... la raison d'État passe avant les principes... Rien de plus périlleux, vous dis-je, que d'abandonner la nomination d'un chef politique ou religieux, au brutal caprice d'une élection populaire... Vous le voyez, Victoria, en religion comme en politique, tous les bons esprits tendent à concentrer l'autorité entre peu de mains... L'intérêt du présent et de l'avenir vous fait donc une loi d'accepter mes offres... Je me résume : Prenez-moi pour époux, embrassez, comme moi, la foi nouvelle, faites-nous proclamer par l'armée, vous et moi, empereur et impératrice; adoptez mon fils et sa postérité... La Gaule, à notre exemple, se fait tout entière chrétienne; nous comblons les prêtres et les évêques de priviléges et de richesses, ils nous façonnent le peuple selon qu'il nous le faut, et ils consacrent en nous l'autorité la plus souveraine, la plus absolue, dont ait jamais joui un empereur et une impératrice!...

Soudain la voix de Victoria, jusqu'alors calme et contenue, éclata indignée, menaçante :

— Tétrik! vous me proposez là un pacte sacrilége... tyrannique... infâme!...

— Victoria, que signifie...

— Hier, je vous croyais insensé... aujourd'hui, que vous m'avez ouvert les profondeurs de votre âme infernale... je vous crois un monstre d'ambition et de scélératesse!...

— Moi! grand Dieu!

— Vous!... Oh! à cette heure le passé éclaire pour moi le présent, et le présent l'avenir... Béni soyez, vous, ô Hésus!... Je n'étais pas seule à entendre cet effrayant complot!...

— Que dites-vous?

— Vous m'avez inspiré, ô Hésus! et j'ai voulu avoir un témoin caché, qui affirmerait au besoin la réalité de ce projet monstrueux... car ma parole elle-même... non, la parole de Victoria ne serait pas crue si elle dévoilait tant d'horreurs!... Viens, mon frère... viens, Scanvoch!...

A cet appel de Victoria, je m'écriai :

— Ma sœur... je ne dis plus comme autrefois : Je soupçonne cet homme!... je dis j'accuse le criminel!

— Ce n'est pas d'aujourd'hui que vous m'accusez, Scanvoch, — reprit Tétrik avec un impérieux dédain, — ce n'est pas d'aujourd'hui que ces folles accusations sont tombées devant mon mépris...

— Je te soupçonnais autrefois, Tétrik, — lui dis-je, — d'avoir, par tes machinations ténébreuses, amené la mort de Victorin et celle de son fils au berceau... Aujourd'hui, moi, Scanvoch, je t'accuse de cette horrible trame!...

— Prends garde, — dit Tétrik, pâle, sombre, menaçant, — prends garde, mon pouvoir est grand...

— Mon frère, — me dit Victoria, — ta pensée est la mienne... parle sans crainte... moi aussi j'ai un grand pouvoir...

— Tétrik, je te soupçonnais autrefois d'avoir fait tuer Marion... aujourd'hui, moi, Scanvoch, je t'accuse de ce crime!...

— Malheureux insensé! où sont les preuves de ce que tu as l'audace d'avancer?...

— Oh! je le sais... tu es prudent et habile autant que patient, tu brises tes instruments dans l'ombre après t'en être servi...

— Ce sont des mots, — reprit Tétrik avec un calme glacial; — mais les preuves, où sont-elles?...

— Les preuves! — s'écria Victoria, — elles sont dans tes propositions sacriléges... Écoute, Tétrik, voici la vérité : tu as conçu le projet d'être empereur héréditaire de la Gaule longtemps avant la mort de Victorin; ta proposition de faire acclamer mon petit-fils comme héritier du pouvoir de son père, était à la fois un leurre destiné à me tromper sur tes desseins et un premier pas dans la voie que tu poursuivais...

— Victoria, la passion vous égare. Quel maladroit ambitieux j'aurais été, moi, voulant arriver un jour à l'empire héréditaire... vous conseiller de faire décerner ce pouvoir à votre race...

— Le principe était accepté par l'armée : l'hérédité du pouvoir reconnue pour l'avenir, tu te débarrassais ensuite de mon fils et de mon petit-fils, ce que tu as fait...

— Moi...

— Tout maintenant se dévoile à mes yeux... Cette Bohémienne maudite a été ton instrument; elle est venue à Mayence pour séduire mon fils, pour le pousser, par ses refus, à l'acte infâme, au prix duquel cette créature mettait ses faveurs... Ce crime commis, mon fils devait être tué par Scanvoch, rappelé à Mayence cette nuit-là même, ou massacré par l'armée, prévenue et soulevée à temps par tes émissaires...

— Des preuves! Victoria! des preuves...

— Je n'en ai pas... mais cela est! Dans la même nuit, tu as fait tuer mon petit-fils entre mes bras : ma race a été éteinte... ton premier pas vers l'empire était marqué dans le sang. Tu as ensuite refusé le pouvoir et proposé l'élévation de Marion... Oh! je l'avoue, à ce prodige d'astuce infernale, mes soupçons, un moment éveillés, se sont évanouis... Deux mois après son acclamation comme chef de la Gaule... Marion tombait sous le fer d'un meurtrier, ton instrument.

— Des preuves... — reprit Tétrik impassible, — des preuves...

— Je n'en ai pas, mais cela est... Tu restais seul : Victorin, son fils, Marion, tués... Alors, devenue, sans le savoir, ta complice, je t'ai adjuré de prendre le gouvernement du pays... Tu triomphais, mais à demi... tu gouvernais, mais, tu l'as dit, tu n'étais que mon premier sujet, à moi, la *mère des camps*; eh! je le vois à cette heure, mon pouvoir te gêne! l'armée, la Gaule t'ont accepté pour leur chef, présenté par moi; elles ne t'ont pas choisi... D'un mot je peux te briser comme je t'ai élevé... Aveuglé par l'ambition, tu as jugé mon cœur d'après le tien; tu m'as cru capable de vouloir changer mon influence sur l'armée contre la couronne d'impératrice, et d'introniser à ce prix toi et ta race... Tu as conclu avec le pape et les évêques un pacte ténébreux dans l'espoir d'abrutir, d'asservir un jour cet intelligent et fier peuple gaulois, qui, libre, choisit librement ses chefs, et reste fidèle à la religion de ses pères. Quoi! il a brisé depuis des siècles, par les mains sacrées de Ritha-Gaür, le joug des rois... et tu voudrais de nouveau lui imposer ce joug détesté, en t'alliant avec la nouvelle Église... Eh bien, moi, Victoria, la mère des camps, je te dis ceci à toi, Tétrik, chef de la Gaule : Devant le peuple et l'armée, je t'accuse de vouloir asservir la Gaule! je t'accuse d'avoir renié la foi de tes pères! je t'accuse d'avoir contracté une secrète alliance avec les évêques! je t'accuse de vouloir usurper la couronne impériale pour toi et pour ta race... Oui, de ceci, moi, Victoria, je t'accuse, et je t'accuserai devant le peuple et l'armée, te déclarant traître, renégat, meurtrier, usurpateur... Je vais demander sur l'heure que tu sois jugé par le sénat, et puni de mort pour tes crimes si tu es reconnu coupable !...

Malgré la véhémence des accusations de ma sœur de lait, Tétrik revint à son calme habituel, dont il était un moment sorti pour me menacer, et répondit de sa voix la plus onctueuse :

— Victoria, j'avais cru profitable à la Gaule le projet que je vous ai soumis... n'y pensons plus... Vous m'accusez, je suis prêt à répondre devant le sénat et l'armée... Si ma mort, prononcée par mes juges, à votre instigation, peut être d'un utile enseignement pour le pays, je ne vous disputerai pas le peu de jours qui me restent à vivre. Je reste à Trèves, où j'attendrai la décision du sénat... Adieu, Victoria... l'avenir prouvera qui de vous ou de moi aimait la Gaule d'un amour éclairé... Encore adieu, Victoria...

Et il fit un pas vers la porte ; j'y arrivai avant lui, et, barrant le passage, je m'écriai :

— Tu ne sortiras pas ! tu veux fuir la punition due à tes crimes...

Tétrik me toisa des pieds à la tête avec une hauteur glaciale, et dit en se tournant à demi vers Victoria :

— Quoi ! dans votre maison, de la violence contre un vieillard... contre un parent venu chez vous sans défiance...

— Je respecterai ce qui est sacré en tout pays, l'hospitalité, — répondit la mère des camps. — Vous êtes venu ici librement, vous sortirez librement.

— Ma sœur ! — m'écriai-je, — prenez garde ! votre confiance vous a déjà été funeste...

Victoria, d'un geste, m'interrompit, réfléchit, et dit avec amertume :

— Tu as raison... ma confiance a été funeste au pays ; elle me pèse comme un remords... ne crains rien cette fois.

Et elle frappa vivement sur un timbre... Presque aussitôt Mora parut. Après quelques mots que sa maîtresse lui dit à l'oreille, la servante se retira.

— Tétrik, — reprit Victoria, — j'ai envoyé quérir le capitaine Paul et plusieurs officiers; ils vont venir vous chercher ici; ils vous accompagneront à votre logis... vous n'en sortirez que pour paraître devant vos juges...

— Mes juges ?...

— L'armée nommera un tribunal... ce tribunal vous jugera, Tétrik...

— Je suis aussi justiciable du sénat.

— Si le tribunal militaire vous condamne, vous serez renvoyé devant le sénat... si le tribunal militaire vous absout, vous serez libre; la vengeance divine pourra seule vous atteindre...

Mora rentra pour annoncer à sa maîtresse l'exécution de ses ordres au sujet du capitaine Paul. Je me souvins plus tard, mais, hélas! trop tard, que Mora échangea quelques paroles à voix basse avec Tétrik, assis près de la porte.

— Scanvoch, — me dit Victoria, — tu as entendu ma conversation avec Tétrik... tu te la rappelles?

— Parfaitement...

— Tu vas aller, sur l'heure, la transcrire fidèlement.

Puis, se retournant vers le chef de la Gaule, elle ajouta :

— Ce sera votre acte d'accusation; il sera lu devant le tribunal militaire, et ensuite il décidera de votre sort.

— Victoria, — reprit froidement Tétrik, — écoutez les conseils d'un vieillard, autrefois, et encore à cette heure, votre meilleur ami. Accuser un homme est facile, prouver son crime est difficile...

— Tais-toi, détestable hypocrite! — s'écria la mère des camps avec emportement; — ne me pousse pas à bout... Je ne sais ce qui me tient de te livrer sur l'heure à la brutale justice des soldats.

Puis, joignant les mains :

— Hésus, donne-moi la force d'être équitable, même envers cet homme... Apaise en moi, ô Hésus ! ces bouillonnements de colère qui troubleraient mon jugement !

Mora, ayant entendu quelque bruit derrière la porte, l'ouvrit, et revint dire à sa maîtresse :

— On annonce l'arrivée du capitaine Paul.

Victoria fit signe à Tétrik ; il franchit le seuil en poussant un profond soupir, et en disant d'un accent pénétré :

— Seigneur ! Seigneur ! dissipez l'aveuglement de mes ennemis... pardonnez-leur comme je leur pardonne...

La mère des camps, s'adressant à sa servante au moment où elle sortait sur les pas du chef de la Gaule :

— Mora, j'ai la poitrine en feu... apporte-moi une coupe d'eau mélangée d'un peu de miel.

La servante fit un signe de tête empressé, puis elle disparut ainsi que Tétrik, resté pendant un instant au seuil de la porte.

— Ah ! mon frère ! — murmura Victoria avec accablement lorsque nous fûmes seuls, — ma longue lutte avec cet homme m'a épuisée... la vue du mal me cause un abattement douloureux... je suis brisée ; tiens, prends ma main, elle brûle !

— L'insomnie, l'émotion, l'horreur longtemps contrainte que vous inspirait Tétrik, ont causé votre agitation fiévreuse... Prenez un peu de repos, ma sœur ; je vais aller transcrire votre entretien avec cet homme... Ce soir, justice sera faite.

— Tu as raison ; il me semble que si je pouvais dormir, cela me soulagerait... Va, mon frère, ne quitte pas la maison...

— Voulez-vous que j'envoie Sampso veiller près de vous ?

— Non... je préfère être seule : le sommeil me viendra plus facilement...

Mora parut à ce moment, portant une coupe pleine de breuvage, qu'elle offrit à sa maîtresse. Celle-ci prit le vase et en but le contenu avec avidité. Laissant ma sœur de lait aux soins de sa servante, je remontai chez moi afin de relater fidèlement les paroles de Tétrik. Je terminais ce travail, commencé depuis deux heures, lorsque je vis entrer Mora, pâle, épouvantée.

— Scanvoch, — me dit-elle d'une voix haletante, — venez... venez vite !... Laissez là cette écriture...

— Qu'y a-t-il?

— Ma maîtresse... malheur! malheur!... Venez vite!...

— Victoria!... un malheur la menace? — m'écriai-je en me dirigeant à la hâte vers l'appartement de ma sœur de lait, tandis que Mora, me suivant, disait :

— Elle m'avait renvoyée pour être seule... Tout à l'heure je suis allée dans sa chambre... et alors... ô malheur!...

— Achève...

— Je l'ai vue sur son lit... les yeux ouverts... mais immobile et livide comme une morte...

Jamais je n'oublierai le spectacle affreux dont je fus frappé en entrant chez Victoria. Couchée toute étendue sur son lit, elle était, ainsi que me l'avait dit Mora, immobile et livide comme une morte. Ses yeux fixes, étincelants, semblaient retirés au fond de leur orbite; ses traits, douloureusement contractés, avaient la froide blancheur du marbre... Une pensée me traversa l'esprit comme un éclair sinistre... Victoria mourait empoisonnée (H)!...

— Mora, — m'écriai-je en me jetant à genoux auprès du lit de la mère des camps, — envoie à l'instant chercher le druide-médecin, et cours dire à Sampso de venir ici...

La servante disparut. Je saisis une des mains de Victoria déjà roidies et glacées, je la couvris de larmes en m'écriant :

— Ma sœur! c'est moi... Scanvoch!...

— Mon frère... — murmura-t-elle.

Et à entendre sa voix sourde, affaiblie, il me sembla qu'elle me répondait du fond d'un tombeau. Ses yeux, d'abord fixes, se tournèrent lentement vers moi. L'intelligence divine, qui avait jusqu'alors illuminé ce beau regard si auguste et si doux, paraissait éteinte. Cependant, peu à peu, la connaissance lui revint, et elle dit :

— C'est toi... mon frère?... Je vais mourir...

Tournant alors péniblement la tête de côté et d'autre, comme si elle eût cherché quelque chose, elle reprit en tâchant de lever un de ses bras, qui retomba presque aussitôt pesamment sur sa couche :

— Là, ce grand coffre, ouvre-le... tu y verras un coffret de bronze; apporte-le...

J'obéis, et je déposai sur le lit un petit coffret de bronze assez lourd. Au même instant entrait Sampso, avertie par Mora.

— Sampso, — dit Victoria, — prenez ce coffret, emportez-le chez vous... serrez-le soigneusement... Dans trois jours vous l'ouvrirez... la clef est attachée au couvercle...

Puis, s'adressant à moi :

— Tu as transcrit mon entretien avec Tétrik?

— J'achevais ce travail lorsque Mora est accourue.

— Sampso, portez ce coffret chez vous, à l'instant, et revenez aussitôt avec les parchemins sur lesquels Scanvoch a tout à l'heure écrit... Allez, il n'y a pas un instant à perdre.

Sampso obéit et sortit éperdue... Je restai seul avec Victoria.

— Mon frère, — me dit-elle, — les moments sont précieux, ne m'interromps pas... Je me sens mourir; je crois deviner la main qui me frappe, sans savoir comment elle m'a frappée... Ce crime couronne une longue suite de forfaits ténébreux... Ma mort est à cette heure un grand danger pour la Gaule; il faut le conjurer... Tu es connu dans l'armée... on sait ma confiance en toi... rassemble les officiers, les soldats... instruis-les des projets de Tétrik... Cet entretien, que tu as transcrit, je vais, si j'en ai la force, le signer, pour donner créance à tes paroles... La vie m'abandonne... Oh! que n'ai-je le temps de réunir ici, à mon lit de mort, les chefs de l'armée, qui, ce soir, entoureront mon bûcher... Sur ce bûcher, tu déposeras les armes de mon père, de mon époux et de Victorin, et aussi le berceau de mon petit-fils!...

— Scanvoch! — s'écria Sampso en entrant précipitamment dans la chambre, — les parchemins, tu les avais laissés sur la table... ils n'y sont plus!...

— C'est impossible! — ai-je répondu stupéfait; — il n'y a qu'un instant, ils y étaient encore.

— Oui, je les y ai vus lorsque Mora est venue m'avertir du malheur qui nous menaçait, — m'a dit Sampso; — ils auront été dérobés en ton absence.

— Ces parchemins dérobés! oh! cela est funeste! — murmura Victoria. — Quelle main mystérieuse s'étend donc sur cette maison? Malheur! malheur à la Gaule!... Hésus! dieu tout-puissant! tu m'appelles dans ces mondes inconnus, d'où l'on plane peut-être sur ce monde que je quitte pour aller revivre ailleurs... Hésus, abandonnerai-je cette terre sans être rassurée sur l'avenir de mon pays tant aimé? avenir qui m'épouvante! O tout-puissant! que ton divin esprit m'éclaire à cette heure suprême!... Hésus! m'as-tu entendue? — ajouta Victoria d'une voix plus haute, et se dressant sur son séant, le regard inspiré. — Que vois-je? est-ce l'avenir qui se dévoile à mes yeux?... Cette femme, si pâle, quelle est-elle?... Sa robe est ensanglantée... Sa couronne de feuilles de chêne, l'arbre sacré de la Gaule, est sanglante aussi... l'épée que tenait sa main virile est brisée à ses côtés... Un de ces sauvages Franks, la tête ornée d'une couronne, tient cette noble femme sous ses genoux; il regarde d'un air farouche et craintif un homme splendidement vêtu, comme un pontife... une croix d'or et de pierreries à la main, il montre le ciel à ce barbare... Hésus! cette femme ensanglantée... c'est *la Gaule!*... ce barbare, agenouillé sur elle... c'est un *roi frank!*... ce pontife... c'est un *évêque de Rome!*... Encore du sang! un fleuve de sang! il entraîne dans son cours, à la lueur des flammes de l'incendie, des ruines et des milliers de cadavres!... Oh! cette femme... la *Gaule*, la voici encore, hâve, amaigrie, vêtue de haillons, portant au cou le collier de fer de la servitude, elle se traîne à genoux, écrasée sous un pesant fardeau... Le roi frank et l'évêque de Rome hâtent, à coups de fouet, la marche de la Gaule esclave!... Encore un torrent de sang... encore des cadavres... encore des ruines... encore les lueurs de l'incendie... Assez! assez de débris! assez de massacres!... O Hésus!... joies du ciel! — s'écria Victoria, dont les traits semblèrent soudain rayonner d'une splendeur divine, — la noble femme est debout! la voilà... je la vois, plus belle, plus fière que jamais... le front ceint d'une couronne de feuilles de chêne!... D'une main, elle tient une gerbe d'épis, de raisins et de fleurs... de l'autre, un drapeau surmonté du coq gaulois... elle foule d'un pied superbe les débris de son collier d'esclavage, la couronne des rois franks et celle des pontifes de Rome!... Oui, cette femme, enfin libre, fière, glorieuse, féconde... c'est la Gaule!... Hésus! Hésus!... pitié pour elle... Qu'elle brise le joug des rois et des évêques de Rome!... qu'elle revienne ainsi libre, glorieuse et féconde, sans traverser d'âge en âge ces flots de sang qui m'épouvantent!...

Ces derniers mots épuisèrent les forces de Victoria; elle céda pourtant à un dernier élan d'exaltation, leva les yeux vers le ciel en croisant ses deux bras sur sa mâle poitrine, poussa un long gémissement et retomba sur sa couche funèbre...

La mère des camps, VICTORIA LA GRANDE, était morte!...

J'avais, pendant qu'elle parlait, fait des efforts surhumains pour contenir mon désespoir; mais lorsque je la vis expirer, le vertige me saisit, mes genoux fléchirent, mes forces, ma pensée, m'abandonnèrent, et je perdis tout sentiment au moment où j'entendis un grand tumulte dans la pièce voisine, tumulte dominé par ces mots:

— Tétrik, le chef de la Gaule, meurt par le poison!...

. . . .

Pendant plusieurs jours, ta seconde mère, Sampso, mon enfant, me vit à l'agonie. Deux semaines environ s'étaient passées depuis la mort de Victoria, lorsque, pour la première fois, rassemblant et raffermissant mes souvenirs, j'ai pu m'entretenir avec Sampso de notre perte irréparable... Les derniers mots qui frappèrent mon oreille, lorsque, brisé de douleur, je perdais connaissance auprès du lit de ma sœur de lait, avaient été ceux-ci :

— Tétrik, le chef de la Gaule, meurt par le poison !...

En effet, Tétrik avait été, ou plutôt, parut avoir été empoisonné en même temps que Victoria. A peine arrivé dans la maison du général de l'armée, il sembla en proie à de cruelles souffrances; et lorsque, quinze jours après, je revins à la vie, on craignait encore pour les jours de Tétrik.

Je l'avoue, à cette nouvelle étrange, je restai stupéfait; ma raison se refusait à croire cet homme coupable d'un forfait dont il était lui-même une des victimes.

La mort de Victoria jeta la consternation dans la ville de Trèves, dans l'armée; plus tard, dans toute la nation. Les funérailles de l'auguste mère des camps semblaient être les funérailles de la Gaule; on y voyait le présage de nouveaux malheurs pour le pays... Le sénat gaulois décréta l'apothéose de Victoria; il fut célébré à Trèves, au milieu du deuil et des larmes de tous. La pompeuse solennité du culte druidique, le chant des bardes, donnèrent un imposant éclat à cette cérémonie funèbre... Pendant huit jours, Victoria, embaumée et couchée sur un lit d'ivoire, couverte d'un tapis de drap d'or, fut exposée à la vénération de tous les citoyens, qui se pressaient en foule dans la maison mortuaire, sans cesse envahie par cette armée du Rhin, dont Victoria était véritablement la mère (I). Enfin, elle fut portée sur un bûcher, selon l'antique usage de nos pères : les parfums fumèrent dans les rues de Trèves, sur le passage du cortége, suivi de toute l'armée, précédé des bardes chantant sur leurs harpes d'or les louanges de cette femme illustre; puis, le bûcher mis en feu, elle disparut au milieu des flammes étincelantes...

Une médaille, frappée le jour même de la cérémonie funèbre, représente, d'un côté, la tête de l'héroïne gauloise, casquée comme Minerve, et de l'autre, un aigle aux ailes déployées, s'élançant dans l'espace, l'œil fixé sur le soleil (J), symbole de la foi druidique... l'âme abandonnant ce monde-ci, ne va-t-elle pas revêtir un corps nouveau dans les mondes inconnus... Au revers de cette médaille fut gravée la formule ordinaire : *Consécration*, accompagnée de ces mots :

VICTORIA, EMPEREUR.

La Gaule, par cette appellation virile, immortalisait ainsi, dans son enthousiasme, la glorieuse *mère des camps*, en lui décernant un titre qu'elle avait toujours refusé pendant sa vie, vie aussi modeste que sublime, consacrée tout entière à son père, à son époux, à son fils, à la gloire et au salut de la patrie !...

Ma perplexité était profonde : l'empoisonnement de Tétrik, luttant encore, disait-on, contre la mort, la disparition du parchemin contenant l'entretien de ce traître avec Victoria, parchemin qu'elle n'avait pu d'ailleurs signer avant de mourir, rendait très-difficile, sinon impossible, l'accusation que moi, soldat obscur, je devais porter contre Tétrik, survivant et chef souverain de la Gaule, souveraineté d'autant plus imposante, qu'elle n'était plus balancée par l'immense influence de la *mère des camps*. J'attendis, pour me déterminer à une résolution dernière, que mon esprit, ébranlé par de terribles secousses, eût repris sa fermeté.

Sampso, trois jours après la mort de Victoria, et selon ses dernières volontés, ouvrit le coffret qu'elle lui avait remis... Ma femme y trouva une touchante et dernière preuve de la sollicitude de ma sœur de lait ; un parchemin contenait ces mots écrits de sa main :

« *Nous ne nous séparerons qu'à la mort*, avons-nous dit souvent,
» mon bon frère Scanvoch : c'est ton désir, c'est le mien ; mais si
» je dois aller revivre avant toi dans ces mondes inconnus, où nous
» nous retrouverons un jour, heureuse je serais de penser que tu iras

» attendre en Bretagne, berceau de ta famille, le jour de notre ren-
» contre *ailleurs qu'ici*.

» La conquête romaine avait dépouillé ta race de ses champs pa-
» ternels. La Gaule, redevenue libre, a dû légitimement revendi-
» quer, au nom du droit ou par la force, l'héritage de ses enfants
» sur les descendants des Romains. Je ne sais quel sera l'état de notre
» pays, lorsque nous serons séparés; quoi qu'il arrive, tu pourras re-
» vendiquer ton légitime héritage par trois moyens : le droit, l'ar-
» gent ou la force... Tu as le droit, tu as la force, tu as l'argent...
» car tu trouveras dans ce coffret une somme suffisante pour racheter,
» au besoin, les champs de ta famille, et vivre désormais heureux et
» libre près des pierres sacrées de Karnak, témoins de la mort hé-
» roïque de ton aïeule Hena, *la vierge de l'île de Sên*.

» Tu m'as souvent montré les pieuses reliques de ta famille... je
» veux y ajouter un souvenir... Tu trouveras dans ce coffret une
» *alouette* en bronze doré : je portais cet ornement à mon casque le
» jour de la bataille de Riffenël, où j'ai vu mon fils Victorin faire ses
» premières armes... Garde, et que ta race conserve aussi ce souve-
» nir de fraternelle amitié ; il t'est laissé par ta sœur de lait Victoria;
» elle est de ta famille... n'a-t-elle pas bu le lait de ta vaillante
» mère ?...

» A l'heure où tu liras ceci, mon bon frère Scanvoch, je revivrai
» ailleurs, auprès de ceux-là que j'ai aimés...

» Continue d'être fidèle à la Gaule et à la foi de nos pères... Tu
» t'es montré digne de ta race; puissent ceux de ta descendance être
» dignes de toi, et écrire sans rougir l'histoire de leur vie, ainsi que
» l'a voulu ton aïeul *Joel, le brenn de la tribu de Karnak*...

» Victoria. »

Ai-je besoin de te dire, mon enfant, combien je fus touché de tant de sollicitude... J'étais alors plongé dans un morne désespoir et absorbé par la crainte des graves événements qui pouvaient suivre la mort de Victoria. Je restai presque insensible à l'espoir de retourner prochainement en Bretagne pour y finir mes jours dans les mêmes lieux où avaient vécu mes aïeux. Ma santé complétement rétablie, je me rendis chez le général commandant l'armée du Rhin : vieux soldat, il devait comprendre mieux que personne les suites funestes de la mort de Victoria. Je m'ouvris à lui sur les projets de Tétrik ; je dis aussi les soupçons que m'avait inspirés l'empoisonnement de ma sœur de lait... Telle fut la réponse du général :

— Les crimes, les desseins, dont tu accuses Tétrik sont si monstrueux, ils prouveraient une âme si infernale, que j'y croirais à peine, m'eussent-ils été attestés par Victoria, notre auguste mère, à jamais regrettée. Tu es, Scanvoch, un brave et honnête soldat ; mais ta déposition ne suffit pas pour traduire le chef de la Gaule devant le sénat et l'armée... D'ailleurs, Tétrik est mourant; son empoisonnement même prouve jusqu'à l'évidence qu'il est innocent de la mort de notre Victoria ; tu serais donc le seul à accuser le chef de la Gaule, que chacun a aimé et vénéré jusqu'ici, parce qu'il s'est toujours comporté comme le premier sujet de Victoria, la véritable impératrice de la Gaule... Crois-moi, Scanvoch, raffermis tes esprits ébranlés par la mort de cette femme auguste... ta raison, peut-être ébranlée par ce coup désastreux, prend sans doute de vagues appréhensions pour des réalités. Tétrik a, jusqu'ici, sagement gouverné le pays, grâce aux conseils de notre bien aimée *mère;* s'il meurt, il aura nos regrets ; s'il survit au crime mystérieux dont il a été victime, nous continuerons d'honorer celui qui fut jadis désigné à notre choix par Victoria la Grande.

Cette réponse du général me prouva que jamais je ne pourrais faire partager au sénat, à l'armée, si prévenus en faveur du chef de la Gaule, mes soupçons et ma conviction à moi, soldat obscur.

Tétrik ne mourut pas : son fils accourut à Trèves, sachant le danger que courait son père... Celui-ci, convalescent, s'entretint longuement avec les sénateurs et les chefs de l'armée ; il manifesta, au sujet de la mort de Victoria, une douleur si profonde, et en apparence si sincère ; il honora si pieusement sa mémoire par une cérémonie funèbre, où il glorifia la femme illustre dont la main toute-puissante l'avait, disait-il, si longtemps soutenu, et à laquelle il s'enorgueillissait d'avoir dû son élévation ; son chagrin parut enfin si déchirant lorsque, pâle, affaibli, fondant en larmes, s'appuyant au bras de son fils, il se traîna, chancelant, à la triste solennité dont je parle, qu'il s'acquit plus étroitement encore l'affection du peuple et de l'armée par ces derniers hommages rendus aux cendres de Victoria.

Je compris, dès lors, combien il serait vain de renouveler mes accusations contre Tétrik. Navré de voir les destinées de la Gaule entre les mains d'un homme que je croyais, que je savais un traître, je me décidai à quitter Trèves avec toi, mon enfant, et Sampso, ta seconde mère, afin d'aller chercher en Bretagne, notre pays natal, quelque consolation à mes chagrins.

Je voulus cependant remplir ce que je considérais comme un devoir sacré. A force d'interroger ma mémoire, au sujet de l'entretien de Tétrik et de Victoria, je parvins à transcrire de nouveau cette conversation presque mot pour mot ; je fis une copie de ce récit, et je la portai, la veille de mon départ, au général de l'armée, lui disant :

— Vous croyez ma raison égarée... conservez cet écrit... puisse l'avenir ne pas vous prouver la réalité de cette accusation, à vos yeux insensée !...

Le général garda le parchemin ; mais il m'accueillit et me renvoya avec cette compatissante bonté que l'on accorde à ceux dont le cerveau est dérangé.

Je rentrai dans la maison de ma sœur de lait, où j'avais demeuré depuis sa mort... Je m'occupai, avec Sampso, des préparatifs de notre voyage... Pendant cette dernière nuit, que je passai à Trèves, voici ce qui arriva :

Mora, la servante, était aussi restée dans la maison ; la douleur de cette femme, après la mort de sa maîtresse, m'avait touché. La nuit dont je te parle, mon enfant, je m'occupais, t'ai-je dit, avec ta seconde mère, des préparatifs de notre voyage; nous avions besoin d'un coffre; j'allai en chercher un dans une salle basse, séparée par une cloison du réduit habité par Mora. Plus de la moitié de la nuit était écoulée; en entrant dans la salle basse, je remarquai, non sans étonnement, à travers les fentes de la cloison qui séparait la chambre de la servante, une vive clarté. Pensant que peut-être le feu avait pris au lit de cette femme pendant son sommeil, je m'empressai de regarder à travers l'écartement des planches; quelle fut ma surprise: je vis Mora se mirant dans un petit miroir d'argent à la clarté des deux lampes, dont la lumière venait d'attirer mon attention!... Mais ce n'était plus Mora la Moresque! ou du moins la couleur bronzée de ses traits avait disparu... je la revoyais pâle et brune, coiffée d'un riche bandeau d'or orné de pierreries, souriant à son image reproduite dans le miroir. Elle attachait à l'une de ses oreilles un long pendant de perles... elle portait enfin un corset de toile d'argent et un jupon écarlate.

Je reconnus Kidda la Bohémienne.

Hélas! je ne l'avais vue qu'une fois... à la clarté de la lune; lors de cette nuit fatale, où, rappelé en toute hâte à Mayence par un sinistre avertissement de mon mystérieux compagnon de voyage, j'avais tué dans ma maison Victorin et ma bien-aimée femme Ellèn!

A ma stupeur succéda la rage... un horrible soupçon traversa mon esprit; je fermai en dedans la porte de la salle basse; d'un violent coup d'épaule, car la fureur centuplait mes forces, j'enfonçai une des planches de la cloison, et je parus soudain aux yeux de la bohémienne épouvantée. D'une main, je la jetai à genoux; de l'autre, je saisis une des lourdes lampes de fer, et la levant au-dessus de la tête de cette femme, je m'écriai:

— Je te brise le crâne... si tu n'avoues pas tes crimes.

Kidda crut lire dans mon regard son arrêt de mort... elle devint livide et murmura:

— Ne me tue pas... je parlerai !

— Tu es Kidda la Bohémienne?...

— Oui.

— Autrefois... à Mayence... pour prix de tes honteuses faveurs... tu as exigé de Victorin... le déshonneur de ma femme Ellèn?

— Oui.

— Tu obéissais aux ordres de Tétrik?

— Non... je ne lui ai jamais parlé.

— A qui donc obéissais-tu?

— A l'écuyer de Tétrik.

— Cet homme est prudent... Et ce soldat qui, dans cette nuit fatale, m'a averti qu'un grand crime se commettait dans ma maison, le connaissais-tu?...

— C'était le compagnon d'armes du capitaine Marion, ancien forgeron comme lui.

— Ce soldat, Tétrik le connaissait aussi?

— Son écuyer le voyait secrètement à Mayence.

— Et ce soldat, où est-il à cette heure?

— Il est mort.

— Après s'être servi de lui pour assassiner le capitaine Marion... Tétrik l'a fait tuer? réponds...

— Je le crois.

— C'est encore l'écuyer de Tétrik qui t'a envoyée dans cette maison sous les traits de Mora la Moresque?... Tu as teint ton visage pour te rendre méconnaissable?

— Oui.

— Tu devais épier, et un jour empoisonner ta maîtresse?... Tu te tais? tu veux mourir...

— Tue-moi !

— Si tu as un Dieu... si ton âme infernale ose l'implorer en ce moment suprême, implore-le... tu n'as plus qu'un instant à vivre...

— Aie pitié de moi !...

— Avoue ton crime... tu l'as commis par ordre de Tétrik?

— Oui.

— Quand... comment t'a-t-il donné l'ordre d'exécuter ce crime?

— Lorsque je suis rentrée... après en avoir donné l'ordre, d'aller quérir le capitaine Paul, afin de s'assurer de la personne de Tétrik...

— Et le poison... tu l'as mis dans le breuvage que tu as présenté à ta maîtresse?

— Oui.

— Ce jour-là même, — ajoutai-je, car les souvenirs me revenaient en foule, — lorsque je t'ai envoyée chercher ma femme, tu as dérobé sur ma table un parchemin écrit par moi?

— Oui, par ordre de Tétrik... Il avait entendu parler de ce parchemin à Victoria...

— Pourquoi, le crime commis, es-tu restée dans cette maison jusqu'à ce jour?

— Afin de ne pas éveiller les soupçons.

— Qui t'a portée à empoisonner ta maîtresse?

— Le don de ces pierreries, dont je m'amusais à me parer lorsque tu es entré... Je me croyais seule pour la nuit.

— Tétrik a failli mourir par le poison... Crois-tu son écuyer coupable de ce crime?

— Tout poison a son contre-poison, — me répondit la Bohémienne avec un sourire sinistre. — Celui qui en frappant paraît aussi frappé, éloigne de lui tout soupçon...

La réponse de cette femme fut pour moi un trait de lumière... Tétrik, par une ruse infernale, et sans doute garanti de la mort grâce à un antidote, avait pris assez de poison pour paraître partager le sort de Victoria, en exagérant d'ailleurs les apparences du mal.

Saisir une écharpe sur le lit, et, malgré la résistance de la Bohémienne, lui lier les mains et l'enfermer ensuite dans la salle basse, ce fut pour moi l'affaire d'un moment... Je courus aussitôt chez le général de l'armée... Parvenant à grand'peine jusqu'à lui, à cette heure avancée de la nuit, je lui racontai les aveux de Kidda. Il haussa les épaules d'un air mécontent, et me dit :

— Toujours cette idée fixe... Ton cerveau est complétement dérangé... M'éveiller pour me conter de pareilles folies!... Tu choisis d'ailleurs mal ton moment pour accuser le vénérable Tétrik : hier soir il a quitté Trèves pour retourner à Bordeaux.

Le départ de Tétrik était funeste... Cependant j'insistai si vivement auprès du général, je lui parlai avec tant de chaleur et de raison, qu'il consentit à me faire accompagner par un de ses officiers, chargé de recueillir les aveux de la Bohémienne... Lui et moi, nous arrivâmes en hâte au logis... J'ouvris la porte de la salle basse, où j'avais laissé Kidda garrottée... Sans doute elle avait rongé l'écharpe avec ses dents et pris la fuite par une fenêtre encore ouverte et donnant sur le jardin... Dans mon trouble et ma précipitation, je n'avais pas songé à cette issue...

— Pauvre Scanvoch! — me dit l'officier avec compassion, — le chagrin te rend visionnaire... tu es complétement fou...

Et sans vouloir m'écouter davantage il me quitta.

La volonté des dieux s'accomplit... Je renonçai à l'espoir de dévoiler les forfaits de Tétrik... Le lendemain, je quittai avec toi et Sampso, ta seconde mère, mon enfant, la ville de Trèves pour la Bretagne.

— Tu liras, hélas! non sans tristesse et crainte pour l'avenir, mon enfant, les quelques lignes qui terminent ce récit; tu y verras comment notre vieille Gaule, redevenue libre après trois siècles de luttes, redevenue grande et puissante sous l'influence de Victoria, devait être de nouveau, non plus soumise, mais du moins inféodée aux empereurs romains par l'infâme trahison de Tétrik!

Voyant ses projets de mariage et d'usurpation, sous les auspices des évêques, repoussés par la mère des camps, ce monstre l'avait fait empoisonner... Seule, elle aurait pu, par son abjuration et par son union avec lui, frayer à son ambition le chemin de l'empire héréditaire des

Gaules... Victoria morte, il reconnut l'impuissance de ses projets ; bientôt même il sentit que, n'étant plus soutenu par la sagesse et par la souveraine influence de cette femme auguste, il s'amoindrissait dans l'affection du peuple et de l'armée. Perdant chaque jour son ancien prestige, prévoyant sa prochaine déchéance, il songea dès lors à accomplir l'une des deux trahisons dont je l'avais toujours soupçonné. Il travailla, dans l'ombre, à replacer la Gaule, alors complétement indépendante, sous le pouvoir des empereurs de Rome. Longtemps à l'avance, et par mille moyens ténébreux, il sema des germes de discordes civiles dans le pays ; en le divisant, il l'affaiblit ; il sut réveiller les anciennes jalousies de province à province, depuis longtemps apaisées ; il suscita, par des préférences et des injustices calculées, d'ardentes rivalités entre les généraux et les différents corps de l'armée ; puis, l'heure de la trahison sonnée, il écrivit secrètement à Aurélien, empereur romain :

« Le moment d'attaquer la Gaule est arrivé ; vous aurez facilement » raison d'un peuple affaibli par les divisions, et d'une armée dont » les divers corps se jalousent... Je vous ferai connaître d'avance la » disposition des troupes gauloises et tous les mouvements qu'elles » doivent faire, afin d'assurer votre triomphe (K). »

Les deux armées se rencontrèrent sur les bords de la Marne, dans la vaste plaine de Châlons (L). Au plus fort de l'action, Tétrik, selon sa promesse, se portant en avant avec le principal corps d'armée, se fit couper et envelopper par les Romains, tandis que les légions du Rhin combattaient avec leur valeur accoutumée ; mais, prévenues dans leurs manœuvres, écrasées par le nombre, elles furent anéanties... Tétrik et son fils se réfugièrent dans le camp ennemi. Notre armée détruite, notre pays divisé, ainsi qu'aux plus tristes jours de notre histoire, rendirent aux Romains la victoire facile... La Gaule, complétement libre depuis tant d'années, redevint une province romaine. L'empereur *Aurélien*, comme autrefois *César*, pour glorifier ce grand événement, fit une entrée solennelle au Capitole... Tous les captifs, ramenés par cet empereur de ses longues guerres d'Asie, défilèrent devant son char. Parmi eux, on vit la reine d'Orient, l'héroïque émule de Victoria... *Zénobie*, chargée de chaînes d'or rivées au carcan d'or qu'elle portait au cou. Après Zénobie venait Tétrik, le dernier chef de la Gaule avant qu'elle fût redevenue province romaine; lui et son fils marchaient libres, le front haut, malgré leur trahison infâme; ils portaient de longs manteaux de pourpre, une tunique et des braies de soie (M). Ils représentaient, dans ce cortége, la récente soumission des Gaulois à Aurélien, empereur.

Hélas! mon enfant, les récits de nos pères t'apprendront qu'autrefois, il y a trois siècles, un Gaulois marchait aussi devant le char triomphal de César... Ce Gaulois ne s'avançait pas splendidement vêtu, l'air audacieux et souriant à son vainqueur; non, ce captif chargé de chaînes, couvert de haillons, se soutenant à peine, sortait de son cachot; il y avait langui pendant quatre ans, après avoir défendu pied à pied la liberté de la Gaule contre les armes victorieuses du grand César... Ce captif, l'un des plus héroïques martyrs de la patrie, de notre indépendance, se nommait VERCINGÉTORIX, *le chef des cent vallées*...

Après le triomphe de César, le vaillant défenseur de la Gaule eut la tête tranchée...

Après le triomphe d'Aurélien, Tétrik, ce renégat qui avait livré son pays à l'étranger, fut conduit avec pompe dans un palais splendide, prix de sa trahison sacrilége...

Que ce rapprochement ne te fasse pas douter de la vertu, mon enfant; la justice de Hésus est éternelle, et les traîtres, pour leur punition, iront revivre ailleurs qu'ici...

. . . .

Tels sont les événements qui se sont passés en Gaule après la mort de Victoria la Grande, pendant que, retirés ici, au fond de la Bretagne, dans les champs de nos pères, rachetés par moi aux descendants d'un colon romain, nous vivons paisibles avec ta seconde mère, mon enfant ; la Gaule est, il est vrai, redevenue province romaine ; mais toutes nos libertés, si chèrement reconquises par nos insurrections sans nombre et payées du sang de nos pères, nous sont conservées : nul n'aurait osé, nul n'oserait maintenant nous les ravir... Nous gardons nos lois, nos coutumes ; nous jouissons de tous nos droits de citoyens ; notre incorporation à l'empire, l'impôt que nous payons au fisc et notre nom de *Gaule romaine*, tels sont les seuls signes de notre dépendance. Cette chaîne, si légère qu'elle soit, est cependant une chaîne ; nous ou nos fils, nous la briserons facilement un jour, je le crois... là n'est pas le péril que je redoute pour notre pays... non, ce péril, si j'en crois les dernières et effrayantes prédictions de Victoria... ce péril qui m'épouvante pour l'avenir, je le vois dans cet amas de hordes frankes, toujours, toujours grossissant de l'autre côté du Rhin... je le vois dans les ténébreuses machinations des évêques de la nouvelle religion...

. . . .

Or donc, moi, Scanvoch, pour obéir aux volontés de notre aïeul Joel, *le brenn de la tribu de Karnak*, j'ai écrit ce récit pour toi, mon fils Aëlguen, dans notre maison, située près des pierres sacrées de la forêt de Karnak.

Ce récit, tracé à plusieurs reprises, je l'ai terminé pendant la vingtième année de ton âge, environ deux cent quatre-vingts ans après que notre aïeule Geneviève a vu mourir sur la croix le *jeune homme de Nazareth...*

Si quelques événements venaient troubler la vie laborieuse et paisible dont nous jouissons, grâce à la sollicitude de Victoria la Grande, j'écrirais plus tard, sur ce parchemin, d'autres événements.

La mort est souvent soudaine et proche ; demain appartient à Hésus ; je te lègue donc, dès aujourd'hui, à toi, mon fils Aëlguen, ces récits et les reliques de notre famille :

La Faucille d'or *de notre aïeule Hêna ;*

Le Morceau de collier de fer *de notre aïeul Sylvest ;*

La Croix d'argent *de notre aïeule Geneviève;*

Et enfin l'Alouette de casque *de ma sœur de lait, Victoria la Grande.*

Tu légueras ceci à ta descendance pour obéir aux dernières volontés de notre aïeul Joël.

FIN DE L'ALOUETTE DE CASQUE.

Moi, Aëlguen, fils de Scanvoch, mort en paix dans notre maison, située près des pierres sacrées de la forêt de Karnak, je te lègue, à toi mon fils aîné Roderik, je te lègue ces récits de notre famille et nos pieuses reliques, afin que tu les transmettes aussi à notre descendance. Ces récits, tu les augmenteras si quelques événements graves viennent agiter ta vie; jusqu'ici la mienne a été calme, heureuse; je cultive avec nos parents les champs paternels dont nous sommes redevenus possesseurs, grâce à la sœur de lait de mon père, Victoria la Grande. Les sinistres prédictions de cette femme illustre ne se sont pas réalisées, puissent-elles ne se réaliser jamais! la Gaule relève toujours des empereurs romains; de rares voyageurs, qui parfois pénètrent jusqu'au fond de notre vieille Armorique, nous ont dit qu'il y avait eu dans les autres provinces de grands soulèvements populaires sous le nom de *Bagaudies*. Peu d'années avant la mort de mon père Scanvoch, qui est allé revivre ailleurs, deux cent quatre-vingts ans après que notre aïeule Geneviève a eu vu mourir Jésus de Nazareth, la Bretagne est restée étrangère à ces révoltes de *Bagaudes;* elle jouit d'une tranquillité profonde; l'impôt que nous payons au fisc des empereurs n'est pas trop lourd, et nous vivons paisibles, laborieux et libres.

Plusieurs de nos aïeux, autrefois soumis à l'horrible esclavage de Rome, plongés dans l'ignorance et le malheur, ont fait écrire ou ont écrit sur nos parchemins que telle était la pesante uniformité de leurs jours passés de l'aube au soir dans un labeur écrasant, qu'ils n'avaient rien à inscrire sur notre légende, sinon : *je suis né, j'ai vécu, je mourrai dans les douleurs de l'esclavage :* fassent les dieux que le bonheur des générations qui succéderont à la nôtre soit aussi d'une telle uniformité que chacun de nos descendants puisse de même que moi n'avoir rien à ajouter à notre chronique, sinon ceci que j'écris en terminant :

« J'ai vécu heureux, paisible et obscur, dans notre Bretagne ar-
» moricaine, en cultivant avec ma famille nos champs paternels ; je
» quitterai ce monde sans crainte et sans regret lorsque Hésus m'ap-
» pellera pour aller revivre dans les mondes inconnus. »

A toi donc, mon bien-aimé fils aîné Roderik, moi Aëlguen, fils de Scanvoch, arrivé à la soixante-huitième année de mon âge, je lègue ces récits et ces reliques de notre famille ; ignorant si Hésus doit me laisser encore quelques années à vivre, j'accomplis aujourd'hui le vœu de notre aïeul Joel, le brenn de la tribu de Karnak.

Moi, Roderik, fils d'Aëlguen, mort trois cent quarante ans après que notre aïeule Geneviève a vu mourir Jésus de Nazareth, j'écris ici selon que l'avait espéré mon père :

« — Jusqu'à ce jour j'ai vécu paisible, heureux et obscur dans
» notre Bretagne armoricaine, cultivant avec ma famille les champs
» de nos pères ; je puis quitter ce monde sans crainte et sans regret
» lorsque Hésus m'appellera pour aller revivre dans les mondes in-
» connus. »

Puisses-tu, mon fils Amaël, n'avoir non plus que moi et ton grand-père Aëlguen à augmenter du récit de tes malheurs ou de l'agitation de ta vie notre légende, que je te transmets avec nos pieuses reliques pour obéir aux derniers vœux de notre aïeul Joel.

Moi, Gildas, fils d'Amaël, j'écris ici bien tristement ces lignes, trois cent soixante-quinze ans après la mort de Jésus. Mon père avait toujours reculé d'année en année le jour où il ajouterait quelques mots à notre légende, n'ayant non plus que mon grand-père Roderik à transmettre à notre descendance que le souvenir d'une vie obscure, laborieuse et paisible... Il y a deux jours, mon père est mort dans notre maison, près de Karnak, après une courte maladie... Avant de quitter ce monde-ci pour aller revivre ailleurs, il m'a légué ces parchemins et ces pieuses reliques de notre famille...

J'ai dix-huit ans... si ma vie ne s'écoule pas calme et heureuse comme celle de mon père et de mon aïeul, j'écrirai ici en très-grande sincérité le bien ou le mal, afin d'obéir aux dernières volontés de notre ancêtre JOEL, *le brenn de la tribu de Karnak*, et je léguerai à notre descendance ces reliques laissées par mes aïeux :

*La Faucille d'or d'*HÊNA, *la Clochette d'airain de* GUILHERN, *le Collier de fer de* SYLVEST, *la Croix d'argent de* GENEVIÈVE, et *l'Alouette de casque de* SCANVOCH.

LA GARDE DU POIGNARD.

KARADEUK LE BAGAUDE ET RONAN LE VAGRE.

PROLOGUE.

LES KORRIGANS. — 395-529.

Le vieil Araïm. — Danse magique des *Korrigans* et des *Dûs*. — Le colporteur. — Le roi Hlod-Wig et ses crimes. — Sa femme Chrotechild. — La basilique des saints apôtres à Paris. — *Bagaudes* et *Bagaudie*. — Karadeuk, favori du vieil Araïm, veut rencontrer les *Korrigans*.—Ce qu'il en advient.

Ils ont parfois la vie longue, les descendants du bon Joel, qui vivait en ces mêmes lieux, près les pierres sacrées de la forêt de Karnak, il y a cinq cent cinquante ans et plus. Oui, ils ont parfois la vie longue, les descendants du bon Joel, puisque moi, Araïm, qui aujourd'hui écris ceci dans ma soixante-dix-septième année, j'ai vu mourir, il y a cinquante-six ans, mon grand-père *Gildas*, alors âgé de quatre-vingt-seize ans... après avoir tracé dans sa première jeunesse, sur notre légende, les dernières lignes qui précèdent celles-ci.

Mon grand-père Gildas a vu mourir son fils *Goridek* (mon père); j'avais dix ans lorsque je l'ai perdu; neuf ans apres, mon aïeul est mort... Plus tard, je me suis marié; j'ai survécu à ma femme *Martha*, et j'ai vu mon fils *Jocelyn* devenir père à son tour : il a aujourd'hui une fille et deux garçons; la fille s'appelle *Roselyk;* elle a dix-huit ans; l'aîné des garçons, *Kervan*, a trois ans de plus que sa sœur; le plus jeune, *Karadeuk*, mon favori, a dix-sept ans.

Lorsque tu liras ceci, mon fils Jocelyn, tu diras sans doute :

« Pourquoi donc mon bisaïeul Gildas n'a-t-il écrit rien autre chose » dans notre chronique que la date de la mort de son père *Amaël?* » Pourquoi donc mon grand-père Goridek n'a-t-il rien écrit non plus? » Pourquoi donc enfin mon père *Araïm* a-t-il attendu si tard... si » tard... pour accomplir le vœu du bon Joel, notre ancêtre? »

A ceci, mon fils Jocelyn, je répondrai :

Ton bisaïeul Gildas avait l'horreur des écritoires et des parchemins; de plus, ainsi que son père Amaël, il avait coutume de remettre toujours au lendemain ce qu'il pouvait se dispenser de faire le jour. Sa vie de laboureur n'était d'ailleurs ni moins paisible, ni moins laborieuse que celle de nos pères, depuis le retour de Scanvoch au berceau de notre famille, après qu'un si grand nombre de nos générations en avaient été éloignées par les dures vicissitudes de la conquête romaine et de l'esclavage antique. Ton bisaïeul Gildas disait d'habitude à mon père :

« J'aurai toujours le temps d'ajouter quelques lignes à notre lé- » gende; et puis, il me paraît (et c'est sottise, je l'avoue,) qu'écrire : » *J'ai vécu*, cela ressemble beaucoup à écrire : *Je vais mourir*... Or, » moi, je suis si heureux, que je tiens à la vie ni moins ni plus que » les huîtres de nos côtes tiennent à leurs rochers. »

C'est ainsi que, de demain en demain, ton bisaïeul Gildas est arrivé jusqu'à quatre-vingt-seize ans sans avoir augmenté d'un mot l'histoire de notre famille... Alors, se voyant mourir, il m'a dit :

— Mon enfant, tu écriras seulement ceci sur notre légende :

« Mon grand-père Gildas et mon père Goridek ont vécu dans notre » maison, calmes, heureux, en bons laboureurs, fidèles à l'amour » de la vieille Gaule et à la foi de leurs pères, bénissant Hésus de » les avoir fait naître et mourir au fond de la Bretagne, seule pro- » vince où depuis tant d'années l'on n'aie presque jamais ressenti » les secousses qui ébranlent le reste de la Gaule, car ces agitations » sont venues mourir aux frontières impénétrables de l'Armorique » bretonne, comme les vagues furieuses de notre Océan viennent se » briser au pied de nos rocs de granit. »

Voilà donc, mon fils Jocelyn, pourquoi ni ton aïeul, ni son fils Goridek, n'ont pas écrit un mot sur nos parchemins.

« — Et pourquoi, — diras-tu, — vous, Araïm, vous, mon père, » si vieux déjà, ayant fils et petit-fils, pourquoi avez-vous payé si tard » votre tribut à notre chronique? »

— Il y a deux raisons à ce retard, mon fils Jocelyn : la première est que je n'avais *pas assez* à dire, la seconde est que j'aurais eu *trop* à dire.

« — Bon, — penseras-tu en lisant ceci, — le grand âge a trou- » blé la raison du vieil Araïm ; ne dit-il pas avoir à la fois *trop* et » *trop peu* à raconter? est-ce raisonnable? S'il a trop, il a assez... s'il » n'a pas assez, il n'a point trop... »

— Attends un peu, mon garçon... ne te hâte pas de croire que le bon vieux père tombe en enfance... Or, voilà comment j'ai à la fois *trop* et *point assez* à écrire dans notre légende.

En ce qui touche ma vie à moi, vieux laboureur, je n'ai pas, non plus que nos aïeux, depuis Scanvoch, assez à raconter; car, en vérité, voyez un peu l'intéressant et beau récit :

L'an passé les semailles d'automne ont été plus plantureuses que les semailles d'hiver; cet an-ci, c'est le contraire; ou bien, la grande *taure* noire donne quotidiennement six pintes de plus de lait que la grosse *taure* poil de loup; ou bien, l'aignelée de janvier est plus laineuse que l'aignelée de mars de l'an dernier; ou bien encore, l'an passé, le froment était si cher, si cher, qu'un *muids* de blé vieux se vendait *douze à treize deniers*[1]; de ce temps-ci, le prix des bestiaux et des volailles s'en va toujours augmentant, puisque nous payons maintenant un bœuf de travail *deux sous d'or*[2]; une vache laitière, *un sou d'or;* un cheval de trait, *six sous d'or*... Voire encore : notre descendance ne sera-t-elle point fort aise de savoir qu'en ce temps-ci un porc, très en chair, vaut, en automne, *douze deniers*[3], ni plus ni moins qu'un maître bélier? et que notre dernière bande de cent oies grasses a été vendue cet hiver, au marché de Vannes, *une livre d'argent pesant*[4]? La voilà-t-il pas bien avisée, notre descendance, quand elle saura que les journaliers que nous prenons en la moisson, nous les payons un denier par jour[5]? Oui, voilà-t-il pas de beaux et curieux récits à lui laisser, à notre race?

D'autre part, en sera-t-elle plus fière, quand je lui dirai : Ce qui fait ma fierté, à moi, c'est de penser qu'il n'est point de plus fin laboureur que mon fils Jocelyn, de meilleure ménagère que sa femme *Madalèn*, de plus douce créature que ma petite-fille Roselyk, de plus beaux et de plus hardis garçons que mes petits-fils Kervan et Karadeuk; celui-ci surtout, le dernier né, mon favori! vrai démon de gentillesse, de malice et de courage... Il faut le voir, à dix-sept ans, dompter les poulains sauvages de nos prairies, plonger dans la mer comme un poisson, ne pas perdre une flèche sur dix lorsqu'il tire au vol des corbeaux de mer sur la grève pendant la tempête... et quand il vous manie le *pèn-bas*, notre terrible bâton breton!... voire cinq ou six soldats, armés de lances ou d'épées, auraient plus de

[1] Le muids tenait à cette époque six cent vingt-six livres. — 12 à 13 deniers valaient 28 à 30 livres de notre monnaie actuelle.

[2] Le sou d'or valait 90 livres. — [3] Douze deniers, 28 livres. — [4] Une livre d'argent pesant valait 563 livres. — [5] Un denier, 2 livres 7 sous. — Voir le beau travail du savant M. *Guérard*, sur le POLYPTIQUE D'IRMINON (1er vol., p. 147 et suivantes). Nous citerons souvent dans les notes cet excellent ouvrage d'une immense érudition.

horions que de plaisir s'ils s'y frottaient, au pèn-bas de mon Karadeuk... Il est si robuste, si agile, si dextre! et puis si beau, avec ses cheveux blonds coupés en rond, tombant sur le col de sa saie gauloise; ses yeux bleus de ciel et ses bonnes joues hâlées par l'air des champs et la brise de mer!...

Non, par les glorieux os du vieux Joel! non, il ne pouvait être plus fier de ses trois fils : Guilhern, le laboureur; Mikaël, l'armurier; Albinik, le marin; et de sa douce fille Hêna, la vierge de l'île de Sèn, île aujourd'hui déserte, qu'en ce moment, à travers ma fenêtre, je vois là-bas, là-bas... en haute mer, noyée dans la brume... Non, le bon Joel ne pouvait être plus fier de sa famille que moi, le vieil Araïm, je ne suis fier de mes petits-enfants!... Mais ses fils, à lui, ont vaillamment combattu ou sont morts pour la liberté; mais sa fille Hêna, dont le saint et doux nom a été jusqu'à aujourd'hui chanté de siècle en siècle, a offert vaillamment sa vie à Hésus pour le salut de la patrie, tandis que les enfants de mon fils mourront ici, obscurs comme leur père, dans ce coin de la Gaule; libres du moins ils mourront! puisque les Franks barbares, deux fois venus jusqu'aux frontières de notre Bretagne, n'ont osé y pénétrer : nos épaisses forêts, nos marais sans fonds, nos rochers inaccessibles, et nos rudes hommes, soulevés en armes à la voix toujours aimée de nos druides chrétiens ou non chrétiens, ont fait reculer ces féroces pillards, maîtres pourtant de nos autres provinces depuis près de quinze ans!

Hélas! elles se sont enfin réalisées après deux siècles, les sinistres divinations de la sœur de lait de notre aïeul Scanvoch! Victoria la Grande ne l'a que trop justement prédit... les Franks ont depuis longtemps conquis et asservi la Gaule, moins notre Armorique bretonne, grâce aux dieux...

Voilà pourquoi le vieux Araïm pensait que, comme père et comme Breton, son obscur bonheur ne méritait pas d'être relaté dans notre chronique, et qu'il avait, hélas! trop à écrire comme Gaulois... N'est-ce point *trop*, que d'écrire la défaite, la honte, l'esclavage de notre patrie commune, quoique nous soyons ici à l'abri des malheurs qui écrasent ailleurs nos frères ?

« — Alors, — diras-tu, mon fils Jocelyn, — puisque le vieil Araïm » a *trop* et *pas assez* à écrire dans cette légende, pourquoi avoir com» mencé ce récit plutôt aujourd'hui qu'hier ou demain ? »

Voici ma réponse, mon fils : Lis le récit suivant, que j'écris en ce moment, à la tombée de ce jour d'hiver, pendant que toi, ta femme et tes enfants, vous vous préparez à la veillée dans la grande salle de la métairie, attendant le retour de mon favori Karadeuk, parti à la chasse au point du jour pour rapporter une pièce de venaison... Lis ce récit, il te rappellera *la soirée d'hier*, mon fils Jocelyn, et t'apprendra aussi ce que tu ignores... et ensuite tu ne diras plus :

« — Pourquoi le bonhomme Araïm a-t-il écrit ceci aujourd'hui » plutôt qu'hier ou demain ? »

La neige et le givre de janvier tombent par rafales, le vent siffle, la mer gronde au loin et se brise jusque sur les pierres sacrées de Karnak... Il est quatre heures, pourtant voici déjà la nuit : le bétail affouragé est renfermé dans les chaudes étables ; les portes de la cour de la métairie sont closes, de peur des loups rôdeurs ; un bon feu flambe au foyer de la salle ; le vieux Araïm est assis dans son siége à bras, au coin de la cheminée, son grand chien fauve, à tête blanchie par l'âge, étendu à ses pieds... le bonhomme travaille à un filet pour la pêche ; son fils Jocelyn charonne un manche de charrue ; Kervan ajuste des attèles neuves à un joug ; Karadeuk aiguise sur une pierre de grès la pointe de ses flèches : la tempête durera jusqu'au matin et davantage, car le soleil s'est couché tout rouge derrière de gros nuages noirs qui enveloppaient l'île de Sên comme un brouillard. Or, quand le soleil se couche ainsi, et que le vent souffle de l'ouest, la tempête dure deux, trois, et parfois quatre ou cinq jours. Le lendemain matin Karadeuk ira donc tirer des corbeaux de mer sur la grève, quand ils raseront de leurs fortes ailes les vagues en furie... C'est le plaisir de ce garçon ; il est si adroit, mon petit-fils Karadeuk ! il est si bon archer, mon favori !... Pendant qu'il affûte ses flèches, sa mère et sa sœur Roselyk vont activement de çà, de là, préparant la table et les mets pour le repas du soir.

La mer gronde au loin comme un tonnerre, le vent souffle à ébranler la maison, le givre tombe dans la cheminée. Gronde, tempête ! souffle, vent de mer ! tombe, givre et neige ! Oh ! qu'il fait bon, qu'il fait bon d'entendre rugir cet ouragan, chargé de frimas, lorsqu'en famille on est joyeusement réuni dans sa maison autour d'un foyer flambant ! Et puis, les jeunes garçons et leurs sœurs disent à demi-voix de ces choses qui les font à la fois frissonner et sourire ; car, en vérité, depuis cent ans, on dirait que tous les lutins et toutes les fées de la Gaule se sont réfugiés en Bretagne... N'est-ce pas encore un plaisir que d'ouïr à la veillée, durant la tempête, ces merveilles, auxquelles on croit toujours un peu quand on ne les a point vues, et bien plus encore quand on les a vues ?

Et voici ce qu'ils se disaient, ces enfants : mon petit-fils Kervan commence en secouant la tête :

— Un voyageur égaré qui passerait cette nuit près la caverne de *Penmarch* entendrait, plus qu'il ne le voudrait, résonner les marteaux...

— Oui, des marteaux qui tombent en mesure, pendant que ces marteleurs du diable chantent leur chanson, dont le refrain est toujours : *Un, deux, trois, quatre, cinq, six, lundi, mardi, mercredi...*

— Ils ont même ajouté, dit-on : *Jeudi, vendredi* et *samedi*, jamais *dimanche*, le jour de la messe... des chrétiens (A).

— Bien heureux encore est le voyageur, si les petits Dûs, quittant leurs marteaux de faux monnayeurs pour la danse, ne le forcent pas, le malheureux, à se mêler à leur ronde, jusqu'à ce que pour lui mort s'ensuive...

— Quels dangereux démons pourtant, que ces Dûs, nains hauts de deux pieds à peine !... Il me semble les voir, avec leur figure vieillotte et ratatinée, leurs griffes de chat, leurs pieds de bouc et leurs yeux flamboyants : c'est à frissonner... rien que d'y penser...

— Prends garde, Roselyk, en voici un sous la huche... prends garde !...

— Que tu es imprudent de rire ainsi des Dûs, mon frère Karadeuk ! ces nains sont vindicatifs... je suis toute tremblante... j'ai failli laisser tomber ce plat...

— Moi, si je rencontrais une bande de ces petits bons hommes, je vous en prendrais deux ou trois paires que je lierais par les pattes comme des chevreaux... et en route pour quelque fondrière bien profonde...

— Oh ! toi, Karadeuk, tu n'as peur de rien...

— Il faut rendre justice aux petits Dûs, s'ils font de la fausse monnaie dans les cavernes de *Pen-March*, on les dit très-bons maréchaux et sans pareils pour la ferrure des chevaux.

— Oui... fiez-vous-y ; dès qu'un cheval a été ferré par l'un de ces nains endiablés, il jette du feu par les naseaux, et de courir... de courir sans plus jamais s'arrêter... jamais, ni jour ni nuit ; voyez un peu la figure de son cavalier !

— Mes enfants, quelle tempête ! quelle nuit !

— Bonne nuit pour les petits Dûs, ma mère ; ils aiment l'orage et les ténèbres, mais mauvaise nuit pour les jolies petites Korrigans (B) qui n'aiment que les douces nuits du mois de mai...

— Certes, moi, j'ai grand'peur de ces nains, velus, griffus, avec leur bourse de fausse monnaie à la ceinture, et leur marteau de forgeron sur l'épaule ; mais j'aurais plus grand'peur encore de rencontrer au bord d'une fontaine solitaire une Korrigan, haute de deux pieds, peignant en se mirant dans l'eau claire ses blonds cheveux, dont elles sont si glorieuses.

— Quoi ! peur de ces jolies petites fées, mon frère Kervan ! moi, au contraire, souvent j'ai tâché d'en rencontrer. On assure qu'elles se rassemblent à la fontaine de *Lyrwac'h-Hèn*, au plus épais du grand bois de chênes qui ombragent des pierres druidiques... trois fois j'y suis allé... trois fois je n'ai rien vu...

— Heureusement pour toi tu n'as rien vu, Karadeuk; car on dit que c'est toujours près des pierres sacrées que se réunissent les Korrigans pour leurs danses nocturnes : malheur à qui les rencontre...

— Il paraît qu'elles sont fort curieuses de musique, et qu'elles chantent comme des rossignols.

— On dit aussi qu'elles sont gourmandes?

— Les Korrigans, gourmandes?

— Comme des chattes... oui, Karadeuk, tu as beau rire... tu dois me croire, je ne suis point menteuse : le bruit court que dans leurs fêtes de nuit elles étendent sur le gazon, toujours au bord d'une fontaine, une nappe blanche comme la neige, et tissée de ces légers fils qu'on voit l'été sur les prairies. Au milieu de la nappe, elles mettent une coupe de cristal, remplie d'une liqueur merveilleuse, qui répand une clarté si vive, si vive qu'elle sert de flambeau à ces fées... L'on ajoute qu'une goutte de cette liqueur rendrait aussi savant que Dieu (C).

— Et que mangent-elles sur leur nappe d'un blanc de neige, les Korrigans? le sais-tu, Karadeuk, toi qui les aimes tant?

— Chères petites ! leur corps rose et transparent, à peine haut de deux pieds, n'est pas gros à nourrir... Ma sœur Roselyk les dit gourmandes... Que mangent-elles donc? le suc des fleurs de nuit, servies sur des feuilles d'*herbe d'or?*

— L'herbe d'or?... cette herbe magique qui, si on la foule par mégarde, vous endort et vous donne connaissance de la langue des oiseaux (D).

— Celle-là même.

— Et que boivent-elles, les Korrigans?

— La rosée du ciel dans la coquille azurée des œufs du roitelet... voyez-vous les ivrognesses ? Mais au moindre bruit humain...

tout s'évanouit, elles disparaissent dans la fontaine pour retourner au fond de l'onde, dans leur palais de cristal et de corail... c'est afin de pouvoir ainsi se sauver des hommes qu'elles restent toujours au bord des eaux. O gentilles naines... belles petites fées... ne vous verrai-je donc jamais! je donnerais dix ans, vingt ans de ma vie pour rencontrer une Korrigan!...

— Karadeuk, mon enfant, ne faites pas de ces vœux impies par une pareille nuit de tempête... cela porte malheur... jamais je n'ai entendu la mer en furie gronder ainsi... c'est comme un tonnerre...

— Ma bonne mère, je braverais nuit, tempête et tonnerre pour voir une Korrigan...

— Taisez-vous, méchant enfant... taisez-vous, vous m'effrayez... ne parlez pas ainsi... c'est tenter Dieu!

— Quel aventureux et hardi garçon tu fais, mon petit-fils...

— Grand-père, blâmez donc aussi mon frère Karadeuk, au lieu de l'encourager dans ses désirs périlleux... Ne savez-vous pas...

— Quoi! ma blonde Roselyk?

— Hélas! grand-père, les Korrigans volent les enfants des pauvres mères, et mettent à leur place de petits monstres; la chanson le dit.

— Voyons la chanson, ma Roselyk.

— La voici, grand-père :

« — *Mary*, la belle, est bien affligée; elle a perdu son petit *Laoïk;*
» la Korrigan l'a emporté.

» — En allant à la fontaine puiser de l'eau, je laissai mon Laoïk
» dans son berceau; quand je revins à la maison, il était bien loin.

» — Et à sa place la Korrigan avait mis ce monstre; sa face est

» aussi rousse que celle d'un crapaud; il égratigne, il mord sans » dire mot.

» — Et toujours il demande à téter, et il a sept ans passés, et il » demande encore à téter.

» — Mary, la belle, est bien affligée; elle a perdu son petit Laoïk; » la Korrigan l'a emporté (E). »

— Telle est la chanson, grand-père. Maintenant, mon frère Karadeuk voudra-t-il rencontrer ces méchantes Korrigans, ces voleuses d'enfants?

— Qu'as-tu à répondre pour défendre tes fées, Karadeuk, mon favori?

— Grand-père, ma gentille sœur Roselyk a été abusée par de mauvaises langues; toutes les mères qui ont de laids marmots crient qu'elles avaient un ange au berceau, et que les Korrigans ont mis en place un petit monstre!

— Bien trouvé, mon petit-fils!

— Je soutiens, moi, que les Korrigans sont au contraire avenantes et serviables... Vous savez, grand-père, le vallon de l'Hellè?

— Oui, mon intrépide.

— Il y avait autrefois les plus beaux foins du monde dans ce vallon...

— C'est la vérité : — Foin de l'Hellè, foin parfumé, — dit le proverbe.

— Or, c'était grâce aux Korrigans...

— Vraiment! conte-moi ça...

— Le temps de la fauchaison et de la fenaison venu, elles arrivaient sur la cime des rochers du vallon pour veiller sur les prés... avaient-ils, pendant le jour, trop séché, les Korrigans y faisaient tomber une abondante rosée... Le foin était-il coupé, elles éloignaient les nuées qui auraient pu gâter la fenaison... Un sot et méchant évêque voulut chasser ces gentilles petites fées si secourables ; il fit, à la tombée du jour, allumer un grand feu de bruyère sur les rochers ; puis, quand ils furent très-chauds, on balaya la cendre... La nuit venue, les Korrigans ne se doutant de rien, arrivent pour veiller aux prés ; mais aussitôt elles se brûlent leurs petits pieds sur la roche ardente... Alors elles se sont écriées en pleurant : *Oh! méchant monde! oh! méchant monde!...* Et depuis, elles ne sont plus jamais revenues, aussi dès lors, le foin a toujours été pourri par la pluie ou desséché par le soleil dans le vallon de l'Hellè... Voilà ce que c'est que de faire du mal aux petites Korrigans... Non, je ne mourrai pas content si je n'en ai rencontré une...

— Mes enfants, mes enfants, ne croyez pas à ces magies, et surtout ne désirez pas en être témoins, cela porte malheur...

— Quoi, mère, parce que je désire voir une Korrigan, il m'arriverait malheur?... quel malheur?

— Hésus le sait, méchant enfant... tenez, vos paroles me serrent le cœur...

— Quelle tempête! quelle tempête! la maison en tremble...

— Et c'est par une nuit pareille que Karadeuk ose dire qu'il donnerait sa vie pour voir des Korrigans...

— Allons, chère femme, cette alarme est faiblesse.

— Les mères sont faibles et craintives, Jocelyn... Il ne faut pas tenter Dieu...

Le vieil Araïm cesse un moment de travailler à son filet ; sa tête se baisse sur sa poitrine... il rêve.

— Qu'avez-vous, mon père? vous voici tout pensif! Croyez-vous, comme Madalèn, qu'un malheur menace Karadeuk, parce que, par une nuit de tempête, il a voulu voir une Korrigan?

— Je pense, non point aux fées, mais à cette nuit de tempête, Jocelyn... Je t'ai lu, ainsi qu'à tes enfants, les récits de notre aïeul Joel, qui vivait il y a cinq cents et tant d'années, sinon dans cette maison, du moins dans ces lieux où nous sommes.

— Oui, mon père.

— Sais-tu à quoi je suis là songeant?

— A quoi donc, grand-père?

— A quoi? dis-tu, mon Karadeuk, mon adroit archer? Je songeais que par un pareil jour de tempête, le bon Joel et son fils, avides de récits, comme de curieux Gaulois qu'ils étaient...

— Ont fait ce bon tour d'arrêter un voyageur dans la cavée du *Chraig'h* (j'y suis encore passé ce matin, dit Kervan); puis ils ont garrotté cet étranger, et l'ont amené à la maison pour l'entendre raconter...

— Et ce voyageur, c'était le *chef des cent vallées*... un martyr! un héros!...

— Oh! oh! comme tes yeux brillent en parlant ainsi, Karadeuk, mon favori...

— S'ils brillent, grand-père, c'est qu'ils sont humides... Quand j'entends parler du *chef des cent vallées*, les larmes me viennent aux yeux.

— Qu'est-ce que cela, mon père? Voyez donc, votre vieil *Erer* gronde entre ses dents et dresse les oreilles.

— Grand-père, entendez-vous aboyer les chiens de garde?

— Il faut qu'il se passe quelque chose au dehors de la maison...

— Hélas! si les dieux veulent punir mon fils de son désir audacieux, leur colère ne se fait pas attendre... Karadeuk, venez, venez près de moi...

— Quoi! Madalèn... te voici pleurant et embrassant ton fils, comme si quelque malheur le menaçait... Allons, chère femme, plus de raison.

— N'entends-tu pas les aboiements redoublés des chiens au dehors? Tiens, voici Erer qui court en grondant vers la porte... Je vous dis qu'il se passe quelque chose de sinistre autour de la maison...

— Ne crains rien, mère, c'est un loup qui rôde... A moi mon arc!

— Karadeuk, ne bougez pas... Non, moi, votre mère, je vous le défends...

— Ma chère Madalèn, ne tremblez pas ainsi pour votre fils, ni toi non plus pour ton frère, ma douce Roselyk... Peut-être vaut-il mieux ne point braver les lutins et les fées en une nuit de tempête, mais vos craintes son vaines... D'abord ce n'est pas un loup qui rôde au dehors; il y a longtemps que le vieux Erer mordrait les ais de la porte pour aller recevoir ce mauvais hôte...

— Mon père a raison... c'est peut-être un étranger égaré.

— Viens, Kervan, viens, mon frère, allons à la porte de la cour voir ce que c'est...

— Mon fils, restez près de moi...

— Mais, ma mère, je ne peux laisser mon frère Kervan aller seul.

— Écoutez... écoutez... il me semble entendre, au milieu du vent, une voix appeler... ou crier...

— Hélas ! ma bonne mère, un malheur menace notre maison... vous l'avez dit...

— Roselyk, mon enfant, n'augmente pas ainsi la frayeur de ta mère... Qu'y a-t-il d'étonnant à ce qu'un voyageur appelle du dehors pour qu'on lui ouvre la porte...

— Ces cris n'ont rien d'humain... je me sens glacée de frayeur...

— Viens avec moi, Kervan, puisque ta mère veut garder Karadeuk auprès d'elle... Quoique le pays soit tranquille, donne-moi mon *pèn-bas*, et prends le tien, mon garçon.

— Mon mari, mon fils, je vous en conjure, ne sortez pas !... ne sortez pas !

— Chère femme... Et si un étranger est au dehors par un temps pareil ?... viens, Kervan...

— Hélas ! je vous le dis... les cris que j'ai entendus n'avaient rien d'humain... Kervan ! Jocelyn !... Ils ne m'écoutent pas... les voilà partis... hélas !... hélas !...

— Mon père et mon frère vont au danger, s'il y en a, et moi je reste ici...

— Ne frappez pas ainsi du pied, méchant enfant! Peut-être êtes vous cause de tout le mal, avec vos vœux impies...

— Calmez-vous, Madalèn... et vous, mon favori, ne prenez point, s'il vous plaît, de ces airs de poulain sauvage regimbant contre ses entraves, et, sans murmurer, obéissez à votre mère...

— J'entends des pas... on approche... Oh! grand-père!...

— Eh bien, ma douce Roselyk, pourquoi trembler? quoi d'effrayant dans ces pas qui s'approchent? Bon, voici maintenant au dehors de grands éclats de rire... Êtes-vous rassurée, Madalèn?

— Des éclats de rire... pendant une pareille nuit!

— Sont très-effrayants, n'est-ce pas, Roselyk, surtout lorsque les rieurs sont ton père et ton frère? Tiens, les voici. Eh bien, mes enfants, pourquoi si joyeux?

— Ce malheur, qui menaçait la maison...

— Ces cris, qui n'avaient rien d'humain...

— Achevez donc, avec vos rires... Voire! le père est aussi fou que le fils... Parlerez-vous enfin?

— Ce grand malheur, c'est un pauvre colporteur égaré...

— Cette voix surhumaine, c'était la sienne...

Et le père et le fils de rire, il faut l'avouer, comme gens enchantés d'être rassurés. La mère, pourtant, toujours inquiète, ne riait point; mais les jeunes garçons, mais la jeune fille, mais Jocelyn lui-même, tous de s'écrier joyeux :

— Un colporteur! un colporteur!...

— Il a des rubans jolis et de fines aiguilles.

— Des fers pour les flèches, des cordes pour les arcs.

(Qui peut parler ainsi, sinon Karadeuk, mon favori, l'adroit archer.)

— Des ciseaux pour tondre les brebis.

— Des hameçons pour la pêche, puisqu'il vient sur la côte.

— Et il nous racontera ce qu'il sait des contrées lointaines, s'il vient de loin.

— Où est-il donc? où est-il donc, ce bon colporteur qu'Hésus nous envoie par cette longue veillée d'hiver?

— Quel bonheur de voir en détail toutes ses marchandises!

— Où est-il donc? où est-il donc?

— Il secoue sous le porche les frimas dont il est couvert.

— Bonne mère, tel est donc le malheur qui nous menaçait parce que je désire voir une Korrigan?

— Taisez-vous, mon fils... demain est à Dieu!

— Voici le colporteur! le voici...

C'était lui... Il secoua au seuil de la porte ses bottines de voyage, si couvertes de neige, qu'il semblait porter des chaussons blancs. Homme robuste, d'ailleurs, trapu, carré, dans la force de l'âge, à l'air jovial, ouvert et déterminé. Madalèn, toujours inquiète, ne le quittait point des yeux, et par deux fois elle fit signe à son fils de revenir à ses côtés; le colporteur, relevant le capuchon de son épaisse casaque où miroitait le givre, se débarrassa de sa *balle*, lourd fardeau qui semblait léger pour ses fortes épaules; puis, ôtant son bonnet de laine, il s'avança vers Araïm, le plus vieux de la maisonnée :

— Longue vie et heureux jours aux gens hospitaliers! c'est le vœu que fait pour toi et ta famille *Hêvin*, le colporteur. Je suis Breton; je m'en allais à Falgoët, lorsque la nuit et la tempête m'ont surpris sur la côte; j'ai vu au loin la lumière de cette demeure, je suis venu, j'ai appelé, l'on m'a ouvert... Encore une fois, merci aux gens hospitaliers...

— Madalèn, qu'avez-vous à rêver ainsi, pensive et triste? la bonne figure et les bonnes paroles de ce colporteur ne vous rassurent-elles pas? lui croyez-vous une Korrigan dans sa manche?

— Mon père, demain appartient à Dieu... Je me sens plus chagrine encore depuis l'entrée de cet étranger.

— Plus bas, parlez plus bas encore, chère fille; ce pauvre homme pourrait vous entendre et se chagriner... Ah! ces mères! ces mères!

Et s'adressant à l'étranger :

— Approche-toi du feu, brave porte-balle ; la nuit est rude. Karadeuk, en attendant le souper, un pot d'hydromel pour notre hôte.

— J'accepte, bon vieux père... le feu réchauffera le dehors, l'hydromel le dedans.

— Tu me parais un joyeux routier ?

— C'est la vérité ; la joie est ma compagne : si long, si rude que soit mon chemin, elle ne se lasse pas de me suivre.

— Tiens, bois...

— Salut à vous, bonne mère et douce fille, salut à vous tous...

Et faisant claquer sa langue contre son palais :

— Jamais je n'ai bu meilleur hydromel. L'hospitalité cordiale rend les meilleurs breuvages... meilleurs.

— Donc, mon joyeux routier, tu viens de loin ?

— Parles-tu de ma journée d'aujourd'hui ou du commencement de mon voyage ?

— Oui, du commencement de ton voyage.

— Il y a deux mois, je suis parti de Paris.

— De Paris ?

— Cela t'étonne, bon vieux père ?

— Quoi ! en ces temps-ci, traverser la moitié de la Gaule, envahie par ces Franks maudits !

— Je suis un vieux routier ; je parcours en tous sens la Gaule depuis vingt ans... Le grand chemin est-il hasadeux ? je prends le sentier ; la plaine périlleuse ? je prends la montagne ; le jour chanceux ? je marche de nuit.

— Et tu n'as pas été cent fois dévalisé par ces pillards franks ?

— Je suis un vieux routier, te dis-je ; aussi, avant d'entrer en Bretagne, j'endossais bravement une robe de prêtre, et sur ma balle était peinte une croix avec les flammes rouges de l'enfer. Ces larrons franks, aussi féroces que stupides, craignent le diable, dont les évêques leur font peur pour partager avec eux les dépouilles de la Gaule; ils n'osaient m'attaquer, me prenant pour un prêtre.

— Allons, voici le souper prêt... à table, — dit le vieil Araïm; et, s'adressant tout bas à la femme de son fils, toujours pensive et triste :

— Qu'avez-vous donc, Madalèn?... Songez-vous encore aux Korrigans?...

— Cet étranger, qui revêt la robe du prêtre sans être prêtre, portera malheur à notre maison... La tempête semble redoubler de fureur depuis qu'il est entré ici...

Rassurer le cœur d'une mère est impossible : le grand-père n'y tâcha plus. On s'attable, on boit, on mange; le colporteur boit et mange en homme à qui la route a donné grand appétit. Les mâchoires ont joué, les langues démangent, celle du grand-père lui démange non moins qu'aux autres; on n'a pas tous les jours pour la veillée un colporteur venant de Paris.

— Et que se passe-t-il à Paris, brave porte-balle?

— Ce que j'ai vu de plus satisfaisant dans cette ville, c'est la mise en terre du roi de ces Franks maudits!

— Ah! il est mort, leur roi!...

— Il y a plus de deux mois... le 25 novembre de l'an passé, de l'an 512 de *l'Incarnation du Verbe*, comme disent les évêques, qui ont béni et enterré ce meurtrier couronné, dont les os pourriront dans la basilique des saints apôtres de Paris.

— Ah! il est mort, le roi des Franks!... Comment s'appelait-il?

— Un nom du diable! Il se nommait *Hlode-Wig*.

— Il y a de quoi étrangler en le prononçant... Tu dis...

— *Hlode-Wig*... Sa femme, qu'ils appellent la reine, puisqu'il est roi des Franks, sa femme n'est pas moins heureusement partagée; elle se nomme *Chrotechild*... ses quatre fils, *Chlotachaire*, *Theudeber* et[1]...

[1] Après avoir donné ce spécimen de ces noms barbares, nous adopterons, dans le cours

— Assez, ami porte-balle... Foin de ces noms sauvages ! ceux qui les portent en sont dignes, sans doute?...

— Juges-en par le défunt roi Clovis... et sa race promet encore de renchérir sur lui... Figure-toi, réunies chez ce monstre, que saint Rémi a baptisé fils de l'Eglise catholique, figure-toi la ruse du renard, jointe à la lâche férocité du loup... Te nombrer les meurtres qu'il a commis à coups de couteau ou à coups de hache, serait trop long... je te citerai les plus saillants... Un vieux chef frank, un boiteux, nommé *Sigebert*, était roi de Cologne... Voici comment ces bandits se font rois : ils pillent, ils ravagent une province à la tête de leur bande, massacrent ou vendent, comme bétail, hommes, femmes, enfants, réduisent les autres habitants en esclavage ; et puis ils disent : « Nous sommes rois d'ici. » Les évêques répètent : « Oui, nos amis les » Franks sont rois d'ici ; nous les baptisons au nom du Père, du Fils » et du Saint-Esprit... Obéissez-leur, peuple des Gaules, ou nous » vous damnons... »

— Et il ne s'est pas trouvé un homme, un homme ! pour planter un poignard dans la poitrine de ce roi?

— Karadeuk, mon favori, ne vous échauffez pas de la sorte. Grâce aux dieux, ce Clovis est mort; c'est toujours celui-là de moins. Continue, brave porte-balle.

— Donc, ce Sigebert le Boiteux était roi de Cologne; il avait un fils. Clovis lui dit : « Ton père est vieux... tue-le, tu hériteras de » lui. » Le fils, en vrai Frank, trouve le conseil bon, et tue son père. Que fait Clovis? il tue à son tour le parricide et s'empare du royaume de Cologne.

de nos récits, afin de ne pas dérouter les souvenirs classiques de plusieurs de nos lecteurs, la vicieuse orthographe des noms franks adoptée par la majorité des historiens jusqu'au dix-huitième siècle, et qui peut-être, afin d'affaiblir ce qu'il y avait de barbare, d'étranger, de germanique, dans la consonnance des noms des rois franks (ces premiers de nos rois *de droit divin*), ont changé *Hlode-Wig* en CLOVIS, *Chrotechild* en CLOTIDE, *Chlotachaire* en CLOTAIRE, etc., etc. Nous dirons donc pour la suite *Clovis, Clotilde, Clotaire*, etc., etc.

— Vous frissonnez, mes enfants? je le crois... Tels sont donc ces nouveaux rois de la Gaule !

— Quoi ! vous frissonnez déjà, mes hôtes? c'est trop tôt, attendez. Peu de temps après ce meurtre, Clovis égorge, de sa main, deux de ses proches parents, le père et le fils, nommés *Chararic*, et il les dépouille de ce qu'ils avaient eux-mêmes pillé en Gaule... Mais voici qui vaut mieux : Clovis combattait un autre bandit de sa royale famille, nommé *Ragnacaire;* il fait confectionner des colliers et des baudriers de faux or, les envoie par un de ses affidés aux *leudes*, compagnons de guerre de Ragnacaire, leur demandant en retour de ce présent de lui livrer leur chef et son fils. Le marché conclu, les deux Ragnacaire sont livrés à Clovis. Ce grand roi les abat à coups de hache comme bœufs en boucherie, après avoir ainsi larronné les leudes, ses complices, en payant leur trahison avec de faux or.

— Et les évêques chrétiens prêchent au peuple la soumission à de pareils monstres?

— Certes, puisque les crimes de ces monstres sont la source des richesses de l'Église ! Songez-y donc, bon vieux père, les meurtres, les fratricides, les parricides, les incestes des rois et des seigneurs franks rapportent plus de sous d'or à ces gras fainéants d'évêques, que vos terres, fécondées par votre dur travail quotidien, honnêtes laboureurs, ne vous rapportent de deniers. Mais, écoutez le dernier tour du pieux roi Clovis... Il avait ainsi égorgé ou fait massacrer tous ses parents; un jour il rassemble son entourage, et dit en gémissant : « Malheureux que je suis ! resté seul comme un voyageur au milieu » des étrangers, je n'ai plus de parents pour me secourir si l'adver- » sité venait. »

— Il se repent enfin de ses meurtres... c'est la moindre des punitions qui l'attendent.

— Se repentir ! lui, Clovis? bien sot il eût été, bon vieux père... est-ce que les prêtres ne le délivraient point du souci des remords, moyennant belles livres d'or et d'argent?

— Alors, pourquoi disait-il ces paroles : « Malheureux que je » suis ! resté seul sans parents pour me secourir si l'adversité » venait ? »

— Pourquoi ? autre ruse sanglante, car « ce n'était point que Clo- » vis s'affligeât de la mort de ses parents qu'il avait fait égorger... » non, il parlait ainsi par ruse, afin de *savoir s'il avait encore là* » *quelque parent, afin de le tuer...* »

— Et il ne s'est pas trouvé un homme, un homme ! pour planter un poignard dans le cœur de ce monstre !...

— Taisez-vous, méchant enfant ; voici la seconde fois que vous prononcez ces paroles de meurtre et de vengeance... Vous ne savez qu'imaginer pour m'effrayer.

— Ma chère femme, notre fils Karadeuk est indigné, comme nous tous, des crimes de ce roi frank... Par les os de nos pères ! moi qui ne suis pas aventureux, je dis : Oui, c'est une honte pour la Gaule qu'un pareil monstre ait, pendant quatorze ans, régné sur notre pays... moins notre Bretagne, heureusement.

— Et moi, qui dans mon métier de colporteur ai parcouru la Gaule d'un bout à l'autre, et vu ses misères et son sanglant esclavage, je dis que ceux-là, qu'il faut aussi poursuivre d'une haine implacable, ce sont les évêques !... N'ont-ils pas appelé les Franks en Gaule ? n'ont-ils pas baptisé ce meurtrier couronné fils de l'Église de Rome ? n'ont-ils pas songé à béatifier ce monstre sous l'appellation de *saint Clovis ?* n'ont-ils pas dit, eux, Gaulois, en parlant de ce pillard, de cet égorgeur : « *Le roi Clovis, qui confessa* L'INDIVISIBLE » TRINITÉ, *dompte les hérétiques* PAR L'APPUI QU'ELLE LUI PRÊTE, *et* » *étend son pouvoir sur toute la Gaule ?* » N'ont-ils pas dit, eux, prêtres du Christ, en parlant des meurtres, des fratricides de ce roi : « *Chaque jour Dieu faisait ainsi tomber les ennemis de Clovis sous sa* » *main, et étendait son royaume, parce qu'il* MARCHAIT AVEC UN COEUR » PUR *devant lui, et faisait ce qui était agréable* AUX YEUX DU SEI- » GNEUR ? »

— Dieux du ciel ! est-ce folie, monstruosité ou lâche terreur chez ces prêtres? je ne sais, mais cela épouvante...

— C'est ambition féroce et cupidité forcenée, bon vieux père. Les évêques, alliés aux empereurs, depuis que la Gaule était redevenue province romaine, étaient parvenus, par leur ruse et leur opiniâtreté habituelle, à se faire magnifiquement doter, eux et leurs églises, et à occuper les premières magistratures des cités. Cela ne leur a pas suffi ; ils ont espéré mieux dominer et rançonner les Franks stupides et barbares que les Romains civilisés... Qu'ont-ils fait? ils ont trahi les Romains et appelé les Franks de tous leurs vœux, de *tout leur amour*. Les Franks sont venus, la Gaule a été ravagée, pillée, égorgée, asservie ; et les évêques ont partagé ses dépouilles avec les conquérants, qu'ils ont bientôt dominés par la ruse et par la peur du diable... Voici donc ces pieux hommes cent fois plus puissants et plus riches sous la domination franque que sous la domination romaine, faisant curée de la vieille Gaule avec les barbares, et, grâce à eux, possédant d'immenses domaines, des richesses de toutes sortes, d'innombrables esclaves, esclaves si bien choisis, si bien dressés, si bien soumis au fouet par leurs maîtres du clergé, qu'un *esclave ecclésiastique* se vend généralement *vingt sous d'or*[1] (j'en ai vu vendre mainte fois), tandis que tout autre esclave ne se vend d'ordinaire que *douze sous d'or*. Voulez-vous enfin avoir une idée des richesses des évêques? Ce saint Rémi, qui dans la basilique de Reims a baptisé Clovis, fils de la sainte Église romaine, a été si grassement rémunéré, qu'il a pu payer *cinq mille livres pesant d'argent* le domaine d'*Épernay*[2] ; je passais en Champagne quand il a acheté ces terres immenses !

— Ah ! trafiquer ainsi du plus pur sang de la Gaule... infâmes évêques ! pauvre pays !

— Tenez, bon père, si vous aviez, comme moi, traversé ces contrées

[1] Dix-huit cents livres de notre monnaie, selon M. Guérard qui rapporte le fait. (*Polyptique de l'abbé Irminon*, v. I, p. 143.)

[2] Trois millions trois cent soixante-quatorze mille francs de notre monnaie. (*Ibid.*)

jadis si florissantes, ravagées, incendiées par les Franks... si vous aviez vu ces bandes d'hommes, de femmes d'enfants, garrottés deux à deux, marchant parmi le bétail et les chariots remplis de butin de toute sorte, que ces barbares poussaient devant eux, lorsqu'ils ont eu conquis le pays d'*Amiens*, où je passais alors... le cœur, comme à moi, vous eût saigné...

— Ces pauvres esclaves, ces femmes, ces enfants, où les conduisaient-ils?

— Hélas! bonne mère, ils les conduisaient sur les bords du Rhin, où les Franks tiennent un grand marché de chair gauloise; tous les barbares de la Germanie, qui n'ont pas fait irruption dans notre malheureux pays, viennent là s'approvisionner d'esclaves de notre race, hommes, femmes, enfants...

— Et ceux qui restent en Gaule?

— Tous les hommes des campagnes, esclaves aussi, cultivent, sous le bâton des Franks, les champs paternels que le roi Clovis a autrefois partagés avec ses *leudes*, ses anciens compagnons de pillage et de massacre, qu'il a faits depuis *ducs*, *marquis*, *comtes* en notre pays... Mais il reste heureusement encore quelques gouttes de sang généreux dans les veines de la vieille Gaule; et si le règne des Franks et des évêques doit durer, ils ne jouiront pas du moins en paix de leur conquête...

— Que veux-tu dire?

— Avez-vous entendu parler de la *Bagaudie?*

— Oui, plusieurs fois... Mon grand-père m'a dit que peu d'années après la mort de Victoria la Grande...

— L'auguste mère des camps?

— Son nom est parvenu jusqu'à toi, brave porte-balle?

— Quel Gaulois ne prononce avec respect le nom de cette héroïne, quoiqu'elle soit morte depuis plus de deux siècles... A-t-on oublié les noms bien plus anciens encore de *Sacrovir*, de *Civilis*, de *Vindex*, du *chef des cent vallées?*...

— Prends garde... en prononçant ces noms glorieux, tu vas faire étinceler les yeux de mon favori Karadeuk, qui s'opiniâtre à regretter qu'il ne se soit pas trouvé un homme capable de planter un poignard dans le ventre de ce monstre de Clovis!

— Ton petit-fils parle en hardi garçon; il n'est pas seul à penser ainsi, car si Clovis a laissé quatre fils dignes de sa race, la Bagaudie renaît...

FIN DU TROISIÈME VOLUME.

NOTES.

L'ALOUETTE DU CASQUE.

CHAPITRE PREMIER.

(A) Elkhel. D. N. VII, 450. Mionnet, 11, 74, 75. C. F. Brecquigny, *Acad. inscript. XXXII.* Ap. A. Thierry, *Hist. de la Gaule sous la domination romaine*, v. II, p. 378.

« Victoria, encore jeune, se faisait remarquer par une beauté mâle; ses médailles la » représentent armée et coiffée d'un casque, avec des traits grands et réguliers, et sur » sa physionomie, idéalisée sans doute, on trouve ce mélange de force calme et de » majesté qui fait dans les statues antiques l'attribut de Minerve. » (A. Thierry, *Hist. de la Gaule*, v. II, p. 377.)

« Victoria joignait à l'autorité d'une âme ferme et virile un esprit étendu capable des » résolutions les plus élevées, et dont les inspirations furent bientôt écoutées comme des » oracles. Son ascendant sur l'armée se montra parfois si grand, si absolu, qu'on ne » saurait s'en rendre compte sans la supposition de quelque chose d'extraordinaire, de » merveilleux... peut-être les nations gauloises pensèrent-elles avoir retrouvé une de ces » femmes divines auxquelles leurs pères avaient obéi jadis, qui lisaient dans l'avenir... » (Trébellius Pollion, Trig. Tyr., 200, ap. A. Th., p. 375, v. II.) Les soldats avaient proclamé solennellement Victoria LA MÈRE DES CAMPS, *postea mater castrorum appellata est.* (Tréb. Poll. *Id.* Trig. Tyr., 186, 187, 200.)

(B) « Victorin, l'enfant adoptif des camps, avait grandi au milieu des armes, sous les » yeux de sa mère Victoria, qui ne l'avait point quitté, et qui n'avait eu dès lors pour » résidence que les garnisons où vivait son fils; on ne peut expliquer autrement les longues » relations de cette femme avec les armées, sa présence continuelle dans les camps; le » respect inspiré par son dévouement maternel avait établi entre elle et le soldat une de » ces sympathies, un de ces liens durables si forts, dont les annales militaires et tous » les peuples fournissent d'étonnants exemples. » (A. Thierry, *Hist. de la Gaule*, v. II, p. 374.)

Il semblerait que Victorin dût à cette éducation particulière un développement qui ne le fut pas moins. Les éloges que lui donne un historien contemporain (Trébellius Pollion) sont tellement magnifiques, qu'en faisant à l'exagération une large part, Victorin resterait encore un homme très-éminent. Mais au dire de ce même historien, qui le juge avec tant de faveur, un grand vice balance dans Victorin ces rares qualités : il avait puisé dans la licence de la vie militaire des habitudes de débauche et de grossière galanterie qu'il ne savait pas maîtriser, qui soulevèrent enfin contre lui la haine de l'armée et le conduisirent à sa perte. (Tréb. Poll. Trig. Tyr., 187, ap. A. Th.)

La dernière partie du règne de Victorin présente les traces de plus en plus marquées de l'influence politique de sa mère. (*Ib.*)

CHAPITRE II.

(A) Cette peuplade de Germains se teignait le corps en noir, portait des boucliers noirs et ne combattait que dans l'obscurité de la nuit pour inspirer plus d'effroi. (Tacite, *de Mor. Germ.*, 43.)

CHAPITRE III.

(A) Marius (ou Marion) avait commencé par être armurier; la faveur dont il jouissait était extrême, et s'il la méritait bien légitimement par des qualités morales, sa franchise, sa droiture de cœur, il la devait aussi un peu à des avantages extérieurs, à sa dextérité à tous les exercices, à sa force peu commune; cette vigueur extraordinaire était telle, dit Trébellius Pollion (*Trig. Tyr.*, 187), que « Marion pouvait arrêter de sa main un chariot » lancé, et qu'il pulvérisait dans sa main les corps les plus durs. » On trouvait du reste chez lui une nature simple et honnête que la fumée des grandeurs n'enivra pas; il avait pour ami un soldat des légions gauloises qui avait autrefois travaillé avec lui comme ouvrier. (*Ibid.*, T. P. ap. A. Thierry, v. II, p. 390 et suiv.)

(B) Locution habituelle de Marion, selon Tréb. Poll. *A luxuriosissima illa peste.*

(B) Tétricus, parent de Victoria, administrait depuis près de dix ans les provinces du sud de la Loire avec plus de sagesse que d'éclat. C'était un homme fin, patient, habile, lettré, écrivant souvent en vers. (Eutr., ap. *Cat.*, IX, 3.)

(C) *Histoire des Papes*, par M. de la Châtre, v. I, pape Étienne, p. 213.

CHAPITRE IV.

(A) L'épouse d'un soldat de l'armée ayant attiré Victorin par sa beauté, il tenta de la séduire, et sur son refus lui fit violence. (Aurel. Vict. *Cæs.*, 35.)

(B) Le mari lui-même, suivant quelques-uns, perça le coupable de son épée; les soldats se soulevèrent; Victoria présenta le fils de Victorin à la multitude furieuse en implorant pour lui la pitié. (*Ibid.*)

(C) Mais tout fut inutile : le fils fut tué comme le père. (*Ibid.*)

(D) Plus tard un tombeau fut élevé à Cologne avec une humble pierre où l'on inscrivit ces mots : *Ici reposent les deux Victorin.* (Tréb. Poll. *Trig. Tyr.*, 187.)

(E) (Voir Trébellius Pollion, cité par M. A. Thierry). Après la mort de son fils et de son petit-fils, Victoria, dont les larmes n'avaient pu empêcher la mort de son petit-fils, retrouva son autorité, les soldats revinrent à elle. Ils la supplient, ils veulent qu'elle les gouverne ; elle refuse ; mais, touchée du repentir des soldats, et attachée de cœur à ces camps, elle y resta avec le titre de *mère*, souveraine de fait ; son plan une fois arrêté, elle présenta à l'armée Marius (Marion), officier parvenu plein de bravoure et de fermeté ; l'armée sans hésiter l'acclama pour chef. (Tréb. Poll. *Trig. Tyr.*, 186, 200, ap. A. Thierry.)

(F) Marius, pendant son règne de quelques mois, eut occasion de se mesurer sur le Rhin contre les Germains, et le fit avec bonheur, mais un crime l'arrêta au premier pas d'une carrière si honorablement commencée : le soldat des légions gauloises, qui avait autrefois travaillé avec lui comme armurier, se crut négligé ou offensé, l'attira un jour à l'écart et lui plongea son épée dans le sein en lui disant : *La reconnais-tu, toi qui l'as forgée?* (*Hic est gladius quem ipse fecisti*). (Tréb. Poll. 187, ap. A. Th.)

CHAPITRE V.

(G) J'écris ceci aujourd'hui 8 juin 1850, jour de la promulgation de la loi contre le suffrage universel.

Nous l'avons déjà dit, toute pensée d'oppression, toute négation de liberté se rattache de près ou de loin, dans l'histoire, à la tradition ultramontaine, qui, dès les premiers siècles, a complétement faussé la doctrine du Christ. L'honorable M. de Montalembert, l'un des plus ardents défenseurs de la nouvelle loi électorale, aura rallié ses honorables collègues aux coutumes épiscopales en matière de suffrage universel, il leur aura cité le canon 13 du concile de Laodicée, de sorte que ses collègues, frappés de l'heureuse et divine lumière de ce canon 13, ont déclaré par l'organe de l'honorable M. Thiers, qu'en effet la *vile multitude* était aujourd'hui, comme au troisième siècle de l'ère chrétienne, complétement indigne d'exercer le suffrage universel.

Voici ce que nous lisons à ce sujet dans un illustre historien dont personne n'a jamais mis en doute l'imposante autorité :

« ... A cette époque (au troisième siècle après Jésus-Christ), c'était par une élection » purement démocratique que le clergé se recrutait de membres nouveaux ; les évêques » eux-mêmes étaient élus par leurs troupeaux, et les citoyens les plus obscurs concou- » raient à cette nomination importante. Ce n'est pas que les deux autorités *civiles et* » *ecclésiastiques* n'eussent cherché de concert à écarter la populace de ces élections ; un » canon du concile de Laodicée interdisait à la foule de prendre part aux élections pour » le sacerdoce, et une novelle de Justinien ordonnait au métropolitain, qui apprenait la » mort de l'un de ses évêques, de convoquer seulement les clercs et les premiers citoyens » de la ville, en même temps qu'il ordonnait une commission à quelque autre de ses » suffragants pour administrer le siége vacant et présider à l'élection ; mais la *multitude* » accourait toujours de toutes les parties du diocèse dans le lieu où l'on allait lui choisir » un nouveau pasteur ; elle réclamait ses droits au nom de l'égalité *des fidèles devant* » *Dieu*... Ces acclamations, à la vue de quelque saint personnage, étaient prises pour

» une voix du ciel ; aussi dans les récits des vies des saints et dans les lettres où Sidoine » Apollinaire raconte la nomination de quelques évêques des Gaules, ON VOIT PRESQUE » TOUJOURS LES CLAMEURS POPULAIRES *l'emporter sur le vœu des prêtres et sur celui de » l'aristocratie.* » (Sismondi, *Histoire des Français*, v. I, p. 99, édition 1821.)

Espérons qu'au dix-neuvième siècle comme au troisième le droit des peuples s'exercera un jour dans sa souveraineté absolue.

Concilii Laodicensis, canon 13. — *Labbei Concilior. gener.*, t. I, p. 1498.— Novella CXXIII, ch. I, authent. collectio 9, tit. 7. — *Sulpicius Severus in vita sancti Martini*, ch. VII, *Script. franc.*, t. I, p 574. — *Sidoine Apollinaire*, l. IV, tit. 25; l. VII, tit. 5 et 9. — *Script. franc.*, t. I, p. 794-797.

(H) Après la mort de Marius, Victoria jeta les yeux sur Tétricus (Tétrik) pour gouverner la Gaule ; il fut proclamé chef par l'armée... Victoria mourut subitement. Sa fin rapide et imprévue donna lieu à bien des soupçons, à bien des bruits qui n'épargnèrent pas Tétricus lui-même, *impatient*, disait-on, *de régner sans tutelle.* (Tréb. Poll. Tillem. *Hist. des Emp.*, III, 268, ap. A. Th.).

(I) Hérodien, *Ant. et Get.*, IV, 87, ap. A. Th.

(J) Imp. Victoria. Elkhel. D. N. VIII, 454. Mionnet, II, 76, ap. A. Th.

(K) Tétricus écrivit à l'empereur Aurélien une lettre dans laquelle il indiquait le mouvement de ses troupes et le mouvement qu'il ferait lui-même avec son fils et ses amis pour se réfugier dans le camp romain. (Am. Thierry, *Hist. des Gaul.*, v. II, p. 419.)

(F) Eutrope, IX, 13, ap. A. Th.

(M) Mais ce qui attirait surtout les regards, c'était les deux Tétricus vêtus de manteaux de pourpre et d'une tunique jaune avec des braies gauloises... Aurélien fit entrer Tétrik dans le sénat, y marqua la place de son fils, et lui fit bâtir un palais sur le mont Cœlius, lui disant en riant qu'il était plus honorable de commander un canton de l'Italie que de régner par-delà les Alpes. (Aurel. Vict. *Épit.* 35, ap. A. Th.)

LA GARDE DE POIGNARD.

PROLOGUE.

(Les Korrigans.)

(A) M. de la Villemarqué, dans son excellent et curieux ouvrage : *Chants populaires de la Bretagne*, déjà souvent cité par nous, dit à propos des *Dûs* ou *petits hommes génies :*

« Ils sont noirs, hideux, velus et trapus; leurs mains sont armées de griffes, ils » portent toujours sur eux une bourse de cuir, qu'on dit pleine d'or ; la nuit ils dansent » en chantant une ronde dont le refrain primitif était *lundi*, *mardi*, *mercredi*, auquel » ils ont ajouté par la suite *jeudi* et *vendredi* ; mais ils se sont bien gardés d'aller jusqu'au » *samedi* et jusqu'au *dimanche*, jour de la messe; malheur au voyageur qui passe : il » est entraîné dans le cercle et doit danser jusqu'à ce que mort s'en suive... Les Bre- » tons supposent les *Dûs* faux monnoyeurs et très-habiles forgerons. C'est au fond de » leurs grottes de pierre qu'ils cachent leurs invisibles ateliers. » (*Introd.*, p. XLIX.)

(B) « Nos traditions, dit M. de la Villemarqué, prêtent aux *Korrigans* une grande » passion pour la musique et de belles voix : les traditions populaires les représentent » souvent peignant leurs blonds cheveux, dont elles semblent prendre un soin particulier; » leur taille n'a pas plus de deux pieds de hauteur ; leur forme, admirablement propor- » tionnée, est aussi diaphane et aérienne que celle de la guêpe. » (*Ibid.*, p. XLVI.)

(C) Voir *ibid.* M. de la Villemarqué, XLVI.

(D) Même auteur, XLVII.

FIN DES NOTES DU TROISIÈME VOLUME.

TABLE DU TROISIÈME VOLUME.

FIN DE LA TABLE DU TROISIÈME VOLUME.

Paris. — Imprimerie Dondey-Dupré, rue Saint-Louis, 46, au Marais.

www.ingramcontent.com/pod-product-compliance
Lightning Source LLC
LaVergne TN
LVHW020616110826
845149LV00002B/494